· 中国特色社会主义政治经济学丛书

四川大学中国特色社会主义政治经济学研究中心年度报告

主编◎蒋永穆　张衔

SICHUAN DAXUE
ZHONGGUO TESE SHEHUI ZHUYI
ZHENGZHI JINGJIXUE YANJIU ZHONGXIN
NIANDU BAOGAO

四川大學出版社
SICHUAN UNIVERSITY PRESS

图书在版编目（CIP）数据

四川大学中国特色社会主义政治经济学研究中心年度报告 / 蒋永穆，张衔主编．— 成都：四川大学出版社，2022.12

（中国特色社会主义政治经济学丛书）

ISBN 978-7-5690-3289-5

Ⅰ．①四… Ⅱ．①蒋… ②张… Ⅲ．①中国特色社会主义－社会主义政治经济学－研究报告 Ⅳ．①F120.2

中国版本图书馆 CIP 数据核字（2019）第 292771 号

书　　名：四川大学中国特色社会主义政治经济学研究中心年度报告
Sichuan Daxue Zhongguo Tese Shehui Zhuyi Zhengzhi Jingjixue Yanjiu Zhongxin Niandu Baogao

主　　编：蒋永穆　张　衔

丛 书 名：中国特色社会主义政治经济学丛书

丛书策划：邱小平　梁　平

选题策划：王　玮

责任编辑：王　玮

责任校对：于　俊

装帧设计：璞信文化

责任印制：王　炜

出版发行：四川大学出版社有限责任公司

地址：成都市一环路南一段 24 号（610065）

电话：（028）85408311（发行部）、85400276（总编室）

电子邮箱：scupress@vip.163.com

网址：https://press.scu.edu.cn

印前制作：四川胜翔数码印务设计有限公司

印刷装订：四川盛图彩色印刷有限公司

成品尺寸：170mm×240mm

印　　张：18.75

字　　数：380 千字

版　　次：2022 年 12 月 第 1 版

印　　次：2022 年 12 月 第 1 次印刷

定　　价：88.00 元

本社图书如有印装质量问题，请联系发行部调换

四川大学出版社
微信公众号

序

马克思主义政治经济学是马克思主义的重要组成部分，也是我们坚持和发展马克思主义的必修课。我们党历来重视对马克思主义政治经济学的学习研究和运用，在革命、建设和改革的各个时期，都高度重视和加强把马克思主义政治经济学基本原理同中国具体实践相结合，不断丰富和发展马克思主义政治经济学。党的十八大以来，以习近平同志为核心的党中央根据时代要求，围绕经济建设提出了一系列新的重大战略思想和重要论断，不断开拓当代马克思主义政治经济学新境界，为中国和世界带来了新的经济发展理念和理论，是指引新时代中国解放和发展生产力、实现社会主义现代化、创造人民美好生活的科学理论。

开启全面建设社会主义现代化国家新征程，不仅对中国经济社会发展提出了新目标和新任务，同时也对中国特色社会主义政治经济学的建设和发展提出了新的要求和新的挑战。习近平总书记多次强调，在风云变幻的世界经济大潮中，能不能驾驭好我国经济这艘大船，是对我们党的重大考验。面对极其复杂的国内外经济形势，面对纷繁多样的经济现象，要运用马克思主义政治经济学的方法论，深化对我国经济发展规律的认识，把握社会经济发展规律，提高驾驭社会主义市场经济能力，更好回答我国经济发展的理论和实践问题。

因此，从国情出发，从中国实践中来、到中国实践中去，把论文写在祖国大地上，使理论和政策创新符合中国实际、具有中国特色，不断发展中国特色社会主义政治经济学，是我们政治经济学教育科研工作者义不容辞的责任，也是我们不断奋斗的方向。

四川大学中国特色社会主义政治经济学研究中心自 2017 年 11 月成立以

来，一直坚持以马克思主义和习近平新时代中国特色社会主义思想为指导，以中国特色社会主义政治经济学体系建设为目标，围绕中国特色社会主义政治经济学和新时代中国特色社会主义建设中的重大理论与现实问题展开深入系统研究，形成了一系列创新性与标志性成果。本年度报告收录了中心成立以来具有代表性的一些成果，涉及政治经济学领域的多个方面，以期多角度展示本研究中心的主要研究领域和研究内容。因为篇幅所限，每个领域收录一两篇。参加选编的有李亚伟、骆桢、朱莉三位老师。衷心希望能够得到各位同仁的意见和建议，进一步促进四川大学政治经济学学科建设、强化学术交流与合作。

在实现第二个百年奋斗目标的征程上，我们希望与国内各位同仁携手，深入研究世界经济和我国经济面临的新情况新问题，揭示新特点新规律，提炼和总结我国经济发展实践的规律性成果，共同建设好中国特色社会主义政治经济学，把实践经验上升为系统化的经济学说，不断开拓当代中国马克思主义政治经济学新境界，为马克思主义政治经济学创新发展贡献中国智慧！

四川大学经济学院院长　蒋永穆

2022 年 10 月

目　录

新时代“强起来”的中国特色社会主义政治经济学体系构建*

蒋永穆　卢　洋①

摘　要：中国特色社会主义政治经济学的体系构建是当前我国经济理论界研究的热点问题，现有成果大多集中于某一方面的具体研究。本文基于新时代社会主要矛盾的变化，阐述了构建“强起来”的中国特色社会主义政治经济学体系的必要性和可能性，并构建了“强起来”的中国特色社会主义政治经济学体系，包括科学原则、研究对象、研究方法和内容等。

关键词：中国特色社会主义；政治经济学；“强起来”；社会主要矛盾；现代化经济体系

一、构建“强起来”的中国特色社会主义政治经济学体系的时代背景

对于政治经济学发展来说，中国特色社会主义进入新时代，意味着其主题实现了从“站起来”“富起来”到“强起来”的伟大转变。“强起来”的中国特色社会主义政治经济学体系的构建，既是中国特色社会主义新时代的题中之义，也是当前中国发展实际的生动阐释。

（一）构建“强起来”的中国特色社会主义政治经济学体系的必要性

进入新时代，只有加快构建“强起来”的中国特色社会主义政治经济学体

---

* 基金项目：国家社会科学基金项目重大项目（2016MZD001）。

① 作者简介：蒋永穆，四川大学经济学院院长、教授、博士生导师，研究领域为中国特色社会主义政治经济学、马克思主义发展史、产业经济学。

卢洋，四川大学经济学院博士研究生，专业方向为政治经济学。

系，才能充分体现中国特色社会主义政治经济学发展的时代性、实践性、理论性和国际性。

1. 充分适应社会主要矛盾转换的客观要求

社会主要矛盾的变化对于中国特色社会主义政治经济学的发展与主题的转换产生深刻影响和决定作用。中华人民共和国成立以来，社会主要矛盾经历了三次转换，中国特色社会主义政治经济学的主题也相应发生了三次转变。1956年，党的八大提出我国的社会主要矛盾是人民对建立先进的工业国的要求同落后的农业国的现实之间的矛盾和人民对于经济文化迅速发展的需要同当时经济文化不能满足人民需要的状况之间的矛盾，这一主要矛盾决定了中国特色社会主义政治经济学进入以“站起来”为主题的发展时期。在改革开放和社会主义市场经济逐步推进过程中，社会主要矛盾转化为人民日益增长的物质文化需要与落后的社会生产之间的矛盾，这就决定了中国特色社会主义政治经济学进入以“富起来”为主题的发展时期。党的十八大以来，“中国特色社会主义进入新时代，我国社会主要矛盾已经转化为人民日益增长的美好生活需要和不平衡不充分的发展之间的矛盾”①，要充分适应和主动应对这一主要矛盾的变化，客观上要求中国特色社会主义政治经济学的主题转化为“强起来”。构建“强起来”的中国特色社会主义政治经济学体系，既与“站起来”和“富起来”的中国特色社会主义政治经济学一脉相承，又与当前中国国情相适应、与时代发展相融合。

2. 系统总结实践经验并指导新的伟大实践的迫切需要

从中国实践中提炼中国理论，用中国理论指导中国实践，是中国特色社会主义政治经济学发展的必然选择。一方面，中华人民共和国成立70多年，特别是改革开放40余年来，中国经济发展举世瞩目，改革成就斐然，这一系列中国特色社会主义经济实践，迫切需要强大的理论体系加以总结和提炼，即通过构建“强起来”的中国特色社会主义政治经济学体系、科学阐释中国特色社会主义经济发展规律和中国特色社会主义发展道路，从而将中国特色社会主义经济实践经验升华为系统化的中国特色社会主义经济学说，将“强起来”的中国特色社会主义实践优势真正转换为“强起来”的中国特色社会主义理论优势。另一方面，中国经济已经进入由高速增长转向高质量发展的新阶段，“从

① 习近平. 决胜全面建成小康社会 夺取新时代中国特色社会主义伟大胜利——在中国共产党第十九次全国代表大会上的报告［N］. 人民日报，2017-10-28（1）.

全面建成小康社会到基本实现现代化，再到全面建成社会主义现代化强国”①等新的伟大实践，迫切需要先进的理论体系加以指导和支撑，即通过构建“强起来”的中国特色社会主义政治经济学体系，科学地引导经济建设与发展，从而推动中国经济持续健康发展。

3. 开拓当代中国马克思主义政治经济学新境界的必然结果

发展与创新是政治经济学的鲜明特征，也是以马克思主义经济理论为根基的中国特色社会主义政治经济学的生命力所在。通过坚持将马克思主义基本原理与中国特色社会主义经济建设、改革实践和时代发展有机结合，使马克思主义政治经济学在中国不断发展和创新，而这种发展与创新是在实践中不断深化发展的。在新的发展阶段，面对更加错综复杂的国内外发展形势以及深刻变化的内外发展条件，党中央提出了开拓当代马克思主义经济学新境界的发展目标。立足理论发展的基础和方向，开拓当代马克思主义经济学发展新境界，就是要着力构建“强起来”的中国特色社会主义政治经济学体系，用强起来的、具有中国特色的、新的理论体系丰富和繁荣马克思主义政治经济学，从而持续推动马克思主义政治经济学在中国的创新和发展。

4. 积极贡献中国智慧和中国方案的有效途径

中国特色社会主义政治经济学的发展，不仅要立足中国实际，而且要具有国际视野。从国际理论影响上看，只有构建“强起来”的中国特色社会主义政治经济学体系，从中国特殊的发展战略和发展经验中提炼出具有原创性和主体性的理论观点，建立具有中国实际、中国特色和中国风格的理论体系，才能为世界经济理论尤其是马克思主义经济理论的发展贡献中国智慧。从国际实践影响上看，通过构建“强起来”的中国特色社会主义政治经济学体系，从中国模式和中国道路中总结出具有普遍性和规律性的发展经验，不仅可以为发展中国家的改革发展提供经验借鉴，而且能为发达国家的经济发展提供有益参考，从而为全球经济发展贡献中国方案，将“强起来”的中国特色实践优势真正转换为“强起来”的中国特色话语优势。

（二）构建“强起来”的中国特色社会主义政治经济学体系的可能性

构建“强起来”的中国特色社会主义政治经济学体系，在当前比任何时候

① 习近平. 决胜全面建成小康社会 夺取新时代中国特色社会主义伟大胜利——在中国共产党第十九次全国代表大会上的报告［N］. 人民日报，2017-10-28（1）.

都具有可能性。原因在于，我国通过多年的改革和发展，建立了中国特色社会主义的道路自信、制度自信和理论自信，为构建“强起来”的中国特色社会主义政治经济学体系奠定了坚实的经济基础、现实基础和理论基础。

1. 初级阶段经济建设实践取得重大成就

实践是理论的源泉，中国经济“强起来”的实践孕育着与之相匹配的“强起来”的理论体系。进入社会主义初级阶段以来，我国经济建设稳步推进，国民经济稳步增长，实现了从“站起来”“富起来”到“强起来”的历史跨越。在经济总量上，党的十八大以来，“国内生产总值从五十四万亿元增长到八十万亿元，稳居世界第二”[①]，在全球经济发展格局中真正占据了一席之地；在发展速度上，2012—2017 年我国国内生产总值（GDP）年均增速超过 7%，大幅高于同期全球和发展中国家的增长水平，创造了全球经济复苏中的“中国奇迹”；在国际影响上，我国经济对世界经济增长的贡献率已经超过 30%，且超过了美国、欧元区和日本贡献率的总和，成为推动全球经济增长的主要力量。我国经济建设的伟大成就一方面充分印证了中国特色社会主义道路的正确性，另一方面有力夯实了构建“强起来”的中国特色社会主义政治经济学体系的实践基础。

2. 中国特色社会主义市场经济体制趋于完善

中国特色社会主义经济“强起来”的关键因素，在于建立、发展和完善了中国特色社会主义市场经济体制。其特点在于：既坚持了社会主义的基本制度，又发挥了市场经济的重要作用；既体现了社会主义制度的优越性，又展现了市场经济的先进性。经过多年发展，中国特色社会主义市场经济体制日趋成熟。一方面，我国仍然坚持公有制为主体、多种所有制共同发展的社会主义基本经济制度；另一方面，党的十八届三中全会将市场在资源配置中发挥“基础性作用”调整为“决定性作用”，党的十九大将“使市场在资源配置中起决定性作用，更好发挥政府作用”[②] 写入党章，从而更好地为中国特色社会主义与市场经济的有机结合、协同发展与优势展现提供保障。不断完善的中国特色社会主义市场经济体制筑牢了构建“强起来”的中国特色社会主义政治经济学体系的现实基础。

---

① 习近平. 决胜全面建成小康社会 夺取新时代中国特色社会主义伟大胜利——在中国共产党第十九次全国代表大会上的报告 [N]. 人民日报，2017-10-28 (1).

② 同①。

3. 以中国特色社会主义经济理论为主的理论资源日渐丰富

构建理论体系，迫切需要理论资源的支撑。习近平指出，我们要善于融通古今中外各种资源，特别是要把握好三方面资源，一是马克思主义的资源，二是中华优秀传统文化的资源，三是国外哲学社会科学的资源。[①] 在吸纳马克思主义理论资源方面，在坚持和运用马克思主义政治经济学基本理论的基础上，结合中国实际，逐步形成了中国特色社会主义经济学理论等发展成果，巩固了中国特色社会主义政治经济学体系的理论基础。在利用中华优秀传统文化资源方面，中华民族深厚的文化传统，尤其是中国传统的经济思想所积淀下来的知识智慧和理性思辨，为构建“强起来”的中国特色社会主义政治经济学体系提供了宝贵的思想源泉。在使用国外哲学社会科学资源方面，国外的一些经济理论尤其是西方经济学各流派的理论思想和现代西方经济学的分析方法，也为构建“强起来”的中国特色社会主义政治经济学体系带来了有益滋养。

二、新时代“强起来”的中国特色社会主义政治经济学的科学原则

从原则来说，新时代“强起来”的中国特色社会主义政治经济学应坚持五个原则。这五个原则之间的关系为：坚持新发展理念是首要原则，也是发展方向；坚持解放、发展和保护生产力是基本原则，也是重点任务；坚持以人民为中心是根本原则，也是出发点和落脚点；坚持社会主义市场经济的改革方向是关键原则，也是发展导向；坚持推动经济持续健康发展是重要原则，也是发展目标。

（一）首要原则：坚持新发展理念

发展理念既是发展行动的前导，也是发展实践的引领。新发展理念是我们党对经济社会发展规律的认识深化和理论创新，是对国内外发展经验教训的深刻总结和对国内外发展形势的科学研判，也是解决我国发展中的突出矛盾和主要问题的治本之策。新发展理念不仅是我国经济社会发展必须坚持的，而且是中国特色社会主义理论发展必须遵循的。作为其组成部分，新时代“强起来”的中国特色社会主义政治经济学理应坚持新发展理念，用新发展理念去完善理

---

① 习近平. 在哲学社会科学工作座谈会上的讲话［M］. 北京：人民出版社，2016：16.

论体系、指引发展实践。

新发展理念，即创新、协调、绿色、开放、共享五大发展理念。其中，创新发展是发展的内生动力，其核心在于通过创新驱动引领经济发展方式转变和经济增长动力转换，解决发展动力问题；协调发展是发展的内在要求，其核心在于通过协调发展补齐发展短板和拓展发展空间，解决发展不平衡问题；绿色发展是发展的必由之路，其核心在于通过绿色发展建设美丽中国和绿色强国，解决人与自然和谐发展问题；开放发展是发展的必然选择，其核心在于通过开放发展形成内外开放、互利合作新格局，解决内外联动发展问题；共享发展是发展的本质所在，其核心在于通过共享发展，真正实现改革发展成果的全体共享，解决社会公平正义问题。

坚持新发展理念的关键在于贯彻和落实新发展理念，将新发展理念普遍运用于实践当中。一是坚持创新发展，不断推动理论、制度、科技等各个方面的创新，有效培育发展新动力。二是坚持协调发展，大力推动城乡、区域、结构等各个方面的协调，不断增强发展的协同性和整体性。三是坚持绿色发展，加快推动形成绿色生产方式、生活方式和发展方式，建成人与自然生命共同体。四是坚持开放发展，积极发展更高层次的开放型经济，推动世界经济共建共享共发展。五是坚持共享发展，着力改善民生，满足人民群众对美好生活的向往，持续提高人民群众的获得感。

（二）基本原则：坚持解放、发展和保护生产力

生产力是衡量经济社会发展成效的根本尺度，也是决定经济发展和社会进步的最终力量。新时代，我国社会主要矛盾虽然发生了变化，但是“我国仍处于并将长期处于社会主义初级阶段的基本国情没有变，我国是世界最大发展中国家的国际地位没有变”①，这在实践上决定了我国仍然要坚持解放、发展和保护生产力。解放、发展和保护生产力，不仅是实践的根本目的，而且是理论发展的重要准则。“强起来”的中国特色社会主义政治经济学体系的构建，则要将理论与实践结合起来，坚持解放、发展和保护生产力的基本原则。

解放、发展和保护生产力包含三层含义：一是解放生产力，其目的在于破除各种束缚生产力发展的障碍和桎梏，为发展生产力准备有利条件；二是发展生产力，其目的在于促进生产力的不断更新和持续发展，从而持续推动经济发

① 习近平．决胜全面建成小康社会 夺取新时代中国特色社会主义伟大胜利——在中国共产党第十九次全国代表大会上的报告［N］．人民日报，2017－10－28（1）．

展和财富积累；三是保护生产力，其目的是在生产力发展的过程中更加重视生态发展，促进人与自然的和谐发展。其中，解放生产力是发展生产力的前提，发展生产力是解放生产力的目标，保护生产力是解放和发展生产力的原则，三者缺一不可，必须长期坚持。

坚持解放、发展和保护生产力，核心在于持续推动生产力的发展。一是坚持解放生产力，深入推进各项改革，通过改革与生产力发展不匹配的内容和环节，推动生产力的加快发展。二是坚持发展生产力，充分遵循生产力发展规律，持续增强生产力发展动力，推动生产力的不断发展。三是坚持保护生产力，处理好经济发展与生态保护的关系，在经济发展过程中强化生态建设和环境保护，推动生产力的可持续发展。

（三）根本原则：坚持以人民为中心

人民群众是历史的创造者，也是中国特色社会主义“强起来”的主体力量。党领导的社会主义经济建设，始终从人民群众的根本利益出发，坚持以人民为中心。以人民为中心是对马克思主义人民群众创造历史观点的深化，也是中国特色社会主义的内在属性。同时，以人民为中心是我国经济社会发展的价值追求，是中国特色社会主义政治经济学的根本立场。我国进行新时代的经济建设，仍然要坚持以人民为中心的根本准则；新时代“强起来”的中国特色社会主义政治经济学体系构建，仍然要坚持以人民为中心的根本原则。

以人民为中心，就是一切工作的出发点和落脚点都是人民，即实现好、维护好和发展好最广大人民的根本利益，不断增进人民福祉。其中，发展的起点是人民的需要，发展的主体是人民，发展的主要力量是人民，发展成果的受益者是人民，发展的目标是满足人民对美好生活的需要。

坚持以人民为中心，重点在于精准把握新时代人民的需要，有效满足人民日益增长的美好生活需要，充分满足人民群众多层次、多元化、多方面的需要。即坚持以经济建设为中心，不断推动经济高质量发展，更好地满足人民群众的物质需要；同时，推动政治、经济、文化、社会、生态“五位一体”全面协调发展，持续提高发展的协调性、平衡性、充分性、可持续性，积极回应人民群众在民主、法治、文化、民生、环境等各个方面的非物质需要。

（四）关键原则：坚持社会主义市场经济的改革方向

社会主义与市场经济的结合，既是社会主义市场经济发展的精髓所在，也是政治经济学理论的重要成果。我国 40 年的改革开放充分印证了社会主义与市场经济结合的必然性和可行性，但是改革不是一蹴而就的，而是持续推进的，故在新时代应继续坚持社会主义市场经济的改革方向，从而更好地推动中国特色社会主义市场经济的发展。坚持社会主义市场经济的改革方向，不单是深入推进经济体制改革的基本方向，也是政治经济学体系的关键原则。

坚持社会主义市场经济的改革方向，就是在坚持公有制主体地位和社会主义基本发展方向的同时，深入推进经济体制改革，加快建设现代市场体系，不断完善和发展社会主义市场经济体制，从而建成市场机制有效、微观主体有活力、宏观调控有度的经济体制。

坚持社会主义市场经济的改革方向，核心在于正确处理好政府与市场的关系。即在市场有效发挥作用的同时，更好地发挥政府作用，建设有为政府并与有效市场相结合，形成“看得见的手”与“看不见的手”齐头并进、协同发挥作用、不断提升经济发展效率的良好格局。①

（五）重要原则：坚持推动经济持续健康发展

经济持续健康发展是社会主义经济建设的目标。随着我国经济建设进入由高速增长向高质量发展转变的新阶段，加快建设现代化经济体系，推动经济发展方式转化、结构优化、增长动力转换刻不容缓，而这一系列改革和发展的最终目的都是确保经济持续健康发展。推动经济持续健康发展，不仅是建设现代化经济体系的重要目标，而且应作为在现代化经济体系建设过程中发展的“强起来”的中国特色社会主义政治经济学的重要原则。

经济持续健康发展，即持续推动社会主义市场经济加快发展，不断创造发展新格局。一是在发展质量上，推动社会主义市场经济发展质量不断提高、效益稳步增加；二是在发展效率上，推动经济发展效率持续提高、水平不断提升；三是在发展动力上，推动经济发展持续增强动力、加快释放活力。

坚持推动经济持续健康发展，着力点在于建设现代化经济体系，推动经济发展质量变革、效率变革和动力变革，有效解决制约经济持续健康发展的结构性问题与体制性矛盾，不断提高全要素生产率，使经济持续健康发展。

---

① 蒋永穆. 建设现代化经济体系必须坚持的基本取向［J］. 马克思主义研究，2017（12）：29－33.

三、新时代“强起来”的中国特色社会主义政治经济学的研究对象

新时代“强起来”的中国特色社会主义政治经济学的研究对象，从总体上来说，应是中国特色社会主义经济；从结构上来说，主要研究三个方面的内容，即生产关系、生产力和上层建筑。

（一）研究对象是中国特色社会主义经济

1. “中国特色社会主义的政治经济学”内涵界定

邓小平指出，中国特色社会主义政治经济学是“马克思主义基本原理和中国社会主义实践相结合的政治经济学”①。对于中国特色社会主义政治经济学的研究对象，有两种不同的理解，一种认为是“中国特色社会主义的政治经济学”，另一种认为是“中国特色的社会主义政治经济学”。这两种理解虽然看似只是词序的不同，其实存在很大差别：前者的重点在于中国特色社会主义经济，强调的是中国特色；后者的重点在社会主义经济，强调的是社会主义经济的一般。② 中国特色社会主义政治经济学的研究对象应进行明确界定，即不是“中国特色的社会主义政治经济学”，而应该是“中国特色社会主义的政治经济学”，这主要基于两方面原因。一方面，从特殊性来说，中国特色社会主义的典型特征在于中国特色社会主义道路、制度和理论体系在其实践中的统一，具有鲜明的中国特色。在此基础上开展研究的中国特色社会主义政治经济学，是对中国特色社会主义经济发展规律的系统总结，故其研究的不是一般意义上的社会主义，而是中国特色社会主义。另一方面，从一般性来说，仅仅强调“中国特色”是片面的。“中国特色社会主义的政治经济学”中不仅蕴含特殊性，而且包含普遍性，其不仅要揭示中国特色社会主义经济的发展规律，而且要将中国经验提炼为一般性的理论规律，实现从特殊性到一般性的发展。因此，研究的应是“中国特色社会主义的政治经济学”，即不仅坚持马克思主义的基本原理和基本方法，而且充分结合中国实践，展现中国事实和中国经验。

---

① 邓小平．邓小平文选：第3卷［M］．北京：人民出版社，1993：83.

② 张宇．努力探索和完善中国特色社会主义政治经济学理论体系［J］．政治经济学评论，2017（2）：5－14.

2. 直接研究对象是中国特色社会主义经济

中国特色社会主义政治经济学的直接研究对象，是中国特色社会主义生产方式以及与之相适应的生产关系和交换关系。“强起来”的中国特色社会主义政治经济学，首先要遵循马克思主义经济学的基本原理研究生产关系；同时，又要结合生产方式研究生产力；此外，还要联系上层建筑进行研究。其中，生产关系是政治经济学固有的研究对象，也是政治经济学的首要研究对象；生产力是政治经济学的必要研究对象；上层建筑是政治经济学的重要研究对象。

（二）首要研究对象：中国特色社会主义生产关系

生产关系是政治经济学固有的研究对象。马克思在《资本论》序言中指出，其研究的是“资本主义的生产方式及其与之相适应的生产关系和交换关系”①，奠定了政治经济学研究对象的基础。以马克思主义为指导构建的中国特色社会主义政治经济学，同样要将生产关系作为研究对象，在中国特色社会主义新时代深入研究和挖掘生产关系的发展规律。中国特色社会主义生产关系的内涵较丰富。结合市场经济的发展，中国特色社会主义政治经济学主要研究中国特色社会主义生产、分配、交换、消费等各个环节所构成的生产关系，涉及经济制度、经济体制、经济运行中的具体内容。一是在经济制度上，研究社会主义基本经济制度、基本分配制度和市场经济制度等内容；二是在经济体制上，研究社会主义市场经济体制以及政府与市场的关系和作用等内容；三是在经济运行上，研究宏观、中观和微观经济运行中的生产关系和作用机制等内容。

新时代中国特色社会主义生产关系的发展，要更加系统而深入地研究生产关系，即如何变革原有生产关系以及建设新的生产关系，使其适应生产力的发展，满足人民群众日益广泛的美好生活需要。当前，生产关系调整的重点集中在分配和消费两个方面。在分配上，进一步完善社会主义基本分配制度，推进生产要素报酬由市场决定的改革，促进居民收入增长和经济增长同步，逐步缩小收入差距。在消费上，着力完善促进消费的体制机制，更加突出提高人民消费水平的导向，加快培育新的消费增长点，不断增强消费对经济发展的基础性作用。

---

① 中共中央马克思恩格斯列宁斯大林著作编译局．马克思恩格斯文集：第5卷［M］．北京：人民出版社，2009：8.

（三）必要研究对象：中国特色社会主义生产力

将生产力作为研究对象是中国特色社会主义政治经济学的理论突破。马克思主义政治经济学虽未明确将生产力作为研究对象，但其是在生产力与生产关系的矛盾运动中研究生产关系的。与资本主义不同，解放和发展生产力是社会主义的本质所在，故中国特色社会主义政治经济学将生产力作为研究对象。进入新时代，虽然落后的社会生产已经得到根本改变，但是“发展不平衡不充分，这已经成为满足人民日益增长的美好生活需要的主要制约因素”①。因此，新时代发展生产力仍然重要而且必要，“强起来”的中国特色社会主义政治经济学仍然要研究生产力。

对于生产力的科学内涵，首先要从马克思主义政治经济学中找到依据，即决定劳动生产力的各种因素，涵盖“工人的平均熟练程度，科学的发展水平和它在工艺上应用的程度，生产过程的社会结合，生产资料的规模和效能，以及自然条件”②，这些因素构成了生产力的基本体系结构，包括劳动者、劳动对象、劳动工具等内容。同时，在中国特色社会主义市场经济发展过程中，不仅重视劳动生产力的发展，而且强调科学技术作为生产力的重要作用。此外，更加重视自然条件，提出“保护生态环境就是保护生产力，改善生态环境就是发展生产力”③，从而充实了生产力的内容。

新时代中国特色社会主义生产力的发展，就是要研究怎样更好更快地发展社会生产力以及怎样更好地发挥生产力诸要素的作用。一方面，探索生产力的发展规律。即提出解放、发展和保护生产力的新观念、新思想与新战略，为中国特色社会主义生产力的发展提供科学的理论依据，如贯彻落实新发展理念，深入实施科教兴国战略等七大战略，从而推动经济持续健康发展。另一方面，推动生产力诸要素的组合以及诸要素作用的发挥。即通过改造更新旧的生产要素和发明应用新的生产要素来推动生产力向前发展，如通过科技创新、管理创新、劳动者科学文化素质的提高、生产资料数量的增加或者质量的改进等来推动生产力的发展；利用互联网、大数据、人工智能、新能源、新材料等推进产业转型升级，提高生产力水平。

---

① 习近平. 决胜全面建成小康社会 夺取新时代中国特色社会主义伟大胜利——在中国共产党第十九次全国代表大会上的报告［N］. 人民日报，2017-10-28 (1).

② 中共中央马克思恩格斯列宁斯大林著作编译局. 马克思恩格斯文集：第5卷［M］. 北京：人民出版社，2009：53.

③ 习近平. 习近平谈治国理政：第1卷［M］. 北京：外文出版社，2014：209.

（四）重要研究对象：中国特色社会主义上层建筑

在研究经济发展等问题时，不仅要研究生产力和生产关系，而且要结合生产力与生产关系来研究上层建筑，才能系统揭示中国特色社会主义政治经济学的发展规律。马克思主义政治经济学的研究表明，政治经济学的研究对象是生产关系，但是研究生产关系不是脱离生产力和上层建筑孤立地进行的；同时，经济基础决定上层建筑，而上层建筑对经济基础具有反作用，故上层建筑也是值得研究的。在关注经济发展的同时，要更加重视上层建筑，将上层建筑作为研究对象。上层建筑的体系较为庞杂，主要可以从政治法律和思想意识两个层面进行理解。在政治和法律层面，政治和法律的制度与设施等都属于上层建筑，包括国家政权、政府机构与政党、军队、法治建设等具体内容。在思想和意识层面，上层建筑涵盖了文学艺术、道德宗教、新闻舆论等具体内容。与此同时，这两个层面的上层建筑是密不可分、相互作用的。

新时代中国特色社会主义上层建筑，应在“五位一体”的总体布局中进一步发展，根据新的实践对政治、法治、文化、党的建设等方面进行探索和发展。具体来说，在政治和法治建设上，积极发展社会主义民主政治，着力建设中国特色社会主义法治体系；在文化建设上，强调坚定道路自信、理论自信、制度自信和文化自信，加快建设社会主义文化强国；在党的建设上，坚持中国共产党的领导，不断提高党的执政能力和领导水平。

四、新时代“强起来”的中国特色社会主义政治经济学的研究方法

（一）总体方法：哲学视野、经济学方法和科学社会主义原则相结合

作为研究新时代中国特色社会主义经济的科学，中国特色社会主义政治经济学的研究方法应具有整体性，即将马克思主义的哲学视野、经济学方法和科学社会主义原则结合起来，作为总体研究方法。其中，马克思主义哲学视野是发现问题的思想方法，马克思主义经济学方法是分析问题的具体方法，科学社会主义原则是解决问题的价值原则。

一是用马克思主义哲学视野进行研究。马克思主义哲学视野是认识和解释世界的重要基石。一方面，马克思主义哲学视野以辩证唯物主义为基础，科学

解释了自然界与人类社会的一般运动、变化和发展规律，这种思维方式在中国特色社会主义政治经济学中的应用，能够帮助我们更好地把握中国特色社会主义经济的发展和变化规律。另一方面，马克思主义哲学视野以历史唯物主义为基础，系统揭示了生产力与生产关系、经济基础与上层建筑的矛盾运动，进一步阐释了人类社会的本质与规律，中国特色社会主义政治经济学同样需要运用该方法，精准把握经济发展中生产力、生产关系、上层建筑等的相互作用和运动规律，从而更加科学地认识中国特色社会主义经济的发展变化。二是用马克思主义经济学方法进行研究。马克思主义经济学方法源于马克思主义哲学，是认识论、辩证法与逻辑相统一的研究方法，即以实践的认识论为前提，以严密的逻辑分析为核心，通过辩证法将实践所获得的现实材料转化为逻辑形式，以此来分析经济现象和经济问题。这种分析方法也应用于当前政治经济学研究中，为具体分析中国经济发展提供有益指导。三是用科学社会主义原则进行研究。经济学的研究方法离不开其理论的价值取向。科学社会主义原则应作为中国特色社会主义政治经济学的价值原则，原因在于其关于社会主义最终必然代替资本主义、实现共产主义，建立自由人的联合体、实现无产阶级与人类解放，建立成熟的社会主义政党、正确领导工人阶级与人民大众等原则，是能够指导并运用于中国特色社会主义经济实践中的。在中国特色社会主义政治经济学研究中，同样也要坚持解放和发展生产力、坚持以人民为中心、坚持党对经济工作的领导等科学原则，为解决经济发展中的突出问题提供理论支撑。

（二）核心方法：马克思主义政治经济学的研究方法

马克思主义政治经济学的研究方法，是马克思主义总体方法在经济学研究方法上的具体体现，也是中国特色社会主义政治经济学的核心方法，具体包含多种研究方法。

一是矛盾分析法。在研究资本主义生产关系时，马克思从商品的使用价值与价值的矛盾出发，分析具体劳动与抽象劳动的矛盾，进而分析私人劳动与社会劳动的矛盾，最终挖掘出资本主义社会的主要矛盾。中国特色社会主义进入新时代的判断就是运用了矛盾分析法，明确了主要矛盾的变化。中国特色社会主义政治经济学应坚持矛盾分析法，善于把握和解决矛盾。

二是系统分析法。系统分析法不仅对研究对象的若干要素分别进行分析，而且将其作为一个有机的整体进行系统分析。如马克思将社会生产关系的要素分为生产关系、分配关系、交换关系、消费关系，并分别研究了其发展，在此基础上研究了系统中各个要素之间的相互关系和相互作用，最终发现了其中运行的关键，即剩余价值。中国特色社会主义政治经济学研究的内容结构，也可以看成一个系统，包括经济制度、经济体制、经济运行、经济发展和对外开放等具体内容，在分析这一经济系统时，应运用系统分析法，既要分析各个部分的具体发展情况，又要从整体上分析整个经济系统的发展规律，从而实现整体与部分的协调统一。

三是发展分析法。发展分析法通常与系统分析法结合起来使用，即将研究对象看作不断发展的有机系统，在发展中研究其运动规律。马克思在分析商品二因素和劳动二重性时，使用了发展分析法，解决了困扰古典政治经济学的用旧商品关系无法说明资本与劳动交换、用旧价值观念无法解释平均利润等问题。中国特色社会主义政治经济学是发展中的经济学。党的十九大报告指出："中国特色社会主义进入了新时代，这是我国发展新的历史方位。"[①] 在这样的历史方位下，不仅国民经济在发生变化，相应的政治经济学也在发生变化。故中国特色社会主义政治经济学应运用发展分析法研究发展中的中国特色社会主义经济。

四是科学抽象法。马克思指出："分析经济形式，既不能用显微镜，也不能用化学试剂。二者都必须用抽象力来代替。"[②] 中国特色社会主义政治经济学作为经济理论，要运用科学抽象法，将经济现实科学抽象为概念、判断和经验，揭示经济现象背后的经济规律；同时，将经济理论和经济规律运用于经济实践中，科学指导中国特色社会主义经济发展。

五是数学分析法。马克思主义政治经济学研究中，既注重定性分析，又注重定量分析，使用了数学分析法。如马克思在研究社会资本的简单再生产和扩大再生产时，就用 $\mathrm{I}(v+m)=\mathrm{II}c$、$\mathrm{I}(v+\Delta v+m/x)=\mathrm{II}(c+\Delta c)$ 等公式进行推导，揭示了社会生产两大部类的内在联系。中国特色社会主义政治经济学，同样要使用数学分析法，对新时代中国特色社会主义经济发展相关内容进行定量研究，对主要经济指标进行计算和预测。

（三）延伸方法：多学科的分析方法

中国特色社会主义政治经济学，不仅要运用政治经济学的基本研究方法，而且要在固有研究方法的基础上进行拓展和创新，吸纳和借鉴其他有益的研究

---

① 习近平. 决胜全面建成小康社会 夺取新时代中国特色社会主义伟大胜利——在中国共产党第十九次全国代表大会上的报告［N］. 人民日报，2017-10-28（1）.

② 中共中央马克思恩格斯列宁斯大林著作编译局. 马克思恩格斯文集：第5卷［M］. 北京：人民出版社，2009：8.

方法。

一是马克思主义的其他理论方法。马克思主义的理论方法不仅包括经济学方法，还包括其他研究方法，这些方法是中国特色社会主义政治经济学研究中可以参考的方法。如马克思在研究剩余价值时，不仅研究了剩余价值生产本身，而且研究了剩余价值对资本主义经济社会发展的影响，故在研究经济问题时，不仅要研究其内部因素，而且要将内部发展与外部环境的影响结合起来。再如在马克思的自然观中，通过对人与自然关系的深入分析，得出其作为人类社会的基础性矛盾是贯穿人类社会始终的，故在研究中应透过现象抓住本质，挖掘经济现象背后的深层次问题。二是西方经济学的分析方法。西方经济学中包含合理、有用的研究范式和研究方法，可以用于中国特色社会主义政治经济学研究。西方经济学中的有关理论，如凯恩斯主义经济学、发展经济学、古典经济学、新古典经济学、制度经济学等的理论思想；西方经济学中的各种方法，如计量分析、实验法、博弈论等方法，对于中国特色社会主义政治经济学研究来说，在考虑其适用性的情况下，可以批判性地借鉴和有条件地运用。三是其他学科的分析方法。研究方法的多元化已经成为中国特色社会主义政治经济学研究的趋势。在研究经济问题时，中国特色社会主义政治经济学可以使用其他学科的一些分析方法，如社会学中的社会调查与个案研究方法、管理学中的 SWOT 分析方法、自然科学中的单一变量实验方法等，并且综合运用各种研究方法，丰富与拓展政治经济学学科的研究。

五、新时代“强起来”的中国特色社会主义政治经济学的体系和内容

政治经济学的体系是在一定的主题下构建的。新时代以“强起来”为主题的中国特色社会主义政治经济学体系，体现了政治经济学研究的整体性和系统性。而新时代“强起来”的中国特色社会主义政治经济学的内容，则侧重于主要问题和主要方面，体现了结构性和主体性。

（一）新时代“强起来”的中国特色社会主义政治经济学的体系

1. 初始条件：社会主义市场经济

新时代构建“强起来”的政治经济学体系，首先要明确其初始条件和起始范畴。马克思主义政治经济学的初始条件是商品，即以商品为起点，到资本再到剩余价值的发展，从中揭示了资本主义的发展和本质。而中国特色社会主义

政治经济学，不仅研究社会主义经济的建设与发展，同时也随着时代的进步而深化。改革开放以来我国经济建设所取得的成就，则构成了新的起点和初始条件，这个初始条件就是社会主义市场经济。

2. 价值追求：满足人民日益增长的美好生活需要

坚持以人民为中心的发展，一直是党领导中国特色社会主义经济建设的价值追求。中华人民共和国成立以来，以人民为中心的发展经历了从满足人民对经济文化迅速发展的需要到满足人民对物质文化需要的转变。改革开放后，随着经济社会的持续发展，我国人民生活水平明显提升，已经解决温饱问题，并总体上实现小康，到2020年即将全面建成小康社会。[①] “人民美好生活需要日益广泛，不仅对物质文化生活提出了更高要求，而且在民主、法治、公平、正义、安全、环境等方面的要求日益增长”。[②] 在这样的背景下，以人民为中心的发展就具体化为满足人民日益增长的美好生活需要。

3. 逻辑展开：破解经济发展的不平衡不充分

在新发展条件下，满足人民日益增长的美好生活需要受到多重制约，其中的根源就在于发展不平衡不充分。发展不平衡不充分体现在“五位一体”总体布局的多方面，但经济发展的不平衡不充分是根本性的，从深层决定了我国社会主要矛盾的变化。[③] 故破解经济发展的不平衡不充分，既是中国经济发展中的关键问题，也是中国特色社会主义政治经济学研究的重点问题。

4. 核心范畴：现代化经济体系

“建设现代化经济体系是跨越关口的迫切要求和我国发展的战略目标”[④]提出建设现代化经济体系的基本依据在于我国经济发展阶段的变化。[⑤] 同时，建设现代化经济体系，是对新时代我国经济发展实践的科学概括。围绕这一实践，已经形成了一系列范畴，包括现代化经济体系、新发展理念、供给侧结构性改革等内容。其中，现代化经济体系是这一系列范畴的核心，并与其他范畴一起构成中国特色社会主义政治经济学体系的范畴。

---

① 蒋永穆. 解读新时代社会主要矛盾［N］. 中国社会科学报，2018－01－12（4).

② 习近平. 决胜全面建成小康社会 夺取新时代中国特色社会主义伟大胜利——在中国共产党第十九次全国代表大会上的报告［N］. 人民日报，2017－10－28（1).

③ 同①。

④ 同②。

⑤ 蒋永穆. 建设现代化经济体系必须坚持的基本取向［J］. 马克思主义研究，2017（12)：29－33.

5. 发展主线：供给侧结构性改革

供给侧结构性改革不仅是构建现代化经济体系的主线，也是构建中国特色社会主义政治经济学体系的主线。供给侧结构性改革，重点是解放和发展社会生产力，用改革的办法推进结构调整，减少无效和低端供给，扩大有效和中高端供给，增强供给结构对需求变化的适应性和灵活性，提高劳动生产率。① 同时，应将经济发展的着力点放在实体经济上，推进去产能、去库存、去杠杆、降成本、补短板五大工作，加快培育新的经济增长点，不断提升供给体系的质量。②③

6. 主攻方向：高质量发展

经济由高速增长转向高质量发展，既是经济发展新常态的基本表现，也是新时代经济发展的重要变化。高质量发展对中国特色社会主义政治经济学理论提出了新的要求，即如何保持经济的中高速增长、如何推动经济结构的转型升级、如何实现增长动力的有效转化等，从而持续推动社会生产发展。

（二）新时代“强起来”的中国特色社会主义政治经济学的主要内容

结合“强起来”的时代背景、中国特色社会主义的历史背景和经济发展的不平衡不充分问题，新时代“强起来”的中国特色社会主义政治经济学主要包括五方面内容。

1. 适应和引领经济发展新常态

在我国经济已经进入中高速增长的情况下，如何进一步提高发展质量和效益，推动经济向形态更高级、分工更复杂、结构更合理的方向发展尤为重要。尤其是在虚拟经济与实体经济发展不平衡、“过度强调虚拟经济的作用，忽视实体经济和虚拟经济的辩证关系”④ 的情况下，要正确处理实体经济与虚拟经济的关系，真正适应和引领经济发展新常态。即应重视实体经济的发展，坚持

① 蒋永穆，张晓磊，周宇晗. 积极探索和构建中国特色社会主义的经济发展理论［J］. 政治经济学评论，2017（2）：35—51.

② 蒋永穆. 建设现代化经济体系必须坚持的基本取向［J］. 马克思主义研究，2017（12）：29—33.

③ 张蕴萍. 供给侧改革：中国垄断行业政府规制改革的新动力［J］. 理论学刊，2016（5）：61—66.

④ 同①。

走中国特色的新型工业化、农业现代化和新型城镇化发展道路，推动四化同步发展；同时，促进虚拟经济健康发展，逐步解决实体经济与虚拟经济发展不平衡的问题。

2. 发展社会主义市场经济

中国特色社会主义市场经济，不仅是新时代“强起来”的中国特色社会主义政治经济学的初始条件，而且是其主要内容。新时代发展社会主义市场经济，关键在于使市场在资源配置中起决定性作用，同时更好地发挥政府作用。尤其是在政府与市场作用发挥不平衡、过度强调市场作用的情况下，更要正确处理政府与市场的关系，推动社会主义市场经济发展。即应加快完善现代市场体系，有效提高市场在资源配置中的效率；同时要强化政府的宏观调控，不断提高政府的科学调控能力，从而将政府与市场作用有机结合起来，推动二者作用的平衡和发挥。

3. 建设创新型国家

创新不仅是中国特色社会主义经济发展的内生动力，也是“强起来”的中国特色社会主义政治经济学的主要内容。当前我国的创新并不充分，突出表现在三个方面：一是自主创新能力仍然不强，掌握的关键核心技术不足；二是创新成果转化应用和产业化发展水平仍然不高，转化成现实生产力的能力和对经济增效的支撑作用仍然不强；三是科技创新体制机制还不完善，科技与经济融合发展的通道还不够畅通。① 因此，应加快建设创新型国家，走中国特色的自主创新道路，着力提高科技创新、成果转化与产业化、市场化的发展能力，有效解决创新不充分问题。

4. 全面深化改革

全面深化改革是“四个全面”战略布局的基本内容，也是构建现代化经济体系的重要内容。目前，我国的改革仍然是不充分的，一是社会主义市场经济改革还不够充分，生产要素市场体系还不够完善；二是农村改革还不够充分，农村基本经营制度和土地制度还需要完善；三是科技改革还不够充分，科技人员的积极性还未得到充分调动。因此，应继续深化改革，尤其是深化经济体制、农村土地和集体产权制度、科技体制等各项改革。

---

① 蒋永穆. 建设现代化经济体系必须坚持的基本取向［J］. 马克思主义研究，2017（12）：29－33.

5. 推动全面开放发展

开放带来了经济的发展与进步，但是我国目前的开放并不充分。首先，参与经济全球化不充分，在国际贸易中的地位还需提高；其次，开放范围不广泛，市场准入仍然有较多限制；第三，开放优势尤其是比较优势还需要强化。因此，应加快推动形成全面开放的新格局，更加主动参与经济全球化，积极发展对外经济关系，提高参与全球经济治理的能力，着力培育国际经济合作与竞争新优势，从而解决开放不充分问题。

正确看待和坚持公有制为主体*

邓　玲①

读者提问：坚持公有制为主体是我国社会主义初级阶段基本经济制度的重要内容之一。当前，我国非国有企业在数量和市场份额上均已超过国有企业。在这一新形势下，应如何看待和坚持公有制为主体？

——湖南太丰矿业集团有限责任公司总裁　邓吉林

坚持公有制的主体地位，是社会主义的本质特征之一。在我国社会主义初级阶段，必须坚持和完善公有制为主体、多种所有制经济共同发展的基本经济制度。一段时间以来，我国国有经济比例呈现下降趋势，尤其是非国有企业在数量和市场份额上都超过了国有企业，一些人开始对公有制的主体地位产生怀疑和担忧。在这种情况下，如何正确看待和坚持公有制为主体，关系深化经济体制改革的顺利推进，关系我国经济社会的持续健康发展，是坚持和发展中国特色社会主义需要解决的重大理论和现实问题。

公有制主体地位是由社会主义本质所决定并由宪法固化了的法律原则，不能动摇也不会动摇。所有制是一种经济制度，生产资料所有制性质决定社会性质。公有制作为一种生产资料所有制、作为一种经济制度，决定着社会主义社会的性质。公有制经济、国有经济、国有企业既相互联系，又有所区别。国有企业是国有经济的重要组成部分，国有经济是公有制经济的重要组成部分。我国国有企业是公有制经济，但不是公有制经济的全部；国有企业数量和资产份额的变化可能会使社会主义市场经济的结构发生一些变化，但不会影响公有制的主体地位。在我国，公有制的主体地位是宪法赋予的。《中华人民共和国宪法》明确规定：“中华人民共和国的社会主义经济制度的基础是生产资料的社会主义公有制，即全民所有制和劳动群众集体所有制。”习近平同志指出：“公

* 2016年4月29日《人民日报》7版（理论版）刊载本文。

① 作者简介：邓玲，四川大学经济学院教授、博士生导师，研究领域为区域经济学、人口资源与环境经济学。

有制主体地位不能动摇，国有经济主导作用不能动摇，这是保证我国各族人民共享发展成果的制度性保证，也是巩固党的执政地位、坚持我国社会主义制度的重要保证。”① 这“两个不能动摇”，深刻阐明了我国必须坚持公有制主体地位和国有经济主导作用。

公有制主体地位主要体现在公有资产在社会总资产中占优势地位，国有经济控制国民经济命脉并对经济发展起主导作用。当前，公有制经济的优势犹存，国有经济的主导作用不断加强，公有制的主体地位并没有动摇。公有制经济涉及的经济成分，针对的财产所有权，涉及的资产范围非常广，包括国有经济、集体经济、混合所有制经济中的国有成分和集体成分。由于统计的原因，目前关于公有资产的数量还没有一个准确数据；自然资源资产产权制度改革尚在探索阶段，大量公有资产还没有进入统计范围。如果把能产生直接、间接、潜在经济效益的公有资产都纳入资产统计范围，公有制经济在社会总资产的量上占优势是毫无疑问的。此外，国有经济的主导作用主要体现在对国民经济的控制力、带动力、影响力上，而不是简单体现为数量比例关系。国有经济比例近年出现持续下降，一个很重要的原因是由于统计口径没有及时调整。事实上，在关系国家安全、国民经济命脉的重要行业和关键领域，国有经济依然占支配地位。

国有企业是国有经济发挥主导作用的主要载体，也是推进国家现代化、保障人民根本利益的重要力量。正确认识国有企业对发挥国有经济主导作用的重要意义，不能割裂我国社会主义建设的历史实践和当前实际。随着我国社会主义经济体系的建立、发展、调整和优化，国有企业的发展目标和领域也在不断改变和调整。新中国成立初期，国有企业主要集中在工业领域。在改革开放进程中，国有企业在不断深化改革的同时大力支持国家整体改革发展，成为经济社会发展的重要支撑。当前，国有企业的发展目标调整为以维护国家安全、保持社会稳定、促进经济发展为主，主动退出了一些竞争性领域。这既为非公有制经济让出了发展空间，也调整了国民经济产业布局、优化了国有资产结构。如果仅仅从数量上看，国有企业确实减少了，但其资产结构和质量更加优良。比如，2014 年，国有及国有控股规模以上工业企业占全部规模以上工业企业总数的 4.98%，拥有的资产量却占到 38.81%。国有企业不仅在石油化工、工程机械、交通运输、电子信息、冶金、有色金

---

① 习近平. 习近平在中共中央政治局第二十八次集体学习时强调 立足我国国情和我国发展实践 发展当代中国马克思主义政治经济学［N］. 人民日报，2015-11-25（1）.

属、建材等重要产业占比较高，拥有大量的优质资产和先进技术；而且在相当部分新兴产业和战略性产业具有领先优势，形成了较强的国际竞争力，发展潜力巨大。

劳资关系对经济增长可持续性的影响分析*

骆 桢 张 衔①

摘 要：经济增长是经济学的持久性研究主题。但是，在当代经济增长文献中，对影响经济增长的劳资关系始终没有给予考虑。这削弱了增长理论对现实的解释力。本文基于劳资关系对生产和分配的影响，在一个由马克思扩大再生产图式发展而来的动态非均衡的一般增长模型中，遵循马克思经济学传统，将劳资关系纳入模型，分析了不同类型劳资关系下资本积累的内在矛盾运动，并说明了不同类型的劳资关系对经济增长可持续性产生的不同影响。本文的政策含义在于，当我国经济进入新常态以后，应当构建合作高效的劳资关系协调机制，以保证技术进步带来的经济增长的持续性。

关键词：劳资关系；资本积累；经济增长

一、引言

劳资关系是指“劳动与资本”的关系，即由资本雇佣劳动所产生的利益关系，这种关系最突出的表现是劳资之间围绕着生产和分配的博弈。因此，劳资关系成为现代市场经济的核心关系。同时，从生产的技术过程看，劳动与资本又是最基本的生产要素。这样，劳资关系对经济可持续增长的影响就是一个值得深入研究的课题。

一般认为，经济增长主要依赖于要素投入和技术选择。在这个意义上，总量生产函数的性质对于解释长期增长具有重要意义。但是，在市场经济中，增长过程取决于分散决策的逐利个体即企业，企业的积累意愿和技术选择从根本

---

* 基金项目：国家社科基金青年项目（14CJL038），国家社科基金重大项目（07&ZD003）。

① 作者简介：骆桢，四川大学经济学院讲师，研究领域为马克思主义经济学、后凯恩斯经济学、非线性动态模型、技术创新与社会演化。

张衔，四川大学经济学院教授、博士生导师，研究领域为经济理论与经济计量分析、《资本论》研究、政治经济学、西方经济学、数理经济学。

上决定了总量生产函数的性质。而企业的积累意愿和技术选择又决定于对企业决策起约束作用的各种实际关系，这些实际关系的核心就是劳资关系。但是，在基于新古典增长理论而构建的理性人跨期抉择的框架下，生产要素由作为劳动和资产所有者的家庭部门提供，家庭部门占有全部工资和利润，而工资和利润则由劳动与资本各自的边际产出决定。同时，给定代表性家庭的效用函数和生产函数，代表性家庭的跨期偏好决定了消费和储蓄的比例，有效的资本市场又会保证储蓄等于投资。显然，在这样一个框架下，劳资关系对生产和分配的影响，从而对经济增长的影响都被抽象掉了。

20 世纪 90 年代以来，一些研究宏观经济和经济增长的学者受知识和人力资本内生化的启发，将收入不平等作为人力资本投资的结果引入增长研究。收入不平等这一异质性因素的引入，拓宽了现代经济增长理论的研究视野。盖勒（O. Galor）和泽拉（J. Zeira）[①]、阿吉翁和博尔顿（P. Aghion & P. Bolton，1997）[②] 在人力资本投资不可分即非凸技术和信贷市场不完美的假定下，运用内生增长的 AK 模型研究了初始财富（禀赋）状态（不平等）与再分配对增长的影响。艾莱斯纳和罗德里克（A. Alesina & D. Rodrik，1994）[③] 在初始要素禀赋不同，政府只对资本（包括人力资本）征税，并根据“中间人投票定理”决定税率的假定下，研究了具有不同禀赋，即拥有的资本－劳动比不同的异质性个体对经济增长的影响。这些研究证明，初始禀赋、信贷约束、再分配与政府税收会影响异质性个体的人力资本投资水平和人力资本积累，从而肯定了收入不平等对经济增长的影响。但是，这些研究并没有涉及劳资关系。

与主流经济增长理论不同，罗宾逊、卡尔多和帕西内蒂等新剑桥学派经济学家坚持李嘉图传统，在社会分为资本家和工人两个阶级、资本家的储蓄倾向大于工人的储蓄倾向的假定下，将收入分配置于核心地位，构建了与众不同的新剑桥经济增长模型。该模型证明了在资本家储蓄倾向一定时，经济增长率的变化引起利润与工资在国民收入份额中相对量的变化，且经济增长率越高，利润所占比重越大；当实际经济增长率偏离哈罗德给定的“自然增长率”时，调

① GALOR O，ZEIRA J. Income distribution and macroeconomics [J]. The Review of Economic Studies，1993，60 (1)：35－52.

② AGHION P，BOLTON P. A Theory of Trickle－Down Growth and Development [J]. Review of Economic Studies，1997，64 (2)：151－172.

③ ALESINA A，RODRIK D. Distributive politics and economic growth [J]. The Quarterly Journal of Economics，1994，109 (2)：465－490.

整国民收入中利润或工资的比重，就可以使经济沿着“自然增长率”增长。新剑桥经济学家认为，资本主义经济增长的长期趋势有利于资本家，不利于工人；因此，主张对收入分配进行干预，在利润与工资之间建立起适当的比例，并特别强调提高工人的实际收入，以实现经济的稳定增长。①

沿袭“斯拉法-里昂惕夫”传统的学者（Kurz & Salvadori，1995②；Pasinetti，1977③）认为，在线性生产条件下，“均衡增长率”等于“均衡利润率”，是由增广的投入产出系数矩阵的“弗罗本尼斯根”决定的。“实际工资向量”中分量的增大，意味着更小的均衡利润率和更小的均衡增长率。然而，这些分析将劳资关系的影响仅限定于“分配领域”，而没有考虑劳资关系对生产的影响。同时，这些分析也未能区分消费和投资两种需求的质的差别及其带来的结构性矛盾。

在第二次世界大战后解释“黄金年代”经济增长中形成的调节学派和积累的社会结构（SSA）学派，基于马克思主义范式，综合了马克思关于决定资本主义经济运动的各种因素，构建了一个关于资本主义长期趋势的分析框架（Aglietta，1987④；Bowles，Gordon & Weisskopf，1986⑤）。在这一分析框架中，劳资关系起着重要作用，这对于理解现代经济增长具有重要的启发意义。但是，调节学派和积累的社会结构学派更关心的是资本主义的长期趋势和对这种趋势的当代马克思主义解释。因而，并没有对经济增长本身进行更深入的分析。

在马克思的理论分析框架中，劳资关系始终是资本主义经济矛盾运动的核心因素，贯穿于资本主义再生产的整个过程，是理解资本积累、增长与波动的重要基础。自费尔德曼的文献被多马（Domar，1957）⑥ 重新发现以来，马克思的经济增长理论逐渐引起人们的重视，形成了一些重要研究成果（宋则行，

---

① 刘涤源，王平洲．后凯恩斯主义［M］．北京：商务印书馆，1992.

② KURZ H D, SALVADORI N. Theory of production: a long-period analysis［M］. Cambridge and New York: Cambridge University Press, 1995.

③ PASINETTI L. Lectures on the Theory of Production［M］. New York: Columbia University Press, 1977.

④ AGLIETTA M. A Theory of Capitalist Regulation［M］. London and New York: Verso, 1987.

⑤ BOWLES S, GORDON D, WEISSKOPF T. Power and Profits: the Social Structure of Accumulation and the Profitability of the Postwar U. S. Economy［J］. Review of Radical Political Econonmics, 1986, 18 (1/2): 132-167.

⑥ DOMAR E D. A Soviet Model of Growth［M］// Essays in Theory of Economic Growth, Oxford University Press, 1957.（多马．经济增长理论［M］．郭家麟，译．北京：商务印书馆，1983.）

1995①；吴易风，2007②）。但是，在关于马克思经济增长理论的研究文献中，人们关注的重点是马克思经济增长理论中决定增长的技术方面，劳资关系的作用没有引起足够的重视。③

本文将基于马克思的扩大再生产图式，尝试构建一个基于劳资关系的一般性经济增长模型框架，通过分析劳资关系对生产和分配的影响，说明不同劳资关系类型下经济增长的可持续性及其可能面对的问题。本文的逻辑是：在市场经济条件下，经济增长的动力来自企业的资本积累，持续的资本积累是经济增长的条件。而企业作为分散决策的逐利个体，其积累意愿取决于盈利水平。因而，经济增长的可持续性取决于利润率能否维持。同时，由于劳动与资本又是最基本的生产要素，劳资关系的状态和类型会直接影响到作为要素的劳动与资本的实际效率和需求结构，进而从成本和需求两个方面影响利润水平和积累意愿，并由此作用于经济增长。国内学者在相关的实证分析中基于经验数据肯定了劳资关系的这种影响（徐晓红、荣兆梓、张治栋，2007④；徐晓红，2009⑤；杨瑞龙等，2011⑥；李晓宁、马启民，2012⑦；张衔、谭光柱，2012⑧）。本文将具体说明资本积累过程中，不同类型劳资关系下的矛盾运动，及其对利润率的影响和可能引发的危机类型，以说明劳资关系对经济增长可持续性的影响机制。

接下来的第二部分讨论不同类型劳资关系下的生产和分配，这是构建本文核心模型的基础；第三部分给出本文的基本假定和模型框架；第四部分讨论不

① 宋则行. 马克思的经济增长理论［J］. 当代经济研究，1995（1）.

② 吴易风. 马克思的经济增长理论模型［J］. 经济研究，2007（9）.

③ 例如，宋则行（1995）利用社会总产品价值的划分推导除了单部门的马克思增长模型，并得出了和哈罗德模型类似的增长率形式并与之进行比较。吴易风（2007）、赵峰（2004）和杨继国（2001）也都得出过类似的结论，即均衡的经济增长率等于利润率乘以积累率（$g=r\alpha$），这也被称为“剑桥方程”。然而在这些研究中，为了得到一个均衡增长率通常采用了剩余价值率不变、有机构成不变和积累率不变等苛刻假设。这样就抽象掉了马克思对资本积累的矛盾的动态分析，取消了劳资关系发生作用的可能，阻断了理论通向现实进行逻辑再造的可能，使得模型仅具有思想实验的作用。

④ 徐晓红，荣兆梓，张治栋. 包含劳动力市场条件的劳资关系模型及其实证分析［J］. 经济学家，2007（5）.

⑤ 徐晓红. 劳资关系与经济增长——基于中国劳资关系库兹涅茨曲线的实证检验［J］. 经济学家，2009（10）.

⑥ 中国人民大学“宏观经济分析与预测”课题组，等. 论低端劳动力工资形成机制的变革及其经济效应［J］. 财贸经济，2011（7）.

⑦ 李晓宁，马启民. 中国劳资收入分配差距与关系失衡研究［J］. 马克思主义研究，2012（2）.

⑧ 张衔，谭光柱. 我国企业劳动关系和谐度的评价与建议——基于问卷调查的实证分析［J］. 当代经济研究，2012（1）.

同类型劳资关系对经济增长可持续性的影响；最后是结论和启示。

二、不同类型劳资关系下的生产和分配

劳资关系通过生产与分配影响经济增长，这是马克思经济学中所包含的重要思想。这集中体现在两个方面。

首先，与新古典经济学用生产函数来代替整个劳动过程不同，马克思经济学深入分析了作为生产过程核心的劳动过程。通过对劳动力和劳动的区别，马克思证明资本雇佣工人所获得的仅仅是对工人某段时间内活劳动的控制权和支配权，而不是劳动本身。这首先体现在对“劳动日长度”的博弈上：“资本家要坚持他作为买者的权利，他尽量延长工作日……另一方面，这个已经卖出的商品的独特性质给它的买者规定了一个消费的界限，并且工人也要坚持他作为卖者的权利，他要求把工作日限制在一定的正常量内。……权利同权利相对抗，……力量就起决定作用”。①

在这样一个“不完全契约”的框架下，企业从劳动过程中能够获得多少有效劳动，进而获得多少产出是不确定的。这取决于企业能否有效控制劳动过程，激励或者威胁工人努力工作。这其中最重要的手段就是通过技术进步，用机器替代劳动。在马克思的理论中，机器替代劳动不仅可以产生超额剩余价值和生产力进步带来的相对剩余价值，还为工作日一定的条件下提高劳动强度创造了物质基础：“这是通过两种方法达到的：一种是提高机器的速度，另一种是扩大同一个工人看管的机器数量，即扩大工人的劳动范围”②。马克思对机器大工业的分析，可以看作是对去技能化的技术进步的范例，这使得劳动变得简单，“人员可以迅速地经常地更换”③，从而“工人在技术上服从劳动资料的划一运动以及由各种年龄的男女个体组成的劳动体的特殊构成，创造了一种兵营式的纪律”④。这对生产效率的影响是巨大的。由此可见，在马克思的理论中，劳资关系植根于生产技术与劳动组织形式中，对生产的效率和成本产生重

---

① 马克思. 资本论：第1卷［M］. 中共中央马克思恩格斯列宁斯大林著作编译局，译. 北京：人民出版社，2004：271－272.

② 马克思. 资本论：第1卷［M］. 中共中央马克思恩格斯列宁斯大林著作编译局，译. 北京：人民出版社，2004：474.

③ 马克思. 资本论：第1卷［M］. 中共中央马克思恩格斯列宁斯大林著作编译局，译. 北京：人民出版社，2004：485.

④ 马克思. 资本论：第1卷［M］. 中共中央马克思恩格斯列宁斯大林著作编译局，译. 北京：人民出版社，2004：488.

要影响，并进而影响经济增长。

其次，与新古典经济学将工资和利润归结为劳动与资本各自的边际产出不同，马克思认为，资本雇佣劳动的生产关系决定工资与利润的分配关系。在活劳动创造的新价值一定的前提下，两者此消彼长。在积累的最低限度（工资的最大限度）与工资的最低限度（利润的最大限度）之间，存在着劳资双方争取各自最大分配份额而展开的博弈。积累水平从而决定增长的利润率的实际水平就取决于劳资双方的力量对比。①

马克思对资本积累的分析表明，在一定条件下，如果“资本的积累需要，能够超过劳动力或工人人数的增加，……工资就会提高”②。只要工资的提高不影响积累，工资就会继续提高。这对于工人来说是一种较为有利的状况，尽管这不改变劳资关系的本质。如果工资的提高妨碍了资本积累，反作用就会发生：资本通过技术进步提高资本有机构成，用机器替代劳动以减少对劳动力的需求，从而使工资降低到有利于资本积累的水平以保证资本的增长。因此，“决定工资的一般变动的，不是工人人口绝对数量的变动，而是工人阶级分为现役军和后备军的比例的变动，是过剩人口相对量的增减，是过剩人口时而被吸收、时而又被游离的程度”③。然而，即使没有技术进步制造相对过剩人口，“积累由于劳动价格的提高而削弱，……但是随着积累的减少，使积累减少的原因，即资本和可供剥削的劳动力之间的不平衡，也就消失了……劳动价格重新降到合适资本增殖需要的水平”④。因此，在马克思的理论中，作为更高抽象层次的劳动力商品价值的概念与具体的资本积累动态运动之间互有影响。

由此可见，马克思的分析既包括生产也包括分配，从而表明，劳资关系集中体现在劳资之间围绕着生产和分配的博弈，表现为劳资博弈关系的总和，因而可以抽象地理解为劳资博弈的力量对比。虽然劳资之间的力量对比和作为其结果的利益分配与生产效率都会随着资本积累和景气波动而变化，但是这并不意味着力量对比的变化一定会“等量”地体现为利益分配等的博弈结果。例如，在组织力量强大或者失业率很低的时候，工会可能并不会利用自身力量的

---

① 中共中央马克思恩格斯列宁斯大林著作编译局．马克思恩格斯选集：第2卷［M］．北京：人民出版社，1972：200—201.

② 马克思．资本论：第1卷［M］．中共中央马克思恩格斯列宁斯大林著作编译局，译．北京：人民出版社，2004：708.

③ 马克思．资本论：第1卷［M］．中共中央马克思恩格斯列宁斯大林著作编译局，译．北京：人民出版社，2004：734.

④ 马克思．资本论：第1卷［M］．中共中央马克思恩格斯列宁斯大林著作编译局，译．北京：人民出版社，2004：715—716.

优势要求提高工资、降低工作强度。普莱沃茨基（Przeworski，1980）[①] 把这种情况称为劳资双方达成“妥协”。他认为，由于劳资冲突会妨碍资本积累，如果有措施保障工人能在未来分享到经济增长带来的好处，那么工会在当前的分配问题上就会保持克制，从而实现劳资之间的合作。拉左尼克（2007）[②] 认为技术进步无法完全取消劳动对生产过程的影响，因此，劳资合作可以获得更高的生产效率。这也可以成为劳资妥协的效率基础。在对现实的研究中，戈登（Gordon，1996）[③] 发现，20 世纪 80 年代后欧美劳资关系的差异是形成其不同积累模式的重要原因。欧洲等国的积累模式是通过合作和分享的方式缓和劳资矛盾，以提高生产率获得竞争优势和维持利润率，这被称作“高路径”（high road）。与此相对应的是美国的“低路径”（low road），即通过压榨、威胁工人，降低劳动成本，以劳资对立为代价去获取竞争优势，保持利润率水平。但这种方式必然带来“监督”和管理等官僚机构的膨胀，工人收入停滞甚至下降，劳动生产率降低。[④] 罗伯特·布鲁斯和延斯·克里斯蒂安森（Robert Buchele & Jens Chritiansen，1999）[⑤] 采用计量经济学的实证方法，对 15 个发达资本主义国家 20 世纪 70 年代末到 90 年代中期的劳资关系和劳动生产率增长关系进行研究，其结果表明具有“高路径”特征的国家比“低路径”国家有更高的生产率增长，并且在生产率增长、资本生产率增长、投资绩效、滞胀和就业等方面表现得更好。

基于以上分析，我们将劳资关系划分为两种类型：合作型与非合作型。如果劳资双方缺乏足够的信任，各自利用自身的某种优势以不妥协的方式来争取各自的最大利益，从而无法通过充分的交流达成互利性妥协和稳定的劳资协议，由此形成的劳资关系就是非合作型的。其基本特征是，企业总是用各种方式在压低工人工资的同时，尽可能获取更多的有效劳动，而工人则会利用生产过程中的信息不对称降低自身的劳动支出，同时还可以通过集体谈判和罢工等

---

① PRZEWORSKI A. Material interests，class compromise and the transition to socialism [J]. Politics & Society，1980，10 (2)：125－153.

② 拉佐尼克. 车间的竞争优势 [M]. 徐华，黄虹，译. 北京：中国人民大学出版社，2007.

③ GORDON D. Fat and Mean：the Corporate Squeeze of Working Americans and the Myth of Managerial “Downsizing” [M]. New York：the Free Press，1996.

④ 而且“低路径”（low road）导致的这一后果有自我强化的机制：停滞或下降的工资水平以及劳资矛盾导致了对前线工人更多的监督和管理需求；监督岗位的扩张和官僚结构的膨胀，会带来成本的提高，这部分资金来自对前线工人的工资挤压。而且管理层的职员解雇成本更高难度更大，这使得臃肿的管理层本身可能形成“变革”的阻力。

⑤ BUCHEIE R，CHRITIANSEN J. Labor Relations and Productivity Growth in Advanced Capitalist Economies [J]. Review of Radical Political Economics，1999，31 (1)：87－110.

手段争取更多的分配份额。

在非合作型劳资关系下，企业最根本和最有效的手段是以“解雇”相威胁，其效果取决于失业率的高低。若失业率高，失业后难以在短时间内再就业，从而劳动者在力量对比中处于弱势地位，这会使其更服从管理，更愿意提高劳动强度并接受低工资；而当失业率低的时候，则相反（Bowles，Gordon and Weisskopf，1983）①。这样，在技术不变的条件下，随着经济增长的持续，失业率越低，工资就越高。即使企业能够在失业率下降的同时保证工资不上涨，工人则会采取消极生产，使效率降下来。

然而，企业对此并非无能为力。在非合作型劳资关系下，企业可以通过采用“去技能化”的新技术来获取更大的权力，维持较低工资和较高劳动强度。这是因为，如果生产过程主要依赖工人的经验、技艺等劳动投入以及工人间的紧密协作，且企业对此无法控制，则只能通过提高工资来激励工人，这同时也提高了其失业成本（Shapiro & Stiglitz，1984）。② 在这种情况下，工人不仅工资较高，且可替换性低，解雇风险小。但如果企业采用“去技能”的自动化技术，使劳动过程变成简单、机械地重复，则可以一方面使生产过程易于控制和监督，另一方面提高劳动力的可替代性（Marglin，1974③；布雷弗曼，1979④；Wright，2000⑤）。此外，自动化技术还可以提高劳动生产率，降低对劳动的需求，从而巩固企业在劳资博弈中的优势地位。

如果劳资双方有足够的信任，通过充分协商，达成了互利性妥协和相对稳定的劳资协议，建立了维持这种妥协和稳定的机制，由此形成的劳资关系就是合作型的。其基本特征是，劳资双方不会轻易偏离这种均衡状态。

在合作型劳资关系下，如果技术不变，随着经济增长和失业率的下降，虽然劳资双方力量对比会发生变化，但双方能够保持克制，通过协商谈判达成对工资和劳动强度的共识，从而维持相对稳定的收入分配份额和一定水平的劳动生产率。如果企业采用新技术提高了生产效率，并增强了其针对工人的权力，

① BOWLES S，GORDON D，WEISSKOPF T. Hearts and Minds：A Social Model of U. S. Productivity Growth [J]. Brookings Papers on Economic Activity，1983 (2)：381－441.

② SHAPIRO，CARL，STIGLITZ J E. Equilibrium Unemployment as a Worker Discipline Device [J]. American Economic Review，1984，(74) 3：433－444.

③ MARGLIN S A. What do bosses do：the origins and functions of hierarchy in capitalist production [J]. The Review of Radical Political Economics，1975，6 (2)：60－112.

④ 布雷弗曼. 劳动与垄断资本 [M]. 方生等，译. 北京：商务印书馆，1979.

⑤ WRIGHT E O. Working－Class Power，Capitalist－Class Interests，and Class Compromise [J]. The American Journal of Sociology，2000，105 (4)：957－1002.

但在工会力量制约和劳资协议的约束下，企业会保持一定克制，并按照一定规则随效益提高上调工资。此外，由于在合作型劳资关系下，劳动者在生产中更加主动，从而在技术创新过程中会发挥更积极的作用，这有助于企业获得市场竞争优势。这也就是戈登（Gordon，1996）所提到的“高路径”的积累模式。①

但是，劳资双方长期稳定的合作型关系并不容易形成，它需要一系列的条件。普莱沃茨基（Przeworski，1980）② 认为，劳资双方达成妥协的条件在于工人确信其在当前工资上的让步会带来高积累和经济的增长并最终惠及自身；莱特（Wright，2000）③ 认为，工人组织化力量的增强并非只会为资方利益带来负面影响，工人组织力量增长到一定程度，也会带来其与企业之间高效的沟通以及工人对技术升级和技能培训更多的投入等，而这些对资方有利的影响最终会超过不利影响，所以合作的形成必须基于工人组织化力量的强大。

基于本文的研究目的，我们不讨论劳资关系类型的形成和影响因素，而是将劳资关系的类型当作一个外生给定的条件，分析不同劳资关系类型下，随着资本积累，劳资分配和生产效率的不同变动规律会对经济增长产生怎样的影响。本文的分析逻辑是：资本积累会改变劳资双方的力量对比，使劳资关系类型发生变化。不同的劳资关系类型体现为劳资分配和生产效率的不同的运动规律。生产效率决定着市场供给，而劳资分配则同时影响着成本和总需求。因此，劳资关系类型带来的生产效率和劳资分配的不同运动特征，会通过供给、需求和成本影响企业的利润率水平，进而影响资本积累的意愿和经济增长。对以上机制的深入分析，我们需要一个基于资本积累的模型框架。

三、基本假定和模型框架

本文的基本模型框架是以马克思的再生产理论为基础的。在马克思的分析框架内，再生产理论包括两个基本内容：再生产的本质和实现问题。前者的核心内容之一是积累中的劳资关系和这种关系对积累的影响。就本研究而言，这

① GORDON D. Fat and Mean: the Corporate Squeeze of Working Americans and the Myth of Managerial “Downsizing” [M]. New York: the Free Press, 1996.

② PRZEWORSKI A. Material interests, class compromise, and the transition to socialism [J]. Politics & Society, 1980, 10 (2): 125-153.

③ WRIGHT E O. Working-Class Power, Capitalist-Class Interests, and Class Compromise [J]. The American Journal of Sociology, 2000, 105 (4): 957-1002.

也就是劳资关系对增长的影响。实现问题的分析是在前者的基础上展开的，核心是再生产正常进行的抽象条件。因此，实现问题的分析不仅蕴含着由特定分配关系决定的、包括资本积累在内的总需求的形成问题，而且蕴含着总需求与生产结构的匹配问题。这样，马克思的再生产图式（模型）就为本文劳资关系与实现问题相统一的技术建模提供了基础。

下面给出本文的基本模型。假设社会生产部门只分为资本品生产部门和消费品生产部门；社会成员分为资本家和工人；资本家的收入是利润（即使考虑转形问题，这一假设也不受影响），工人的收入是工资；资本家不消费，而工人不储蓄[①]；同时不考虑政府和对外经济联系的影响。基本模型如下。

（1）假定生产技术是线性的，因而生产函数是里昂惕夫式的，即

$$Y_i = \min(\frac{K_i}{\alpha_i}, \frac{L_i}{\beta_i}), \ i=1, 2 \tag{1}$$

其中，Y_i 是第 i 部门总产值，K_i 是第 i 部门的不变资本（价值量），L_i 是第 i 部门的雇佣量，α_i 和 β_i 是大于零的系数。下标 1 表示资本品部门，下标 2 表示消费品部门。

根据生产函数，我们有人均资本 k_i（可近似看作资本有机构成）：

$$k_i = \frac{\alpha_i}{\beta_i} = \frac{K_i}{L_i}, \ i=1, 2 \tag{2}$$

劳动生产率 e_i：

$$e_i = \frac{1}{\beta_i} = \frac{Y_i}{L_i}, \ i=1, 2, \text{从而有 } Y_i = e_i L_i \tag{3}$$

为了简化分析，这里进一步假定不存在固定资本折旧，即固定资本在一个生产周期内全部消耗尽，一次性进入产品成本中，并且通过销售全部收回。

（2）资本品的需求体现为积累意愿，由利润率决定；消费品需求由工人工资总额形成。工资不预付，所以工资总额等于现有劳动力乘以工资率。我们用 D 表示需求，有：

---

① “资本家不消费，工人不储蓄”是古典经济学常用的假定。本文采用该假定一方面是因为企业主的消费占总消费的比例非常小，且支出相对稳定；另一方面，现实中工人的储蓄主要是为了未来的消费，而且现实中存在着退休工人没有生产但是维持消费，则若人口年龄结构不变，这相当于工人消费了所有的收入。即使工人没有消费掉全部收入，也只有在足够的积累意愿下储蓄才能转化为投资。从而，这样的假设不仅可以简化分析，而且更有利于暴露该体系下的矛盾。

$$D_1 = f_1(r_1, \varepsilon) + f_2(r_2, \varepsilon) \tag{4}$$

$$D_2 = (L_1 + L_2)w \tag{5}$$

其中，$f_i(r_i, \varepsilon)$ 是第 i 部门积累额，r_i 是利润率，且 $\partial f_i / \partial r_i \geqslant 0$，这体现的是利润率对积累意愿的影响。参数 ε 代表经济运行状态（经济繁荣或萧条）、心理预期（乐观或悲观）等非利润率因素对资本积累意愿的影响。

本文假设资本积累行为遵循以下准则：给定最低合意利润率水平 $\bar{r}$，当实际利润率 $r \geqslant \bar{r}$ 时，利润率与积累额正相关；如果实际利润率 $r < \bar{r}$，资本家会缩小生产规模，产出水平出现绝对下降。

（3）根据前面的分析，供给和需求的运动是相对独立的，考虑到现实中市场调节能力有限，可能出现市场不出清的“非瓦尔拉斯”均衡态。因而，当供求不等时，市场成交量遵循“短边规则”，即等于较小的那一方。我们用上标 * 表示成交量，有：

$$Y_1^* = \min[Y_1, f_1(r_1, \varepsilon) + f_2(r_2, \varepsilon)] \tag{6}$$

$$Y_2^* = \min[Y_2, (L_1 + L_2)w] \tag{7}$$

由于供求可能不相等，“被动存货”就很难避免。“被动存货”是宏观经济运动的结果，而不是原因。尽管存货的被动增加会使经济低迷时供大于求的情况更严重，但并不会改变本文的结论和内在逻辑。因此，本文抽象掉存货的影响。于是，我们可以得到该模型的动态变化如下：

$$K_1 + \dot{K}_1 + K_2 + \dot{K}_2 = Y_1^* = \min[Y_1, f_1(r_1, \varepsilon) + f_2(r_2, \varepsilon)] \tag{8}$$

其中，$\dot{K}_i$ 是不变资本的变动量，当期不变资本的成交额包含两个部类已有的不变资本量和不变资本的变动量。

（4）以上关系确定以后，我们就可以计算遵循“短边规则”代表盈利水平的利润率：

$$r_1 = \frac{Y_1^* - K_1 - L_1 w}{K_1 + L_1 w} \tag{9}$$

$$r_2 = \frac{Y_2^* - K_2 - L_2 w}{K_2 + L_2 w} \tag{10}$$

令两个部门的“超额需求”分别为 E_1 和 E_2：

$$E_1 = f_1(r_1, \varepsilon) + f_2(r_2, \varepsilon) - Y_1 = f_1(r_1, \varepsilon) + f_2(r_2, \varepsilon) - e_1 L_1 \tag{11}$$

$$E_2 = (L_1 + L_2)w - Y_2 = (L_1 + L_2)w - e_2 L_2 \tag{12}$$

则，当 $E_1 \geqslant 0$，$E_2 \geqslant 0$ 时，根据（6）、（7）、（9）、（10）式，利润率分别为：

$$r_1 = \frac{Y_1 - K_1 - L_1 w}{K_1 + L_1 w} = \frac{e_1 L_1 - k_1 L_1 - L_1 w}{k_1 L_1 + L_1 w} = \frac{e_1 - k_1 - w}{k_1 + w} \tag{9a}$$

$$r_2 = \frac{Y_2 - K_2 - L_2 w}{K_2 + L_2 w} = \frac{e_2 L_2 - k_2 L_2 - L_2 w}{k_2 L_2 + L_2 w} = \frac{e_2 - k_2 - w}{k_2 + w} \tag{10a}$$

而当 $E_1 < 0$，$E_2 < 0$ 时，根据（6）、（7）、（9）、（10）式，利润率分别为：

$$r_1 = \frac{f_1(r_1, \varepsilon) + f_2(r_2, \varepsilon) - K_1 - L_1 w}{K_1 + L_1 w} = \frac{f_1(r_1, \varepsilon) + f_2(r_2, \varepsilon) - (k_1 + w)L_1}{(k_1 + w)L_1} \tag{9b}$$

$$r_2 = \frac{(L_1 + L_2)w - K_2 - L_2 w}{K_2 + L_2 w} = \frac{L_1 w - L_2 k_2}{(k_2 + w)L_2} \tag{10b}$$

基于以上模型，我们通过变量对时间求导，可以得到各变量随时间变动的内在联系。超额需求（11）、（12）式对时间求导可得：

$$\dot{E}_1 = \frac{\partial f_1}{\partial r_1}\dot{r}_1 + \frac{\partial f_2}{\partial r_2}\dot{r}_2 - e_1 \dot{L}_1 - L_1 \dot{e}_1 \tag{13}$$

$$\dot{E}_2 = w\dot{L}_1 + (w - e_2)\dot{L}_2 + (L_1 + L_2)\dot{w} - L_2 \dot{e}_2 \tag{14}$$

当 $E_1 \geqslant 0$，$E_2 \geqslant 0$ 时，根据（9a）、（10a）式，利润率对时间求导可得：

$$\dot{r}_1 = \frac{1}{k_1 + w}\dot{e}_1 - \frac{e_1}{(k_1 + w)^2}\dot{k}_1 - \frac{e_1}{(k_1 + w)^2}\dot{w} \tag{15a}$$

$$\dot{r}_2 = \frac{1}{k_2 + w}\dot{e}_2 - \frac{e_2}{(k_2 + w)^2}\dot{k}_2 - \frac{e_2}{(k_2 + w)^2}\dot{w} \tag{16a}$$

当 $E_1 < 0$，$E_2 < 0$ 时，根据（9b）、（10b）式，利润率对时间求导并稍做调整可得：

$$\dot{r}_1 = \frac{\partial f_2 / \partial r_2}{B}\dot{r}_2 - \frac{f_1 + f_2}{(k_1 + w)B}\dot{k}_1 - \frac{f_1 + f_2}{(k_1 + w)B}\dot{w} - \frac{f_1 + f_2}{L_1 B}\dot{L}_1 \tag{15b}$$

$$\dot{r}_2 = \frac{w}{(k_2 + w)L_2}\dot{L}_1 + \frac{(L_1 + L_2)k_2}{(k_2 + w)^2 L_2}\dot{w} - \frac{L_1 w}{(k_2 + w)L_2^2}\dot{L}_2 - \frac{(L_1 + L_2)w}{(k_2 + w)^2 L_2}\dot{k}_2 \tag{16b}$$

其中，$B=(k_1+w)L_1-\partial f_1/\partial r_1$，而 $(k_1+w)L_1$ 是资本品部门的总成本，$\partial f_1/\partial r_1$ 是资本品部门利润率变动引起的积累额的变动。通常而言，总成本在数值上要远大于积累对利润率变动的反应，从而有 $B\geqslant 0$。

四、不同类型劳资关系对经济增长可持续性的影响

限于篇幅，本文只关注以资本有机构成提高为代价来提高劳动生产率的技术进步。因为在政治经济学看来，技术进步是沿着两条线索进行的，一是降低成本、提高效率，以获得市场竞争优势；二是增强资本对生产过程的控制，提高劳动生产率、节约劳动，以获得劳资博弈中资本对劳方的优势。

我们分有无技术进步两种情况讨论“非合作型劳资关系”与“合作型劳资关系”对经济增长可持续性的影响。下面将从一个均衡增长（E_1，$E_2\geqslant 0$）的起点出发，分析随着经济增长，利润率将如何变化进而影响经济增长的可持续性。

（一）技术不变的情况

技术不变，随着资本积累的增进和经济增长，资本对劳动力的需求增加，就业量增加，产业后备军减少。我们把这种情况抽象为：

$$\dot{L}_1>0,\dot{L}_2>0,\dot{w}>0,\dot{e}_1=\dot{e}_2=\dot{k}_1=\dot{k}_2=0 \tag{17}$$

显然，失业率的下降提高了工人在劳资谈判上的议价力。在这种情况下，如果劳资关系是“非合作型”的，工人可选择的最优策略是充分利用这种议价力来要求增加工资。于是，我们将（17）式带入需求充足条件下利润率的变动公式（15a）和（16a），得到

$$\begin{cases}\dot{r}_1=-\dfrac{e_1}{(k_1+w)^2}\dot{w}<0\\ \dot{r}_2=-\dfrac{e_2}{(k_2+w)^2}\dot{w}<0\end{cases} \tag{18}$$

由此可见，在需求充足的情况下，工资上涨带来的需求上升没有体现在利润率上，反而因为提高了劳动力成本而使两个部门的利润率都出现下降。为了分析这种情况下需求会如何变化，我们将（17）式带入（13）式和（14）式，可得

$$\dot{E}_1 = \frac{\partial f_1}{\partial r_1}\dot{r}_1 + \frac{\partial f_2}{\partial r_2}\dot{r}_2 - e_1\dot{L}_1 < 0 \tag{19}$$

$$\dot{E}_2 = w\dot{L}_1 + (w - e_2)\dot{L}_2 + (L_1 + L_2)\dot{w} \tag{20}$$

根据（17）式和（18）式，（19）式小于零。这是因为，一方面，两部门的利润率因工资上升而出现下降；另一方面，只要利润率的下降还没有导致资本积累和生产规模扩张的停滞，资本品部门的供给就仍然会增长。但是，如果这种情况持续下去，资本品部门迟早会面临需求不足的问题。从（20）式中可以看出，w 和 L_1 的增长会带来超额需求的增加。但是，随着该增长模式的持续，$w \to e_2$，L_2 增长对该部门超额需求的影响会随其系数越来越小（趋近于零），而 w 和 L_1 增长的系数则越来越大。这意味着不论什么原因导致的消费需求不足都会因为增长的持续而修复。

与此同时，即使消费需求在短期内出现不足（$E_2<0$），根据超需求的定义（12）式及（10a）、（10b）式，此时的利润率为 $r_2 = \frac{(L_1 + L_2)w - K_2 - L_2 w}{K_2 + L_2 w} < \frac{e_2 - k_2 - w}{k_2 + w}$。根据该不等式，随着工资上涨（$w \to e_2$），消费品部门利润率最终将趋于下降。根据（15b）式，资本品部门的利润率变动如下：

$$\dot{r}_1 = \frac{\partial f_2/\partial r_2}{B}\dot{r}_2 - \frac{f_1 + f_2}{(k_1 + w)B}\dot{w} - \frac{f_1 + f_2}{L_1 B}\dot{L}_1 < 0 \tag{21}$$

由此可见，两部门利润率有持续下滑的趋势。一旦利润率持续下滑到合意水平之下 $r < \bar{r}$，资本积累随之停滞和下降，企业缩减生产规模，失业增加，工资下降，增长停止。这一过程会一直持续到工资水平重新适合资本积累的需要即利润率水平恢复到高于合意水平时为止。

以上分析表明，在技术不变的情况下，积累中工资超过正常水平而在国民收入中所占份额过高，使利润份额不足以保证积累即出现 $r < \bar{r}$ 是增长不可持续的主要原因。但这并不意味着如果可以控制工资使之不上涨，就能实现平稳增长。因为，就业的增长会导致工人失业成本的降低，失业威胁和管理者权威下降，从而导致工人努力程度的下降和离职率的升高，进而造成劳动生产率的持续降低。

劳动生产率降低，意味着每单位产值所需要的劳动投入增加，即 β 增大。根据（1）、（2）和（3）式，若工人的消极行为不增加每单位产值耗费的生产资料，即 α 不变，则有机构成 k 变小。于是，我们可以将该模式抽象为以下情况：

$$\dot{L}_1 > 0,\dot{L}_2 > 0,\dot{w} = 0,\dot{e}_1 < 0,\dot{e}_2 < 0,\dot{k}_1 < 0,\dot{k}_2 < 0 \qquad (22)$$

根据消费品部门的超额需求变动（14）式中各影响因素的系数变化情况，在 e 下降而 w 不变时，消费部门的需求仍然具有自动修复的能力。而资本品部门的需求则受到两部门的利润率变动的影响。如果需求充足，根据（15a）、（16a）式，劳动生产率 e 下降会带来利润率下降，而有机构成 k 变小则会引起利润率上升。但是，劳动生产率 e 和有机构成 k 并不是独立变动的，k 的变小正是因为每单位产值所需投入劳动的增加从而摊薄了每单位劳动所需的资本。根据（2）、（3）式有

$$k_i = \alpha_i e_i \qquad (i=1, 2) \qquad (23)$$

将其代入（15a）、（16a）式，得

$$\dot{r}_i = \frac{w}{(k_i + w)^2}\dot{e}_i < 0 \qquad (i=1, 2) \qquad (24)$$

如果需求不足，根据超额需求的定义（11）、（12）式以及需求充足与否条件下的利润率公式（9a）、（10a）、（9b）、（10b），并代入（23）式，有

$$\begin{cases} r_1 = \dfrac{f_1(r_1,\varepsilon) + f_2(r_2,\varepsilon) - K_1 - L_1 w}{K_1 + L_1 w} < \dfrac{e_1 - k_1 - w}{k_1 + w} = \dfrac{(1-\alpha_1)e_1 - w}{\alpha_1 e_1 + w} \\ r_2 = \dfrac{(L_1 + L_2)w - K_2 - L_2 w}{K_2 + L_2 w} < \dfrac{e_2 - k_2 - w}{k_2 + w} = \dfrac{(1-\alpha_2)e_2 - w}{\alpha_2 e_2 + w} \end{cases} \qquad (25)$$

因此，当工资不变而两部门劳动生产率持续下降时，则 $e_i \to w/(1-\alpha_i)$（利润率小于零则停止积累），$r_i \to 0$。于是，需求不足时两部门的利润率最终也会趋于下降。

由此可见，即使控制工资使之不变，不论需求状况如何，劳动生产率下降导致成本上升，利润率仍然会持续下降直至积累停止。上述分析结论与马克思假定资本有机构成不变时资本积累的分析结论相一致。但是，马克思事实上认为在这种条件下，维持工资不上升是不可能的。同时，在分析中马克思抽象掉了工资上涨对两大部类的影响，本文的分析在一定意义上补充了马克思的分析。

但是，如果劳资关系是“合作型”的，工会和资方能够通过协商达成可置信的协议，使得工会在分享未来技术进步成果的预期下，在一定程度上克制工

资的上涨，并维持一定水平的劳动生产率，从而稳定利润率。在这种条件下，我们令需求充足的利润率变动式（15a）和（16a）为零，并代入（23）式，得

$$\dot{r}_i = \frac{w}{(k_i + w)^2}\dot{e}_i - \frac{e_i}{(k_i + w)^2}\dot{w} = 0 \qquad (i=1,\ 2)$$

化简得

$$\frac{\dot{e}_i}{e_i} = \frac{\dot{w}}{w} \tag{26}$$

（26）式表明，没有技术进步而在合作型劳资关系下，劳动生产率与工资水平同比例变动，利润率将保持稳定，两部门的需求也会保持稳定，整个经济将因此处于稳定增长路径。显然，这一结果有很强的政策启发意义。

（二）技术进步的情况

现在考虑提高劳动生产率的技术进步。为了突出其特点，先假设产出的增长完全不依赖劳动力的投入，于是失业率保持不变。新技术在全社会的扩散是一个相当长的过程，从而劳动生产率和有机构成的提高也是一个持续的过程。我们把这种情况抽象为：

$$\dot{L}_1 = 0,\ \dot{L}_2 = 0,\ \dot{e}_1 > 0,\ \dot{e}_2 > 0,\ \dot{k}_1 > 0,\ \dot{k}_2 > 0 \tag{27}$$

如果这种情况发生在“非合作型”劳资关系下，失业率不变，其他条件不变，工人很难获得更多议价优势，从而我们先假定工资率不变，即

$$\dot{w} = 0 \tag{28}$$

假设新技术带来的产出效率有足够的提高，以至于扣除增加的人均成本（人均资本）会带来利润率的提高，即（15a）、（16a）式大于零。这自然会带来投资热情的高涨，从而资本品部门的需求旺盛。新技术导致劳动生产率大幅提高从而带来产出的扩张，但是，根据假定，工资和就业没有变化，从而消费品需求跟不上产出的扩张。将（27）、（28）式代入（14）式，可得消费品部门的超额需求变动为：

$$\dot{E}_2 = -L_2\dot{e}_2 < 0 \tag{29}$$

当消费品需求不足时，我们将（27）、（28）式代入（16b）式求得消费品部门利润率的变动趋势：

$$\dot{r}_2 = -\frac{(L_1 + L_2)w}{(k_2 + w)^2 L_2}\dot{k}_2 < 0 \tag{30}$$

可见，消费品部门因使用新技术而扩张的产出无法实现其全部价值，却必须承担新技术所带来的成本的增加，从而利润率下降。资本品部门不可能依靠部门内循环消耗所有产能，因此，消费品部门利润率下降到一定程度必然减少对资本的需求。当资本品部门需求不足时，将（27）、（28）和（30）式代入（15b）式，可得此时资本品部门利润率会持续下滑：

$$\dot{r}_1 = \frac{\partial f_2/\partial r_2}{B}\dot{r}_2 - \frac{f_1 + f_2}{(k_1 + w)B}\dot{k}_1 < 0 \tag{31}$$

在这种情况下，经济增长的结束主要是因为消费需求的不足。如果技术进步造成了机器替代工人，失业率上升，资本家为了获得更高的市场竞争力并借此进一步压低工人工资，则可能造成更大规模的需求不足危机。

如果上述技术进步过程发生在“合作型”劳资关系背景下，则根据劳资协议，随着生产率提高，工人的工资按一定比例上涨。于是，我们可以把这种变动模式抽象为：

$$\dot{L}_1 = 0, \dot{L}_2 = 0, \dot{w} > 0, \dot{e}_1 > 0, \dot{e}_2 > 0, \dot{k}_1 > 0, \dot{k}_2 > 0 \tag{32}$$

如果一开始工资的增长就和生产率的提高保持一定比例，就可以避免“非合作型劳资关系”条件下出现的“消费需求不足”的问题。同时，为维持一定水平的利润率和资本积累，工资的增长不能过高。为求出具体比例关系，我们令（14）、（15）和（16）式大于等于零，可得：

$$\min\left[(k_1 + w)\frac{\dot{e}_1}{e_1} - \dot{k}_1, (k_2 + w)\frac{\dot{e}_2}{e_2} - \dot{k}_2\right] \geqslant \dot{w} \geqslant \frac{L_2}{L_1 + L_2}\dot{e}_2 \tag{33}$$

（33）式成立的前提是技术进步能带来足够高的效率提升。然而，一旦工资上涨没有保持比例，以至于（33）式不成立，出现了需求不足，则止住消费品部门利润率下滑就不能依据上述条件了。我们将（32）式代入（16b）式并令其不为负，得：

$$\frac{\dot{w}}{w} \geqslant \frac{\dot{k}_2}{k_2} \tag{34}$$

在这一条件中，工资率上涨的标准是基于消费品部门人均资本提高的速度。因为消费需求不足的时候，只有工资上涨带来的需求效应超过成本效应，利润率才不会下滑。

由此可见，只要劳资协议能够有效地按照相应比例调整工资率，就可以实现稳定增长。但是，要维持这样的劳资协议并不容易。与没有技术进步条件下的（26）式相比，（33）、（34）式执行起来不仅更复杂，而且依据需求状况不同，“调整规则”也会不同。因此，要形成稳固的“合作型劳资关系”，维持持续增长的局面，需要一系列的制度相互支撑、互相强化，形成一种稳定的结构，才能够调节增长过程中的矛盾（Aglietta，1987[①]；Boyer，1988[②]；Bowles，Gordon and Weisskopf，1986[③]）。

即使在“合作型”劳资关系条件下，也不能避免因技术进步、资本有机构成提高而用机器代替劳动造成的失业和失业率上升，需求下降，并最终使积累下降，经济由增长转入衰退。这是市场机制和“合作型”劳资关系本身所不能解决的。但是，与“非合作型”劳资关系不同，在“合作型”劳资关系条件下，因失业而导致的需求下降可以部分地由在业工人随技术进步而提高的工资所抵销。尽管这种抵销作用会随时间而递减，但仍然可以起到推迟经济转入衰退的时间、延长经济增长过程的作用。

五、结论

本文的分析表明，劳资关系是影响经济可持续增长的重要因素。“非合作型”劳资关系在没有技术进步的条件下会导致工资挤压利润或者劳动效率下降，从而出现周期性的经济波动；在技术进步的条件下，则会导致消费需求不足从而利润率下降，经济增长无法持续。“合作型”劳资关系不仅在无技术进步时整个经济存在更大的增长空间，而且在技术进步条件下可以实现持续的经济增长；当技术进步导致失业率上升时，能够延缓经济转入衰退的时间。

随着我国农村剩余劳动力转移逐渐完成，经济步入新常态，原有的依靠廉价劳动力竞争优势的增长模式将无法持续。同时，随着我国技术水平的提高和产业升级，高新技术引进的可获得性将越来越小。因此，为了实现经济可持续

---

① AGLIETTA M. A Theory of Capitalist Regulation [M]. London and New York: Verso, 1987.

② BOYER R. Formalizing Growth Regimes [M] // Dosi G, Freeman C, Nelson R, eds. Technical Change and Economic Theory. London and New York: Printer Publishers, 1988: 608—630.

③ BOWLES S, GORDON D, WEISSKOPF T. Power and Profits: the Social Structure of Accumulation and the Profitability of the Postwar U. S. Economy [J]. Review of Radical Political Econonmics, 1986, 18 (1/2): 132—167.

增长，我国必须一方面大力建设国家创新体系，实现持续的内生技术进步；另一方面，建立和谐的劳动关系和高效协调劳动关系的制度框架。2015年，《中共中央国务院关于构建和谐劳动关系的意见》在建设和谐社会的高度，对当前劳动关系调整提出了重要指导性意见。只有从法律法规到争议仲裁、公司制度、企业文化都建立起一种合作的、高效的劳资关系协调机制，才能保证技术进步带来的经济增长的持续性，保证经济增长的果实由全体人民共享，实现共同富裕。因此，本文的政策含义在于：为保证我国经济在新常态条件下的持续增长，应当将建立和维持"合作型"劳资关系作为政策重点。根据本文的分析，可执行的互利性的劳资分配协议应当是建立和维持"合作型"劳资关系的核心所在。

此外，本文的模型也为资本积累中的利润率内生性运动提供了一个一般性分析框架。这是本文的一个意外成果。利润率动态一直是马克思经济学的研究热点，围绕这一热点展开研究的大多数学者将导致利润率动态的主要原因分别归结为技术因素、需求因素和工资因素。但是，已有的文献大都是在假定其他因素不变的前提下，专注于分析某一因素对利润率动态的影响，由此形成了相互竞争的利润率动态理论。与此不同，本文的模型同时考虑了技术变化、产品实现和收入分配及其相互影响，将影响利润率动态的各种因素纳入一个统一的分析框架，从而能够在这一框架内推导出不同条件下利润率动态的不同机制。这样一来，不同的利润率动态理论所描述的利润率动态机制就被统一在了一个理论框架内。在这一框架内，形成不同的利润率动态机制的根本原因在于给定技术条件下劳资关系的类型差异。

“调整利润率”平均化：量度模型经验考察*

李亚伟①

摘　要：利润率在部门之间平均化，却在部门内部“非平均化”，本文利用调整资本概念和调整利润率平均化理论尝试解决这一矛盾。此理论的难点是调整利润率的度量。本文在分析相关争论的基础上，可以发展出一种考虑产能利用率、折旧、税收、工资和价格指数变动的调整利润率度量方式。以美国制造业为案例的经验考察，发现制造业各部门的平均利润率没有表现出平均化的迹象，各部门的调整利润率却呈现出平均化的趋势；调整利润率平均化的方式，不是收敛于均值，而是围绕均值不断地混乱波动。

关键词：利润率；调整资本；调整利润率；利润率平均化

利润率趋向于平均化的理论是生产价格和一般利润率等概念及相关理论的基础。然而，一系列经验研究的结果似乎使这一基础产生了动摇。比如，穆勒（Mueller）分析了美国制造业中600个企业在1950—1972年的利润率状况，发现利润率差异在企业层面上持续存在。② 谢克（Shaikh）③、萨里奇与赫克特（Sarich & Hecht）④ 分别研究了美国制造业和世界范围内领头企业及其所处行业的利润率状况，发现在产业之间也存在持续的利润率差异。

利润率是否会平均化、如何平均化，因而成了亟待解决的问题。一些学者

---

* 基金项目：国家社会科学基金资助项目（16CJL002），四川大学中央高校基本科研业务费学院自主立项项目（2018JJ－08）。

① 作者简介：李亚伟，四川大学经济学院副教授、博士后，研究领域为政治经济学、后凯恩斯主义经济学。

② MUELLER D. Profits in the Long Run [M]. Cambridge: Cambridge University Press, 1986: 8－32.

③ SHAIKH A. Competition and industrial rates of return [C] // Arestis P, Eatwell J. Issues in Finance and Industry: Essays in Honour of Ajit Singh. New York: Palgrave, 2008: 167－194.

④ SARICH J, HECHT J. Are mega－corps competitive? Some empirical tests of business competition [C] //Moudud J K, Bina C, Mason P L. Alternative Theories of Competition: Challenges to Orthodoxy. New York: Routledge, 2014: 298－324.

对此进行了研究。迪梅尼尔和列维（Duménil & Lévy）讨论了资本流动和利润率平均化的发生领域。[①] 谢克对直接参与利润率平均化过程的资本本身进行分析，提出"调整资本"的概念，认为"趋向于平均化的，并不是总资本的利润率，而是调整资本的利润率"，并采用增量利润率作为调整资本利润率的度量指标。他的这种理论和度量方法，为苏欧菲迪斯（Tsoulfidis）[②] 与查立基（Tsaliki）[③]、巴希（Bahce）[④] 与伊尔斯（Eres）[⑤]、维欧纳（Vaona）[⑥⑦⑧]、泰斯卡里与维欧纳（Tescari & Vaona）[⑨]、萨里奇与赫克特（Sarich & Hecht）[⑩] 等学者所认可和应用。但是，增量利润率这一度量方式虽然简便易用，却不够准确，并且其测算结果与对调整资本利润率的理论分析不尽相符。

本文尝试在已有研究的基础上探讨此问题。首先，考察马克思对部门内和部门之间竞争的理论分析，审视谢克等学者发展出的"调整利润率"平均化理论；然后，分析关于调整利润率度量模型的争论，提出一种更为准确的调整利润率度量方式；接着，以美国制造业为案例，检验调整利润率的平均化状况，并将其与平均利润率的经验事实相比较；最后，给出一个总结。

---

① Duménil G, Lévy D. The field of capital mobility and the gravitation of profit rates (USA 1948—2000) [J]. Review of Radical Political Economics, 2002, 34: 417-36.

② TSOULFIDIS L, TSALIKI P. Marxian theory of competition and the concept of regulating capital: evidence from Greek manufacturing [J]. Review of Radical Political Economics, 2005 (37): 5-22.

③ TSOULFIDIS L, TSALIKI P. Classical competition and regulating capital: theory and empirical evidence [C] // Moudud J K, Bina C, Mason P L. Alternative Theories of Competition: Challenges to Orthodoxy, New York: Routledge, 2014: 267-297.

④ BAHCE S, ERES B. Competing paradigms of competition: evidence from the Turkish manufacturing industry [J]. Review of Radical Political Economics, 2013, 45 (2): 201-224.

⑤ BAHCE S, ERES B. Components of differential profitability in a classical/Marxian theory of competition: a case study of Turkish manufacturing [C] // Moudud J K, Bina C, Mason P L. Alternative Theories of Competition: Challenges to Orthodoxy. New York: Routledge, 2014: 229-266.

⑥ VAONA A. An empirical investigation into the gravitation and convergence of industry return rates in OECD countries [J]. International Review of Applied Economics, 2011, 25 (4): 465-502.

⑦ VAONA A. Further econometric evidence on the gravitation and convergence of industrial rates of return on regulating capital [J]. Journal of Post Keynesian Economics, 2012 (35): 113-136.

⑧ VAONA A. Twenty-two econometric tests on the gravitation and convergence of industrial rates of return in New Zealand and Taiwan [J]. International Review of Applied Economics, 2013, 27 (5): 597-611.

⑨ TESCARI S, VAONA A. Regulating rates of return do gravitate in US manufacturing! [J]. Metroeconomica, 2014, 65 (3): 377-396.

⑩ SARICH J, HECHT J. Are mega-corps competitive? Some empirical tests of business competition [C] //MOUDUD J K, BINA C, MASON P L. Alternative Theories of Competition: Challenges to Orthodoxy. New York: Routledge, 2014: 298-324.

一、利润率在部门之间的平均化和部门内的“非平均化”

马克思区分了部门内和部门之间的竞争，认为部门内的竞争倾向于使商品形成统一的市场价格，部门之间的竞争才会使利润率平均化。他论述道：“竞争首先在一个部门内实现的，是使商品的不同的个别价值形成一个相同的市场价值和市场价格。但只有不同部门的资本的竞争，才能形成那种使不同部门之间的利润率平均化的生产价格。这后一过程同前一过程相比，要求资本主义生产方式有更高的发展。”[①]

部门之间的竞争，导致的是一种动态的和混乱的利润率平均化过程。随着资本的流动，不同部门的利润率，并不会像新古典经济学所分析的那样收敛于平均利润率。围绕着整体平均利润率而不断波动，才是各部门利润率的常态。马克思写道：“竞争使不同生产部门的利润率平均化为平均利润率，并由此使这些不同部门的产品的价值转化为生产价格。而这是通过资本从一个部门不断地转移到利润暂时高于平均利润的另一个部门来实现的；可是，这里还要考虑到一定产业部门在一定时期内同收益少的年份和收益多的年份的更替结合在一起的利润波动。资本在不同生产部门之间这样不断地流出和流入，引起利润率上升和下降的运动，这种运动会或多或少地互相平衡，因此有一种使利润率到处都化为同一个共同的和一般的水平的趋势。”[②]

关于部门之间的利润率平均化过程，值得注意的是，交通、通信、电力和燃气等资本高度密集型部门并不直接参与这一过程。迪梅尼尔和列维从实证研究中发现了这种现象，但没有给出明确的解释。[③] 苏欧菲迪斯与查立基提供了对此现象的理论分析。他们认为，对于资本高度密集型产业而言，进入和退出的成本非常高，需求的变动将会更多地反映为产能利用率的变动，而不是（像其他产业那样由资本的进入和退出所导致的）价格的变动。换言之，当需求变动时，资本高度密集型产业倾向于通过调整产能利用率和就业来应对，较少地依赖调整价格。所以，对于任何给定的销售额变动而言，资本高度密集型产业的

---

① TESCARI S，VAONA A. Regulating rates of return do gravitate in US manufacturing! [J]. Metroeconomica，2014，65 (3)：377－396.

② 马克思. 资本论：第 3 卷 [M]. 中共中央马克思恩格斯列宁斯大林著作编译局，译. 北京：人民出版社，2004.

③ SHAIKH A. Neo－Ricardian economics：a wealth of algebra，a poverty of theory [J]. Review of Radical Political Economics，1982，14 (2)：67－83.

利润边际（利润与总销售额之比）变动较小，从而利润率的变动也比较小。①

在部门内，企业为了追求更多的利润和更高的市场份额而斗争。② 马克思将部门内竞争假设为同质化商品之间的价格竞争。③ 企业竞争的手段是通过采用新技术来提高劳动生产率和降低成本，进而降低商品的价格，抢占更多的市场份额。他写道："竞争斗争是通过使商品便宜来进行的。在其他条件不变时，商品的便宜取决于劳动生产率，而劳动生产率又取决于生产规模。"④

采用新技术的企业降低了商品的价格，迫使其他企业也只能降低价格以售出商品。最终，部门内的所有企业都只能以大致相同的价格出售同质化的商品。这就是马克思所论述的"一价定律"，他说："竞争只能使同一个生产部门内的生产者以相等的价格出售他们的商品"。⑤ 不同的企业有着多种生产条件，同一的市场价格意味着企业之间的利润率并不相同。也即是说，在部门内，企业之间的竞争会导致利润率的"非平均化"。

竞争在部门之间促使利润率平均化，而在给定部门内却造成利润率"非平均化"，这看起来是矛盾的。谢克认为，此矛盾被"调整资本"概念所解决。⑥⑦ 依据马克思的相关分析，他把调整资本定义为采用"在通常可再生产的条件下成本最低的操作方法"的资本，从而将产业内的资本划分为调整资本和非调整资本。采用成本较高的方法或者独特的生产条件的资本，被归入非调整资本。成本较高的方法通常表现为较旧的技术，它们虽然是可再生产的，但不具有竞争力。特殊位置等独特的生产条件，则是不可再生产的。

谢克指出，在某个时点，可以用于新投资的资本，面临着选择。对于它而言，单位成本较高的生产方法是不具有吸引力的，而特权资本的非再生产条件

---

① SHAIKH A. Capitalism：Competition，Conflict，Crises［M］. New York：Oxford University Press，2016：259－272.

② 孟捷，冯金华. 部门内企业的代谢竞争与价值规律的实现形式［J］. 北京：经济研究，2015（1）：23－37.

③ 马克思. 资本论：第1卷［M］. 中共中央马克思恩格斯列宁斯大林著作编译局，译. 北京：人民出版社，2004.

④ Duménil G，Lévy D. Is the IROR a plausible approximation of the profit rate on regulating capital?［EB/OL］.（2012－01－01）［2014－03－10］http://www.jourdan.ens.fr/levy/dle2012m.pdf.

⑤ SHAIKH A. The stock market and the corporate sector：a profit－based approach［C］//ARESTIS P，PALMA G，SAWYER M. Markets，Unemployment and Economic Policy：Essays in Honour of Geoff Harcourt. Volume Two. London：Routledge，1997：389－404.

⑥ SHAIKH A. Competition and industrial rates of return［C］// ARESTIS P，EATWELL J. Issues in Finance and Industry：Essays in Honour of Ajit Singh. New York：Palgrave，2008：167－194.

⑦ SHAIKH A. Neo－Ricardian economics：a wealth of algebra，a poverty of theory［J］. Review of Radical Political Economics，1982，14（2）：67－83.

则是不可获取的。它感兴趣的是各个部门中的调整利润率（即调整资本的利润率）。如果一个给定部门的调整利润率高于整体经济的平均水平，这一部门的生产就因而会加速，直至其供给比需求增长得更快；不断增加的过多供给会反过来拉低这一部门的相对价格，故而降低其调整利润率。相反，如果给定部门的调整利润率低于平均水平，其生产就会减速，直至供给小于需求，相对价格升高，调整利润率回升。部门之间的竞争所平均化的只是调整资本的利润率，非调整资本不直接参与这种利润率平均化过程。

调整资本概念和调整利润率平均化理论，面临三个问题：第一个问题是将部门内的资本划分为调整资本和非调整资本以后，商品的生产价格该如何确定；第二个问题是调整利润率和马克思所说的一般利润率是否矛盾，如何看待二者的关系；第三个问题是调整资本如何界定，调整利润率如何度量。

第一个问题复杂且涉及面广，可以暂且通过对比调整资本和非调整资本进行一定程度的解释。商品的生产价格由调整资本来决定。调整资本的商品成本加上调整利润率，构成商品的生产价格。非调整资本是这种生产价格的接受者，生产价格扣除其商品成本以后，剩余的部分是非调整资本从单个商品中获得的利润。如果非调整资本采用的是成本较高的落后技术，那么其利润率就可能会低于调整利润率。如果非调整资本采用的是依赖于特殊生产条件的成本较低的技术，那么其利润率就可能会高于调整利润率。

第二个问题表面看来似乎是个新问题，其实不然。马克思曾论述道："不同生产部门中占统治地位的利润率，本来是极不相同的。这些不同的利润率，通过竞争而平均化为一般利润率，而一般利润率就是所有这些不同利润率的平均数。"① 调整利润率就是在部门内占统治地位的利润率，一般利润率就是所有的调整利润率的平均数，二者在理论上是统一的。平均利润率的意义在于能够反映资本总体的盈利情况，实证研究中通常采用平均利润率作为一般利润率，是对问题的简化。将调整利润率和平均利润率对比，可以讨论调整资本的收益状况和总资本的收益状况之间的关系。

第三个问题是这种理论的难点。可再生产的成本最低的生产条件，是一个相对概念。这也就意味着，调整资本和非调整资本的界限，是不断变动的和难以确定的。难以界定调整资本，也就难以度量调整利润率。一种办法是用新增投资的利润率作为调整利润率，但如何在总利润中将新增投资的利润分离出来，

---

① 马克思. 资本论：第 3 卷 [M]. 中共中央马克思恩格斯列宁斯大林著作编译局，译. 北京：人民出版社，2004：177.

是这种办法需要首先解决的难题。接下来我们通过考察谢克衡量调整利润率的方法及其受到的质疑，探讨如何度量调整利润率。

二、调整利润率的度量

谢克利用增量利润率来估算调整利润率[①]，迪梅尼尔和列维则对他的做法提出质疑。[②] 本节分析他们之间的争论，并试图发展出一种更为准确的调整利润率度量模型。

谢克将总资本的利润率（r_t），定义为总利润（P_t）与资本存量的当前成本（K_t）之比，即

$$r_t = \frac{P_t}{K_t} \tag{1}$$

其中，下标 t 表示第 t 期。总利润包括新增投资的当前利润（P_t^I）和原有资本在当前的利润（P_t^O）：

$$P_t = P_t^I + P_t^O \tag{2}$$

由此，可以将新增投资的利润表示为总利润的增量和一个“调整项”之和：

$$P_t^I = (P_t - P_{t-1}) + (P_{t-1} - P_t^O) = \Delta P_t + P_{t-1}(1 - \frac{P_t^O}{P_{t-1}}) \tag{3}$$

谢克令 p_t、w_t、wr_t 和 T_t 分别表示产出价格指数、名义工资、实际工资和间接企业税率；令 Y_t、L_t 和 y_t 分别表示实际产出、就业量和劳动生产率；令 Y_t^O、w_t^O 等表示与原有资本相对应的实际产出、名义工资等；令 Y_t^*、L_t^* 和 y_t^* 表示经济产能及与之相对应的就业量和劳动生产率；最后，令产能利用率 $u_t = Y_t/Y_t^*$，如果当产能利用率变化时，就业和产出的变动一致，那么 $L_t/L_t^* = u_t$。因为利润等于产出的货币值减去间接税和工资，所以谢克将原有资本在当前的利润与前一期总利润之比分解为四项，各项上面的正、负号表示它对整体值的影响：

---

① SHAIKH A. Competition and industrial rates of return [C] //ARESTIS P, EATWELL J. Issues in Finance and Industry: Essays in Honour of Ajit Singh. New York: Palgrave, 2008: 167−194.

② Duménil G, Lévy D. Is the IROR a plausible approximation of the profit rate on regulating capital? [EB/OL]. (2012−01−01) [2014−03−10] http://www.jourdan.ens.fr/levy/dle2012m.pdf.

$$\frac{P_t^O}{P_{t-1}}=\frac{p_tY_t^O(1-T_t)-w_t^OL_t^O}{p_{t-1}Y_{t-1}(1-T_{t-1})-w_{t-1}L_{t-1}}=(\frac{p_t}{p_{t-1}}^{+})(\frac{Y_t^O}{Y_{t-1}^*}^{*-})(\frac{u_t^O}{u_{t-1}}^{\pm})(\frac{m_t^O}{m_{t-1}}^{\pm}) \quad (4)$$

$$m_t^O=(1-T_t-\frac{wr_t^O}{y_t^O})=\text{原有资本的当前利润边际}$$

$$m_{t-1}=(1-T_{t-1}-\frac{wr_{t-1}}{y_{t-1}})=\text{全部资本在前一期的利润边际}$$

第一项是总价格的变动率，在一个常出现通货膨胀的环境里，它很可能大于1。第二项是原有资本的当前产能与总资本在前一期的产能之比，由于一些资本的折旧和耗费，它倾向于小于1。第三项是原有资本和前一期总资本的产能利用率之比，如果原有资本和新增投资在给定年份里有大致相似的产能利用率，此比率就等于产能利用率的总变动率（u_t/u_{t-1}），在一个足够使产能利用率被吸引回其正常水平的时期内，它将围绕着1波动。第四项是两个利润边际之比，如果工人的实际工资与利润率进而劳动生产率相关联，而且税率倾向于保持稳定，此项就可能接近于1。

因此，第一项倾向于提升利润比率，使之超过1；第二项倾向于降低利润率比率，使之小于1；其余两项则倾向于使利润比率围绕着1波动。谢克列举了一个例子，对于1987—2005年的整个私营经济部门而言，估算的利润比率（P_t^O/P_{t-1}）的平均值等于1.003，而且在各年份里此比率均在这一数值的5%之间变动。所以他认为，假设这一比率大致等于1，是一个很好的初步估计。在此情形下，新增投资的利润就可以估算为总利润的变动量，新增投资的利润率（即调整利润率，r_t^I），也因而被估算为总利润的变动量与新增投资之比（即增量利润率，$IROR_t$）：

$$P_t^I\approx\Delta P_t \quad (5)$$

$$r_t^I\approx\frac{\Delta P_t}{I_{t-1}}=IROR_t \quad (6)$$

增量利润率有一些优点：第一，它容易估算，总利润和投资两项数据在不同的国家和不同的时期里都广泛存在，总利润通常采用“总操作剩余”指标，投资则可以被直接观测到，不像测算平均利润率所必需的资本存量那样，需要采用被艰难构建的方法来衡量；第二，它可以被直接解释为资本的“边际”收益，像所有真正的“边际”一样，它是混乱的、不均衡和不连续的；第三，在一项较早的研究中，谢克比较了非金融类企业部门的增量利润率和股票市场收益率，发现二者的水平很接近，而且相互围绕波动，它们的均值和标准差也基本上相同。[①]

基于上述优点，这种使用增量利润率来代表调整利润率的做法，为许多学者所接纳和采用：苏欧菲迪斯与查立基将其应用于希腊的制造业[②③]，巴希与伊尔斯将其应用于土耳其制造业[④⑤]，萨里奇与赫克特将其应用于世界范围的领头企业[⑥]。

迪梅尼尔和列维对“采用增量利润率来代表调整利润率”的做法提出质疑，认为总利润的变动不仅依赖于新增投资产生的额外利润，还依赖于总资本的产能利用率水平，原有资本的折旧状况及产能利用率和相应的工资水平的变动情况。他们采用一个数学模型来比较调整利润率和增量利润率，发现增量利润率的表达式中包含调整利润率和上述四个因素，而且这四个因素的变动会给增量利润率带来较大影响，不能被忽略。[⑦] 泰斯卡里与维欧纳基于迪梅尼尔和列维的模型，提出了另一种衡量调整利润率的方法，即利用考虑产能利用率、资本折旧和工资变动的数学模型表示出调整利润率。[⑧]

在迪梅尼尔和列维看来，技术由两个参数来定义，即劳动生产率（Y_t^*/L_t^*）和产能资本比率（Y_t^*/K_t），等价地由 $a_t=Y_t^*/K_t$ 和 $b_t=L_t^*/K_t$ 两个参数

① SHAIKH A. The stock market and the corporate sector: a profit-based approach [C] //ARESTIS P, PALMA G, SAWYER M. Markets, Unemployment and Economic Policy: Essays in Honour of Geoff Harcourt. Volume Two. London: Routledge, 1997: 389-404.

② TSOULFIDIS L, TSALIKI P. Marxian theory of competition and the concept of regulating capital: evidence from Greek manufacturing [J]. Review of Radical Political Economics, 2005 (37): 5-22.

③ TSOULFIDIS L, TSALIKI P. Classical competition and regulating capital: theory and empirical evidence [C] // Moudud J K, Bina C, Mason P L. Alternative Theories of Competition: Challenges to Orthodoxy, New York: Routledge, 2014: 267-297.

④ BAHCE S, ERES B. Competing paradigms of competition: evidence from the Turkish manufacturing industry [J]. Review of Radical Political Economics, 2013, 45 (2): 201-224.

⑤ BAHCE S, ERES B. Components of differential profitability in a classical/Marxian theory of competition: a case study of Turkish manufacturing [C] // Moudud J K, Bina C, Mason P L. Alternative Theories of Competition: Challenges to Orthodoxy. New York: Routledge, 2014: 229-266.

⑥ SARICH J, HECHT J. Are mega-corps competitive? Some empirical tests of business competition [C] //Moudud J K, Bina C, Mason P L. Alternative Theories of Competition: Challenges to Orthodoxy. New York: Routledge, 2014: 298-324.

⑦ Duménil G, Lévy D. Is the IROR a plausible approximation of the profit rate on regulating capital? [EB/OL]. (2012-01-01) [2014-03-10] http://www.jourdan.ens.fr/levy/dle2012m.pdf.

⑧ TESCARI S, VAONA A. Regulating rates of return do gravitate in US manufacturing! [J]. Metroeconomica, 2014, 65 (3): 377-396.

来定义，其中 Y_t^* 表示产能。[①] 考虑产能利用率，并假设就业量可变而且与产出成比例，则总资本的利润率为

$$r_t = \frac{u_t(Y_t^* - w_t L_t^*)}{K_t} = u_t(a_t - w_t b_t) \tag{7}$$

迪梅尼尔和列维认为可以假设新增投资的产能利用率等于 1，他们因而将新增投资的利润率（即调整利润率）表示为

$$r_t^I = a_t - w_t b_t \tag{8}$$

此处，迪梅尼尔和列维实际上做出了一个很强的假设，即假设新增投资的技术参数与总资本的技术参数相同；也就是说，新增投资的劳动生产率和产能资本比率，与原有投资的相关比率等同。这是一个明显不合理的假设，下文中将对此进行分析。

在表示出调整利润率以后，迪梅尼尔和列维接着表示出增量利润率。他们用 δ 表示折旧率：

$$Y_t^* = (1-\delta)^t A_t \tag{9}$$

$$L_t^* = (1-\delta)^t B_t \tag{10}$$

其中，$A_t = \sum_{n=0}^{\infty} \frac{I_{t-n}}{(1-\delta)^{t-n}} a_{t-n}$。

因而，他们将利润表示为：

$$P_t = u_t(Y_t^* - w_t L_t^*) = u_t (1-\delta)^t (A_t - w_t B_t) \tag{11}$$

在讨论利润的变动时，可使用下列两个由 A_t 和 B_t 的表达式得到的方程式：

$$A_t = A_{t-1} + \frac{I_t}{(1-\delta)^t} a_t \tag{12}$$

$$B_t = B_{t-1} + \frac{I_t}{(1-\delta)^t} b_t \tag{13}$$

泰斯卡里与维欧纳以迪梅尼尔和列维的上述模型为基础，在推导增量利润

---

① 迪梅尼尔和列维在其论文中，只是用符号 Y_t 表示产出，并没有讨论产能和价格问题，但他们的推导只有在 Y_t 表示实际产能（不变价格下的产能）时才成立。其他与价格有关的变量，也需要采用不变价格进行衡量。

率的过程中，得出了调整利润率的表达式。将利润的表达式代入增量利润率的表达式，得到：

$$IROR_t \equiv \frac{P_t - P_{t-1}}{I_{t-1}} = \frac{u_t(1-\delta)^t(A_t - w_t B_t)}{I_{t-1}} - \frac{P_{t-1}}{I_{t-1}} \tag{14}$$

将 A_t 和 B_t 的表达式代入（14）式，得到：

$$\begin{aligned}\frac{P_t - P_{t-1}}{I_{t-1}} &= \frac{u_t(1-\delta)^t\{A_{t-1} + \frac{I_t}{(1-\delta)^t}a_t - w_t[\mathrm{B}_{t-1} + \frac{I_t}{(1-\delta)^t}b_t]\}}{I_{t-1}} - \frac{P_{t-1}}{I_{t-1}} \\ &= \frac{u_t I_t(a_t - w_t b_t) + u_t(1-\delta)^t(A_{t-1} - w_t \mathrm{B}_{t-1})}{I_{t-1}} - \frac{P_{t-1}}{I_{t-1}}\end{aligned} \tag{15}$$

然后，考虑 $r_t^I = a_t - w_t b_t$ ，$Y_t^* = (1-\delta)^t A_t$ ，$L_t^* = (1-\delta)^t B_t$ ，得到：

$$\frac{P_t - P_{t-1}}{I_{t-1}} = \frac{u_t I_t}{I_{t-1}} \cdot r_t^I + \frac{u_t(1-\delta)}{I_{t-1}} \cdot (Y_{t-1}^* - w_t L_{t-1}^*) - \frac{P_{t-1}}{I_{t-1}} \tag{16}$$

等式两边同时约去 $\frac{P_{t-1}}{I_{t-1}}$ ，并移项得到：

$$r_t^I = \frac{P_t}{u_t I_t} - \frac{1-\delta}{I_t} \cdot (Y_{t-1}^* - w_t L_{t-1}^*) \tag{17}$$

泰斯卡里与维欧纳的上述推导较为烦琐。实际上，基于迪梅尼尔和列维的模型可以直接推导出调整利润率的表达式，不需要借助于推导增量利润率。根据利润的表达式：

$$\begin{aligned} P_{\mathrm{t}} &= u_t(1-\delta)^t(A_t - w_t B_t) \\ &= u_t(1-\delta)^t\{A_{t-1} + \frac{I_t}{(1-\delta)^t}a_t - w_t[\mathrm{B}_{t-1} + \frac{I_t}{(1-\delta)^t}b_t]\} \\ &= u_t I_t(a_t - w_t b_t) + u_t(1-\delta)^t(A_{t-1} - w_t \mathrm{B}_{t-1}) \\ &= u_t I_t r_t^I + u_t(1-\delta)(Y_{t-1}^* - w_t L_{t-1}^*)\end{aligned} \tag{18}$$

由此可得：

$$r_t^I = \frac{P_t}{u_t I_t} - \frac{1-\delta}{I_t} \cdot (Y_{t-1}^* - w_t L_{t-1}^*) \tag{19}$$

表达式（19）中的利润、产能利用率、投资、折旧率、产能、工资和与产能相对应的就业量等指标，可以直接采用国民收入核算中的数据，或者通过对已有数据进行一些运算而得到。因此，利用上述表达式能够测算调整利润率。从表面上看来，这种衡量方式考虑了产能利用率、折旧率和工资的变动，似乎比第一种衡量方式更为准确。

然而，它的问题在于，其调整利润率的基本表达式所依赖的假设不合理。前文中曾提到，迪梅尼尔和列维将调整利润率表示为 $r_t^I = a_t - w_t b_t$，实际上是假设新增投资的技术参数与总资本的技术参数相同。这也就意味着，假设新增投资的劳动生产率和产能资本比率，等于原有资本的相应比率。新增投资往往代表着可再生产的最优生产条件，假设它的技术参数与原有投资的技术参数相同，显然不合理。

本文提出调整利润率的第三种衡量方式，即基于原有资本的技术参数推导调整利润率的表达式。采纳迪梅尼尔和列维的技术参数，利用参数 $a_t = Y_t^* / K_t$ 和 $b_t = L_t^* / K_t$ 可表示出劳动生产率（Y_t^* / L_t^*）和产能资本比率（Y_t^* / K_t）。[①]

同样利用 P_t、I_t、L_t 和 Y_t 分别表示利润、投资、就业和实际产出[②]，p_t、w_t、pt_t 和 u_t 分别表示产出价格指数、名义工资、生产税税率、产能利用率和折旧率，Y_t^I 和 L_t^I 表示新增投资对应的产出和就业，Y_t^O 和 L_t^O 表示原有资本对应的实际产出和就业。

调整利润率即新增投资的利润率，指的是第 t−1 期的投资与它在第 t 期所对应的利润之间的关系。考虑通货膨胀和通货紧缩带来的影响，需要将第 t−1 期的投资也采用第 t 期的价格指数来表示，以使利润率的分子和分母都采用同一期的水平，从而抵消价格指数的变动。这样，利润率可以表示为：

$$r_t^I = \frac{p_t Y_t^I (1 - pt_t) - w_t L_t^I}{\frac{p_t}{p_{t-1}} \cdot I_{t-1}} \tag{20}$$

其中，$Y_t^I = Y_t - Y_t^O$，$L_t^I = L_t - L_t^O$。

第 t 期的原有资本，即第 t−1 期的总资本。假设它的技术参数保持不变。也就是说，第 t 期的原有资本的产能−资本比率和就业−资本比率，等于第 t−1期总资本的这两项技术参数：

---

① 依旧假设就业量可变，而且与产出成比例。

② 在美国的国民收入和产品账户（NIPA）中，总操作剩余=增加值−（生产和进口税减去补贴）−雇员薪酬。“生产和进口税减去补贴”简称为生产税，“总操作剩余”作为利润，利润表达式 $P_t = p_t Y_t (1 - pt_t) - w_t L_t$ 中的实际产出 Y_t 指的是第 t 期的实际增加值。

$$\frac{Y_t^O/u_t}{K_{t-1}(1-\delta_t)} = \frac{Y_{t-1}/u_{t-1}}{K_{t-1}}\text{，即 } Y_t^O = \frac{u_t}{u_{t-1}} \cdot (1-\delta_t) \cdot Y_{t-1} \tag{21}$$

$$\frac{L_t^O/u_t}{K_{t-1}(1-\delta_t)} = \frac{L_{t-1}/u_{t-1}}{K_{t-1}}\text{，即 } L_t^O = \frac{u_t}{u_{t-1}} \cdot (1-\delta_t) \cdot L_{t-1} \tag{22}$$

将它们代入调整利润率的表达式，得到：

$$\begin{aligned} r_t^I &= \frac{p_t[Y_t - \frac{u_t}{u_{t-1}} \cdot (1-\delta_t) \cdot Y_{t-1}](1-pt_t) - w_t[L_t - \frac{u_t}{u_{t-1}} \cdot (1-\delta_t) \cdot L_{t-1}]}{\frac{p_t}{p_{t-1}} \cdot I_{t-1}} \\ &= \frac{p_tY_t(1-pt_t) - w_tL_t - \frac{u_t}{u_{t-1}} \cdot (1-\delta_t) \cdot [p_tY_{t-1}(1-pt_t) - w_tL_{t-1}]}{\frac{p_t}{p_{t-1}} \cdot I_{t-1}} \\ &= \frac{P_t - \frac{u_t}{u_{t-1}} \cdot (1-\delta_t) \cdot [p_tY_{t-1}(1-pt_t) - w_tL_{t-1}]}{\frac{p_t}{p_{t-1}} \cdot I_{t-1}} \end{aligned} \tag{23}$$

这样就得到了一个考虑产能利用率、折旧、税收、工资和物价指数的调整利润率衡量方式。比较本节所述的三种衡量方式，第二种所依赖的假设不合理，因而不可取；第一种衡量方式较为简便，但不够准确；第三种衡量方式更为准确，也更为复杂。如果能够获得相关的数据，那么采用第三种衡量方式是更好的选择。

三、以美国制造业为案例的经验考察

关于调整利润率的已有实证研究，大多采用增量利润率来估算调整利润率，事实上检验的是增量利润率的平均化情况。泰斯卡里与维欧纳采用上节所述的第二种模型度量了调整利润率，并检验了其平均化情况。[①] 本节试图采用上节所述的第三种衡量方式，即一个考虑产能利用率、折旧、税收、工资和价格指数变动的调整利润率度量模型，来对调整利润率进行经验分析。

本节的经验考察包括三个方面的内容：第一，调整利润率和平均利润率在

① ESCARI S, VAONA A. Regulating rates of return do gravitate in US manufacturing! [J]. Metroeconomica, 2014, 65 (3): 377-396.

产业部门之间是否平均化；第二，利润率平均化的模式，是收敛还是围绕着中心波动；第三，调整利润率和平均利润率之间的关系如何。

考虑到各项数据的可获得性和一贯性，我们以1999—2015年间的美国制造业为案例。[①] 涉及19个产业部门，分别为木制品，非金属矿物制品，初级金属，金属制品，机械，计算机和电子产品，电气设备、家电及零部件，机动车辆、车身结构和拖车及零件，其他运输设备，家具及相关产品，杂项制造业，食品饮料及烟草制品，纺织和纺织品，服装和皮革及相关制品，纸制品，印刷业及相关支持活动，石油和煤炭产品，化工产品，塑料和橡胶制品等部门。

数据来源主要为美国经济分析局的部门GDP数据及国民收入和产品账户(NIPA)。产能利用率的数据，取自美国联邦储备委员会网站上公布的经济数据。采用上述得到的调整利润率表达式：

$$r_t^I=\frac{P_t-\dfrac{u_t}{u_{t-1}}\cdot(1-\delta_t)\cdot[p_tY_{t-1}(1-pt_t)-w_tL_{t-1}]}{\dfrac{p_t}{p_{t-1}}\cdot I_{t-1}}$$

各变量采用的具体衡量指标有：P_t 为总操作剩余（GOS_t）；u_t 为产能利用率（$CAPUTL_t$）；δ_t 为私营固定资产的当前成本折旧（DEP_t）与总资本存量（GCS_t）之比，总资本存量为净资本存量（NCS_t，即私营固定资产的当前成本净存量）与当前成本折旧（DEP_t）之和；p_t 为部门增加值的价格指数（PI_t）；第t−1期的实际产出 Y_{t-1}，为第t−1期的增加值（VA_{t-1}）与价格指数（PI_{t-1}）之比；生产税率 pt_t 为“生产和进口税减去补贴”（本文将其简称为生产税，PT_t）与增加值（VA_t）之比；工资率 w_t 为雇员薪酬（CE_t）与全部生产人员（PEP_t）之比；L_{t-1} 为第t−1期的全部生产人员

① 美国经济分析局在1997年前后对数据统计口径进行了调整。本文采用1997年至今的现有可用数据，并进行整理和运算，得到了1999—2015年的相关数据。

（PEP_{t-1}）；第 t−1 期的总投资 I_{t-1}，为私营固定资产投资（I_{t-1}）。[①]

这样，调整利润率的实际度量表达式为

$$r_t^I=\frac{GOS_t-\frac{CAPUTL_t}{CAPUTL_{t-1}}\cdot\left(1-\frac{DEP_t}{NCS_t+DEP_t}\right)\cdot\left[\frac{PI_t}{PI_{t-1}}\cdot VA_{t-1}\cdot\left(1-\frac{PT_t}{VA_t}\right)-CE_t\cdot\frac{PEP_{t-1}}{PEP_t}\right]}{\frac{PI_t}{PI_{t-1}}\cdot I_{t-1}} \tag{24}$$

参考谢克的做法[②]，平均利润率被定义为净操作剩余与净资本存量之比。其中，净操作剩余为总操作剩余（GOS_t）与当前成本折旧（DEP_t）之差，净资本存量为私营固定资产的当前成本净存量（NCS_t）。

通过计算可描绘 1999—2015 年制造业各部门的平均利润率动态。石油和煤炭产品、食品饮料及烟草制品等部门的平均利润率一直高于整体的平均利润率。纺织和纺织品、初级金属、计算机和电子产品、木制品、印刷业及相关支持活动、机械等部门的平均利润率持续低于整体的平均利润率。其他的部门平均利润率曲线与整体平均利润率曲线交叉一次或两次的较多，交叉三次以上的较少。由此可见，制造业各部门的平均利润率之间没有呈现出平均化的趋势。

调整利润率的平均化状况，则呈现出另外一番景象。比较制造业各部门的调整利润率动态可发现，各部门的调整利润率曲线与整个制造业的调整利润率曲线大量地、混乱地交叉。各部门的调整利润率不断地波动，有些部门的调整利润率甚至是大幅度波动，但均围绕着整体的调整利润率，表现出对整体利润率的向心趋势。

利润率的平均化有两种模式，一种是各个利润率呈现出向平均值的收敛趋势，另一种是各个利润率呈现出对于平均值的向心趋势。从调整利润率的动态可以看出，各部门的调整利润率并没有表现出向一个平均值收敛的趋势，而是

① 增加值（VA_t）、雇员薪酬（CE_t）、总操作剩余（GOS_t）、生产和进口税减去补贴（PT_t）取自美国经济分析局的部门 GDP 数据中的“Components of Value Added by Industry”，部门增加值的价格指数（PI_t）取自“Chain−Type Price Indexes for Value Added by Industry”；当前成本折旧（DEP_t）取自国民收入和产品账户（NIPA）“Table 3. 4ESI. Current−Cost Depreciation of Private Fixed Assets by Industry”；净资本存量（NCS_t）取自“Table 3. 1ESI. Current−Cost Net Stock of Private Fixed Assets by Industry”；全部生产人员（PEP_t）取自“Table 6. 8D. Persons Engaged in Production by Industry”；私营固定资产投资（I_{t-1}）取自“Table 3. 7ESI. Investment in Private Fixed Assets by Industry”；产能利用率（$CAPUTL_t$）取自美国联邦储备委员会网站数据中的“Industrial Production and Capacity Utilization−G. 17”。

② SHAIKH A. Competition and industrial rates of return [C] // Arestis P, Eatwell J. Issues in Finance and Industry: Essays in Honour of Ajit Singh. New York: Palgrave, 2008: 167−194.

表现为围绕着整体调整利润率混乱地波动。因此，调整利润率表现出了平均化的趋势，但平均化的模式不是收敛于均值，而是各部门的调整利润率围绕着整体的调整利润率不断地、混乱地波动，呈现出对均值的向心趋势。

以上是经验考察的前两个方面，第三个方面是调整利润率和平均利润率之间的关系。图 1 展现了整个制造业的调整利润率和平均利润率。从中可以看出：①平均利润率在 1999—2001 年下降，2001—2006 年上升，在 2006—2008 年下降，在 2008 年以来先上升而后保持平稳。②调整利润率在 1999—2008 年，呈现出较为明显的下降趋势；2008—2011 年，出现回升后又进一步下降；2011 年以后，呈现出缓慢回升的态势。③平均利润率的波动幅度较小，调整利润率的波动幅度较大，二者在整体趋势和波动方向上存在着区别，却也有着一定程度的一致性，不同的阶段（1999—2001 年，2001—2006 年，2006—2008 年，2008—2010 年，2010—2015 年）调整利润率的变动在一定程度上引领平均利润率的变动。

图 1　美国制造业整体的平均利润率和调整利润率（1999—2015 年）

数据来源：美国经济分析局公布的国民收入和产品账户（NIPA）、部门 GDP 数据，美国联邦储备委员会发布的产能利用率数据。

对美国制造业的经验考察表明，制造业各部门的平均利润率没有表现出平均化的迹象，各部门的调整利润率却呈现出平均化的趋势；调整利润率平均化的方式，不是收敛于均值，而是围绕着均值不断地混乱地波动，呈现出对均值的向心趋势。调整利润率与平均利润率有着明显的区别，但也有着一致性，在多个阶段里，调整利润率对平均利润率有着引领作用。

四、总结

由竞争带来的利润率平均化，是生产价格和一般利润率等理论的基础。马克思明确区分了部门内竞争和部门之间的竞争。部门之间的竞争促使利润率平均化，平均化的模式不是收敛于一个平均值，而是围绕平均值混乱地波动。部门内的竞争，则倾向于形成同一的商品价格，由于不同企业有不同的生产条件，相同的价格意味着不同的利润率。利润率在部门内部“非平均化”，却在部门之间平均化，这看起来是矛盾的。谢克等学者给出的调整资本概念和调整利润率平均化理论，尝试解决这一矛盾。竞争在不同部门之间平均化的，只是调整资本的利润率，而不是部门内所有资本的利润率。

调整利润率平均化理论的难点在于调整利润率的度量。谢克以增量利润率来近似衡量调整利润率。迪梅尼尔和列维对他的做法提出质疑，认为增量利润率没有考虑产能利用率、折旧和工资水平变动，不是调整利润率的合理近似指标。然而，由迪梅尼尔和列维的数学形式而得到的调整利润率度量方式，却有明显不符合实际的假设。本文在分析相关争论的基础上，发展出了一种考虑产能利用率、折旧、税收、工资和价格指数变动的调整利润率度量方式。

采用这种度量方式，并以美国制造业为案例，本文考察了调整利润率的平均化状况，并将其与平均利润率相对比。从中发现，制造业各部门的平均利润率没有表现出平均化的迹象，各部门的调整利润率却呈现出平均化的趋势。调整利润率平均化的方式，不是收敛于均值，而是围绕均值不断混乱地波动。这些经验事实验证了马克思的利润率平均化模式和谢克等学者的调整利润率平均化理论。

本文还考察了调整利润率和平均利润率之间的关系，发现调整利润率和平均利润率在利润率水平和变动幅度上明显不同，但二者在整体趋势和波动方向上又呈现出一定程度的一致性。此现象一方面反映出调整资本的利润率与总资本的利润率之间的差别，另一方面则表现出调整资本的利润率对整体利润率的影响力。分析调整资本和非调整资本相互作用的过程，以及调整利润率影响平均利润率的机制，是进一步研究的方向。

农村基本经营制度多元化实现形式下的农村社会福利比较研究*

赵苏丹　蒋永穆①

摘　要：实施乡村振兴战略必须巩固和完善农村基本经营制度，以确保其制度供给。面对农业农村发展过程中的问题和挑战，我们党和群众在各地实践中逐渐探索出了多元化的农村基本经营制度实现形式。根据乡村振兴战略的总体要求，不同实现形式下的农村社会综合效应具体如何，是考察其制度效应重要内容。本文在阿马蒂亚·森的可行能力理论框架下，运用模糊综合评价方法，以实地调研数据为基础，从农户家庭经济状况、居住条件、居住环境、社会保障状况、社会活动状况、公共服务资源及心理因素等7个方面对我国农村基本经营制度实现形式的社会福利情况进行考察，详尽地分析了各分指标之间的差异及其形成原因，并以此为基础提出相关启示与发展建议。

关键词：乡村振兴；农村基本经营制度；实现形式；农村社会效应

一、问题的提出

基于我国的基本国情和当前经济社会发展新阶段的基本特征②，党的十九大做出了实施乡村振兴战略的重大决策部署。随后，2018年中央一号文件深刻阐述了实施乡村振兴战略的重大问题，具体部署了实施乡村振兴战略的重点任务。文件指出，必须巩固和完善农村基本经营制度，强化乡村振兴制度性供

---

* 基金项目：教育部人文社会科学项目“新时代‘强起来’的中国特色社会主义政治经济学体系构建”（18JF111）。

① 作者简介：赵苏丹，四川大学马克思主义学院助理研究员，研究领域为马克思主义政治经济学、“三农”问题。

蒋永穆，四川大学经济学院院长、教授、博士生导师，研究领域为中国特色社会主义政治经济学、马克思主义发展史、产业经济学。

② 陈锡文. 从农村改革40年看乡村振兴战略的提出 [J]. 中国党政干部论坛，2018 (4).

给。农村基本经营制度是党的农村政策的基石。坚持党的农村政策，首要的就是坚持农村基本经营制度。中国特色社会主义进入新时代，实施乡村振兴战略就必须巩固和完善农村基本经营制度，不断探索农村基本经营制度的实现形式，确保有效的制度供给。

农村基本经营制度自改革开放初期确立以来，极大地促进了农业农村发展，也为我国社会主义现代化建设奠定了重要基础。但随着我国国情和农情发生重大变化，农村基本经营制度不断面临新问题、新挑战。面对这些问题和挑战，我们的党和群众充分发挥首创精神，在各地实践中逐渐探索出了多元化的农村基本经营制度实现形式。① 探索农村基本经营制度实现形式，既是坚持和发展社会主义公有制的题中应有之义，也是适应中国国情和农情的必然选择，更是巩固和完善农村基本经营制度的内在要求。

但目前学术界对于各地在农村基本经营制度实现形式上的创新实践和经验，缺乏系统梳理、深刻提炼和理论提升，也缺乏基于客观实证数据的定量评价。有鉴于此，本文在充分进行学理分析的基础上，根据农村基本经营制度的三大构成要素，将农村基本经营制度实现形式划分为 4 种基本类型：分散经营型、统一服务型、合作经营型和高度集中型（见表 1）。②

表 1　现阶段我国农村基本经营制度实现形式的基本类型

基本类型	土地承包方式	农业经营方式	社会化服务程度	代表类型
分散经营型	家庭承包	分散经营	弱	传统农区的普遍形式
统一服务型	家庭承包	分散经营	强	浙江省余姚市临山镇
合作经营型	共同所有	合作经营	强	四川省崇州市
高度集中型	集体所有	集体经营	强	江苏省江阴市华士镇华西村

农村基本经营制度的不同实现形式是适应各地的具体情况，根据当地群众的愿望和要求产生的，它们各自具有不同的制度安排，发挥不同的激励约束作用，从而导致不同的制度效应。农村基本经营制度的实现形式能否有效提升农民的幸福指数和获得感，是否有利于农村和谐社会的构建以及农村经济社会的

① 笔者将农村基本经营制度实现形式定义为：以社会主义集体所有制为基础，客观反映和适应社会发展规律要求而形成的一系列产权安排、组织形式和经营方式，或者说是以农地经济关系为基础，农业生产资料与其他农业生产资源在组织、管理、运营及分配这一层面上所表现出来的具体形式。

② 蒋永穆，赵苏丹. 中国农村基本经营制度：科学内涵、质规定性及演变逻辑 [J]. 当代经济研究，2018 (1).

可持续发展，就成为考察其制度效应的重要内容。根据乡村振兴战略“产业兴旺、生态宜居、乡风文明、治理有效、生活富裕”的总体要求，本文将考察不同农村基本经营制度实现形式所带来的经济、政治、文化、社会、生态各方面的总体社会福利效应。

具体来说，本文在森（Sen）的可行能力理论框架下，运用模糊综合评价方法，以实地调研数据①为基础，从农户家庭经济状况、居住条件、居住环境、社会保障状况、社会活动状况、公共服务资源及心理因素等7个方面对我国农村基本经营制度实现形式的社会福利情况进行考察，详尽地分析了各分指标之间的差异及其形成原因，并以此为基础提出相关启示与发展建议。

二、指标体系构建

福利理论的发展历程大致分为三个阶段：功利主义效用福利理论（主观主义福利理论）、客观主义福利理论和森的可行能力福利理论。功利主义效用福利理论即“效用论”，评价基础为主观满足程度，忽视了福利多元主义的特征，未能反映自由、权利、健康等方面的内容；客观主义福利理论是“物质论”，它局限于对收入、财富、消费支出等“物”的数量的衡量，因而也存在争议。②

阿马蒂亚·森（Amartya K. Sen）对传统社会福利研究进行了批判，并进一步提出了可行能力理论（Capability Approach）③。森指出了5种工具性自由（Instrumental Freedoms），为人们研究福利水平构建多指标综合评价体系提供了理论基础。④ 在实际研究中，学者们大多根据研究目标和样本特性选取相关功能指标。高进云等基于武汉市征地农民调查数据，选取家庭经济收入、

① 笔者于2016年6月至2017年12月间在全国各省市进行了主题为“农村基本经营制度实现形式研究”的实地调研，选择了四川省、河南省、河北省、山东省、江苏省、浙江省6个省份的27个村进行实地走访。本次调查共计完成问卷743份，剔除数据不完整和不满足本文分析要求的样本后，最终得到有效样本问卷720份。问卷调查的内容：（1）被调查者的个人与家庭基本信息；（2）被调查者家庭的土地经营及流转情况；（3）被调查者对农村社会问题的判断和认同态度情况；（4）被调查村庄的集体经济组织发展情况。

② 丁琳琳，吴群，李永乐．新型城镇化背景下失地农民福利变化研究［J］．中国人口·资源与环境，2017（3）．

③ 该理论认为物质财富本身并不能创造福利，而是这些商品影响个人生活，并用功能自由与能力自由测度社会福利。其中，功能自由是个人现状的真实反映，而能力是未来能给个人带来的功能自由，并认为自由是享受人们有自由珍视的那种生活的可行能力。转引自吴士炜，汪小勤．基于Sen可行能力理论测度中国社会福利指数［J］．中国人口·资源与环境，2016（8）．

④ 森．以自由看待发展［M］．任赜，于真，译．北京：中国人民大学出版社，2002．

社会保障、居住条件、社区生活、环境和心理等6项指标，使用模糊集方法研究征地前后农民福利的变化。① 徐烽烽等选取家庭经济状况、社会保障、社会机会、农民心理等功能指标，以及家庭抚养人口比重、劳动力非农业就业比重以及受教育程度等异质性因素，使用模糊综合评判法对土地分散经营权置换城镇社会保障过程中农户福利的变化进行了讨论。② 袁方、史清华从社会机会、防护性保障、精神感受、经济情况、生活情况、工作环境6个功能性活动方面考察了农民工的福利状况。③

（一）农户社会福利的构成

本文拟采用模糊综合评价法，以森的可行能力理论为基础，构建农村社会福利评价指标体系。综合已有研究及农村实际，选取农户家庭经济状况、居住条件、居住环境、社会保障、社区活动、社会资源、心理因素7个方面考察不同农村基本经营制度实现形式下农户的社会福利情况，具体功能性活动及初级指标如表1所示。

1. 家庭经济状况

虽然以物质因素（如财富）替代福利的做法存在若干缺陷，但应当认识到个体的物质财富仍是其生活质量的重要影响因素，是改变功能性活动的工具。因此，本文将家庭经济状况作为评价福利的指标。在本研究中，由于所在地区采取了不同的农村基本经营制度实现形式，农民的土地利用方式、劳动力流转方式、农业经营方式都各不相同，这都影响了他们的收入结构和生活方式。因此，本文选取农村居民人均纯收入和恩格尔系数两个指标来评价农民的家庭经济状况。

2. 居住条件

罗比恩斯（Robeyns）研究指出，居住条件是否良好对于生理和心理的健康状况有重要影响。④ 布拉特（Bratt）也指出，居住条件在现代社会中一定程

---

① 高进云，乔荣锋，张安录. 农地城市流转前后农户福利变化的模糊评价——基于森的可行能力理论［J］. 管理世界，2007（6）.

② 徐烽烽，李放，唐焱. 苏南农户土地承包经营权置换城镇社会保障前后福利变化的模糊评价：基于森的可行能力视角［J］. 中国农村经济，2010（8）.

③ 袁方，史清华. 不平等之再检验：可行能力和收入不平等与农民工福利［J］. 管理世界，2013（10）.

④ ROBEYNS I. Sen's Capability Approach and Gender Inequality：Selecting Relevant Capabilities［J］. Feminist Economics，2003，9（2）：61－92.

度上象征着个体的身份，因而与个体的心理状况之间存在密切相关的关系。① 本文研究发现，农村基本经营制度实现形式的不同会导致农户居住条件的变化，进而对其现实生活和心理状况产生实质性影响。该功能性活动指标通过人均居住面积、房屋结构、水电方便程度和配套设施完善度来反映。

3. 居住环境

早川和男认为，良好的居住环境是福利的基础，它不仅可以支撑人的生活、健康、幸福人生，还可以起到社会性“预防学”和“预防福利学”的效果。② 本文选取生态环境状况和治安状况两个指标来评价农民的居住环境。

4. 社会保障

土地对于农民而言，具有生活保障、就业机会等功能。在不同的实现形式下，农民是否让渡了土地的承包权、经营权，是否具有基本的养老保险、医疗保险和就业指导是影响农民福利的重要因素。因此，本文选取养老保险、医疗保险、农业技术培训和非农职业培训 4 个指标来评价农民的社会保障。

5. 社区活动

农村基本经营制度实现形式的演进会改变农民的生产方式进而影响其生活环境及生活方式，社会关系状况将被打破和重建。同时，组织内部民主管理制度的建立也将使民主的生活方式逐步扩散到更为广泛的范围，改变农民参与集体生活的意愿和方式。因此，本文选取社会关系网络、参与社区公共事务、参与社区文化娱乐活动 3 个指标来评价农民的社区活动。

6. 公共服务资源

森认为，社会机会是人重要的非物质福利。农村基本经营制度实现形式的不断创新和演化将逐步解放更多农村劳动力，流入城市和非农产业就业，农民寻求新职业的难易程度与其是否参与过职业技能培训、周边求职机会的多少有直接影响；农业经营效益的状况和合作经济组织的发展状况决定着农民是否能够享有较高的教育和医疗服务水平。本文选取教育质量、医疗条件、就业难度作为农民的社会资源指标。

7. 心理因素

个体的幸福感是构成其福利的重要主观性指标。在农村基本经营制度实现

① BRAT R G. Housing and Family Well-being [J]. Housing Studies，2002，17 (1)：13.

② 早川和男. 居住福利论：居住环境在社会福利和人类幸福中的意义 [M]. 北京：中国建筑工业出版社，2005. 转引自蒋和胜，费翔，唐虹. 不同经济发展水平下集中居住前后农民的福利变化——基于成都市不同圈层的比较分析 [J]. 经济理论与经济管理，2016 (4).

形式的不断创新过程中，伴随着农业生产方式和生活方式的转变，农民心理的认同度和适应程度也会对其福利水平产生重要影响。① 该功能性活动可以通过农民对贫富差距感受、对生活状况总体满意度、对农村居民身份认同度、对村干部认同度、对集体主义及社会主义认同度等5个指标予以反映（见表2）。

表2　功能性活动及其对应的初级指标

功能性活动及其对应指标		类型	变量定义与说明
家庭经济状况	人均纯收入	C	将2016年现价脱贫标准3146元作为计算农业收入隶属度的最小值，将2016年实现小康社会的人均收入标准13598元作为最大值
	恩格尔系数	C	将60%和30%分别作为计算农村居民恩格尔系数隶属度的最大值和最小值
居住条件	人均居住面积	C	农村人均住房建筑面积的最大值设为45平方米，最小值设为15平方米
	房屋结构	Q	砖木结构=1，钢筋混凝土结构=2
	水电方便程度	Q	很方便=5，较方便=4，一般=3，较不方便=2，很不方便=1
	配套设施完善度	Q	非常好=5，比较好=4，一般好=3，比较差=2，非常差=1
居住环境	生态环境状况	Q	非常好=5，比较好=4，一般好=3，比较差=2，非常差=1
	治安状况	Q	非常好=5，比较好=4，一般好=3，比较差=2，非常差=1
社会保障	养老保险	D	是=1，否=0
	医疗保险	D	是=1，否=0
	农业技术培训	D	是=1，否=0
	非农职业培训	D	是=1，否=0
社区活动	社会关系网络	Q	非常好=5，比较好=4，一般好=3，比较差=2，非常差=1
	社区文化活动	Q	每天=5，经常=4，有时=3，很少=2，从不=1
	社区公共事务	Q	每次=5，经常=4，有时=3，很少=2，从不=1
公共服务资源	教育质量	Q	非常好=5，比较好=4，一般好=3，比较差=2，非常差=1
	医疗条件	Q	非常好=5，比较好=4，一般好=3，比较差=2，非常差=1
	就业难度	Q	很难=5，较难=4，一般=3，较容易=2，很容易=1

① 张海波，童星. 被动城市化群体城市适应性与现代性获得中的自我认同——基于南京市561位失地农民的实证研究［J］. 社会学研究，2006（2）.

续表2

功能性活动及其对应指标		类型	变量定义与说明
心理因素	贫富差距感受	Q	很大=5，较大=4，一般=3，较小=2，很小=1
	对生活状况总体满意度	Q	很满意=5，基本满意=4，一般=3，不太满意=2，很不满意=1
	对农村居民身份认同度	Q	很好=5，还不错=4，没感觉=3，不太好=2，很差=1
	对村干部认同度	Q	很好=5，较好=4，一般=3，较差=2，很差=1
	对集体主义及社会主义认同度	Q	很好=5，较好=4，一般=3，较差=2，很差=1

注：C表述连续性变量，Q表示虚拟定性变量，D表示虚拟二分变量。

（二）模糊评价模型的构建

在可行能力分析框架下，福利是一个多维度的，在一定程度上模糊的、难以进行准确界定的概念，无法被精确地衡量，而由查德（Zadeh）教授提出的模糊数学方法在处理此类问题上具有独特的优势。[①] 因此，本文拟采用该方法测定不同农村基本经营制度实现形式下的农村社会福利水平。

1. 模糊函数设定

设模糊集 X 表示农户福利状况，设表 2 中的家庭经济状况、居住条件、居住环境、社会保障、社区活动、公共服务资源、心理因素构成了 X 的子集 W，第 n 个农户的福利函数可表示为 $W^{(n)} = \{x, \mu_w(x)\}$ 。一般认为，$\mu_w(x)$ 越大，$W^{(n)}$ 越大，则福利状况越好；反之，隶属度越小，则福利状况越差。随后，确定隶属度函数 $\mu_w(x)$ 。指标变量有虚拟二分变量、连续变量、虚拟定性变量 3 种类型。

（1）虚拟二分变量隶属函数。如果要表达的对象只存在“是”与“否”这两种情况，则选用虚拟二分变量，其隶属函数如下：

$$\mu(x_{ij}) = \begin{cases} 0 & x_{ij} = 0 \\ 1 & x_{ij} = 1 \end{cases} \tag{1}$$

如果个体拥有某种商品或服务，则 $x_{ij} = 1$，该指标对于第 i 个功能子集的

① 王伟，马超．不同征地补偿模式下失地农民福利变化研究：来自准自然实验模糊评价的证据［J］．经济与管理研究，2013（4）．

隶属度 $\mu_w(x) = 1$；相反，则 $x_{ij} = 0, \mu_w(x) = 0$。

（2）虚拟定性变量的隶属函数。在对福利指标的考察中，往往会涉及一些主观评价、无法量化的指标，只能以定性描述表达。对于这种情况，通常设研究对象对某个变量的满意程度设为 n 种状态，接下来对这 n 种状态进行等间距赋值 $x_{ij} = \{x_{ij}^{(1)}, \ldots, x_{ij}^{(n)}\}$，如在对参与社区文教娱乐活动进行调查时，其内容包括“每天参加”“经常参加”“有时参加”“很少参加”“从不参加”5 种情况，依次赋值为 5，4，3，2，1。

a. 满意度等与福利状况成正比的虚拟定性变量，其隶属函数设为：

$$\mu(x_{ij}) = \frac{x_{ij} - x_{ij}^{\min}}{x_{ij}^{\max} - x_{ij}^{\min}};\ x_{ij}^{\min} < x_{ij} < x_{ij}^{\max} \tag{2}$$

b. 恩格尔系数、就业难度等与福利状况成反比的虚拟定性变量，其隶属函数设为：

$$\mu(x_{ij}) = \frac{x_{ij}^{\max} - x_{ij}}{x_{ij}^{\max} - x_{ij}^{\min}};\ x_{ij}^{\min} < x_{ij} < x_{ij}^{\max} \tag{3}$$

（3）式中，$x_{ij}^{\max}$ 和 $x_{ij}^{\min}$ 分别表示指标值的最大值和最小值。

（3）连续变量隶属函数。根据连续型变量与农户福利状态的关系，分别采用以下函数形式：

a. 升半梯形分布的隶属函数适用于与福利状态成正比的评价指标：

$$\mu(x_{ij}) = \begin{cases} 0 & 0 \leqslant x_{ij} \leqslant x_{ij}^{\min} \\ \dfrac{x_{ij} - x_{ij}^{\min}}{x_{ij}^{\max} - x_{ij}^{\min}}; & x_{ij}^{\min} < x_{ij} < x_{ij}^{\max} \\ 1 & x_{ij} \geqslant x_{ij}^{\max} \end{cases} \tag{4}$$

b. 降半梯形分布的隶属函数：

$$\mu(x_{ij}) = \begin{cases} 0 & 0 \leqslant x_{ij} \leqslant x_{ij}^{\min} \\ \dfrac{x_{ij}^{\max} - x_{ij}}{x_{ij}^{\max} - x_{ij}^{\min}}; & x_{ij}^{\min} < x_{ij} < x_{ij}^{\max} \\ 1 & x_{ij} \geqslant x_{ij}^{\max} \end{cases} \tag{5}$$

（4）式和（5）式中，$x_{ij}^{\max}$ 与 $x_{ij}^{\min}$ 分别表示指标值的最大值和最小值。

2. 指标权重的确定

对各初级指标赋予的权重可以不同，本文采用切利（Cheli，et al.）等人[①]提出的权重计算公式：

$$\omega_{ij} = \ln\left[\frac{1}{\overline{\mu(x_{ij})}}\right],\ \overline{\mu(x_{ij})} = \frac{1}{n}\sum_{p=1}^{n}\mu(x_{ij})^{(p)} \tag{6}$$

其中，$\overline{\mu(x_{ij})} = \frac{1}{n}\sum_{p=1}^{n}\mu(x_{ij})^{(p)}$ 表示 n 个农户第 i 个功能子集中第 j 项指标的均值。

3. 隶属度计算公式

（1）初级指标隶属度的加总。确定初级指标隶属度及其权重之后，根据切廖利和扎尼（Cerioli & Zani）提出的公式计算各功能子集的隶属度：

$$\mu(x_{ij}) = \frac{\sum_{j=1}^{k}\overline{\mu(x_{ij})}\times\omega_{ij}}{\sum_{j=1}^{k}\omega_{ij}} \tag{7}$$

（7）式中，k 表示在第 i 个功能性活动子集中包含 k 项初级指标。

（2）可行能力隶属度的加总。将各可行能力的隶属度加权汇总，得到总体福利测度的隶属度公式：

$$W = \frac{\sum_{j=1}^{k}\mu(x_i)\times\omega_{ij}}{\sum_{j=1}^{k}\omega_{ij}} \tag{8}$$

（8）式中，各功能性活动的权重 $\omega_{ij} = \ln\left[\frac{1}{\overline{\mu(x_{ij})}}\right]$，h 表示功能性活动个数。[②]

4. 确定初级指标隶属度时最大值和最小值的选取

在计算连续型指标隶属度前，应设定指标的上阈值 $x_{ij}^{\max}$ 和下阈值 $x_{ij}^{\min}$，

① CHELI B, LEMMI A. A Totaly Fuzzy and Relative Approach to the Multidimensional Analysis of Poverty [J]. Economic Notes. 1995 (1).

② 王珊，张安录，张叶生. 农地城市流转的农户福利效应测度 [J]. 中国人口·资源与环境，2014 (3).

本文选取的连续型指标包括农村居民人均纯收入、恩格尔系数和人均居住面积。

（1）农村居民人均纯收入。关于人均纯收入最小值的选取，“我国现行脱贫标准是农民年人均纯收入按 2010 年不变价计算为 2300 元”①，2016 年现价脱贫标准约为 3146 元，故将贫困人口认定标准 3146 元作为农村居民人均纯收入的最小值。关于人均纯收入最大值的选取，党的十八大报告中指出，全面建成小康社会的目标之一是“到 2020 年实现国内生产总值和城乡居民人均收入比 2010 年翻一番”，2010 年的农村居民人均纯收入为 5919 元，以此标准计算，要达到 2020 年翻一番的水平即 11838 元，需以年均 14.87％的速度环比增长，则 2016 年的小康社会标准为人均纯收入应达 13598 元，以此作为农村居民人均纯收入的最大值。

（2）恩格尔系数。根据联合国粮农组织对恩格尔系数与生活水平的划分，当国家平均家庭恩格尔系数大于 60％为贫穷，50％～60％为温饱，40％～50％为小康，30％以下为富足。2016 年，中国城镇居民恩格尔系数为 29.3％，农村居民恩格尔系数为 32.2％。② 结合样本的实际情况，本文选择 60％和 30％分别作为计算农村居民恩格尔系数隶属度的最大值和最小值。

（3）人均居住面积。关于最大值的选取，根据国家统计局公布的数据，2016 年全国居民人均住房建筑面积为 40.8 平方米，农村居民人均住房建筑面积为 45.8 平方米。③ 本文选取 45 平方米作为人均居住面积隶属度的最大值。至于最小值的选取，根据国家廉租住房保障面积标准，以家庭为单位，2 人以下家庭的保障面积标准为建筑面积 30 平方米，3 人家庭为 40 平方米，4 人以上家庭为 50 平方米，故本文选取人均保障面积标准的大致平均值 15 平方米作为计算农村居民人均居住面积隶属度的最小值。

三、农户社会福利评价结果及分析

从不同农村基本经营制度实现形式下农户福利水平的模糊评价结果（见表 3）

---

① 习近平．关于《中共中央关于制定国民经济和社会发展第十三个五年规划的建议》的说明［J］．实践（思想理论版），2015（11）．

② 宁吉喆．2016 年中国恩格尔系数 30.1％接近富足标准［EB/OL］．（2017－10－10）［2019－12－12］．http://news.xinhuanet.com/fortune/2017－10/10/c_129717960.htm.

③ 统计局．2016 年全国人均住房建筑面积 40.8 平方米［EB/OL］．（2017－07－06）［2019－12－12］．http://news.youth.cn/gn/201707/t20170706_10235501.htm.

可以看出：不同实现形式之间农户福利水平具有较大的差异，农户福利的总模糊指数由低到高依次为分散经营型实现形式 0.376、统一服务型实现形式 0.584、合作经营型实现形式 0.593、高度集中型实现形式 0.625。高度集中型实现形式的福利水平显著高于分散经营型实现形式，统一服务型实现形式和合作经营型实现形式的差异不大。

表 3　不同农村基本经营制度实现形式下农户福利水平的模糊评价结果

功能性活动及其对应指标	分散经营型	统一服务型	合作经营型	高度集中型
家庭经济状况：	0.520	0.641	0.671	0.698
人均纯收入	0.486	0.606	0.654	0.715
恩格尔系数	0.563	0.686	0.690	0.683
居住条件：	0.421	0.737	0.749	0.624
人均居住面积	0.409	0.665	0.676	0.520
房屋结构	0.277	0.756	0.794	1.000
水电供应方便程度	0.723	0.827	0.888	0.879
配套设施完善度	0.732	0.763	0.754	0.862
居住环境：	0.681	0.817	0.716	0.851
生态环境状况	0.629	0.787	0.720	0.848
治安状况	0.777	0.867	0.711	0.853
社会保障：	0.128	0.412	0.424	0.451
养老保险	0.804	0.857	0.811	0.827
医疗保险	0.999	0.989	0.999	0.999
农业技术培训	0.273	0.593	0.765	0.965
非农职业培训	0.031	0.279	0.285	0.362
社区活动：	0.590	0.612	0.616	0.675
社会关系网络	0.617	0.840	0.741	0.845
参与社区文化活动	0.502	0.497	0.507	0.573
参与社区公共事务	0.779	0.751	0.733	0.856
公共服务资源：	0.430	0.588	0.578	0.730
教育质量	0.565	0.735	0.537	0.845
医疗条件	0.418	0.701	0.674	0.733

续表3

功能性活动及其对应指标	分散经营型	统一服务型	合作经营型	高度集中型
就业难度	0.364	0.473	0.557	0.679
心理因素：	0.533	0.619	0.651	0.690
对贫富差距的感受	0.344	0.433	0.493	0.534
对生活状况总体满意度	0.670	0.773	0.835	0.830
对农村居民身份认同度	0.584	0.784	0.735	0.772
对村干部认同度	0.690	0.819	0.823	0.858
对集体主义及社会主义认同度	0.744	0.867	0.706	0.884
总模糊指数	0.376	0.584	0.593	0.625

（一）家庭经济状况

从家庭经济状况总体指标来看，其隶属度由分散经营型实现形式（0.520）、统一服务型实现形式（0.641）、合作经营型实现形式（0.671）、高度集中型实现形式（0.698）逐渐上升。由图1可知，分散经营型实现形式的恩格尔系数指标表现较差，农村居民收入的大部分用于购买蔬菜、粮食等食品，食品消费支出占生活总成本的比重较大，农民的生活福利水平偏低。统一服务型、合作经营型、高度集中型实现形式的恩格尔系数指标差异不大，其家庭经济状况指标的差异主要来自人均纯收入的差别。

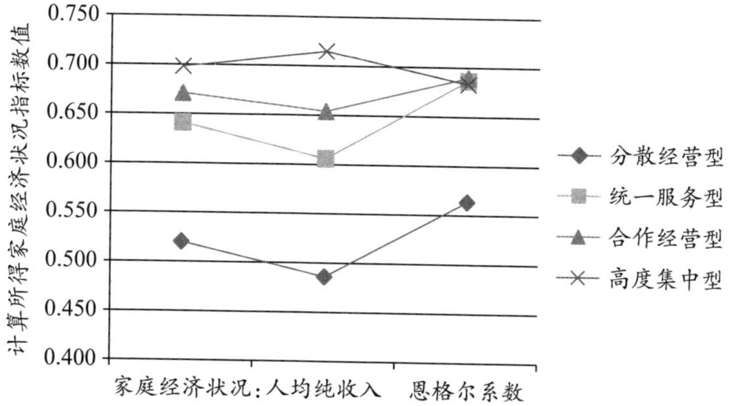

图1　不同农村基本经营制度实现形式下的家庭经济状况及其初级指标

调研发现，分散经营型实现形式下的农户主要从事自给自足的分散经营，主要农作物也集中在水稻、玉米、小麦等传统粮食作物，农业经营不以营利而以维持生计为主要目标，农业生产收益仅能勉强覆盖农业生产投入，比较收益低，因此农户家庭的经营性收入普遍低于其他实现形式。

统一服务型实现形式在农户家庭承包的基础上，与当地的合作社、农业企业等新型农业经营主体进行了部分生产环节上的合作，农业生产资料成本的降低、质量的提高或销售渠道的拓宽都在一定程度上提高了当地农户经营农业的效益，因此农户家庭的经营性收入有所提高。

合作经营型采取土地等生产资料入股的形式扩大了生产规模，集中了农业资源，实现了规模经济。且这种实现形式下农产品经营范围大幅扩展，不仅有传统粮食作物的合作生产，也有水果、蔬菜、花卉、苗木等经济作物的联合经营，在客观上提高了农户的经济效益。除此之外，股份合作的形式在增加农民家庭经营性收入的基础上，还能够为农户提供土地、劳动和资金分红，增加其财产性收入。同时，在合作经营实现形式下，农户不仅能够始终保持对土地的承包权利，还能在较低的成本下获取固定的土地或资本收益，农村劳动力的转移就更加彻底，无须保持分散经营型和统一服务型实现形式下的兼业状态，从而获得大量的就业机会，农村居民的工资性收入也有所提高。

在高度集中型实现形式下，土地资源由集体统一经营，依靠强大的集体经济实力，农民不仅可以在村集体企业内务工获得较高工资收入，作为集体经济组织成员还能够享受较好的福利待遇和分红，因而总体收入水平较高。

（二）居住条件及居住环境

从居住条件总体指标看，其隶属度由分散经营型实现形式（0.421）、高度集中型实现形式（0.624）、统一服务型实现形式（0.737）、合作经营型实现形式（0.749）逐渐上升（见图2）。

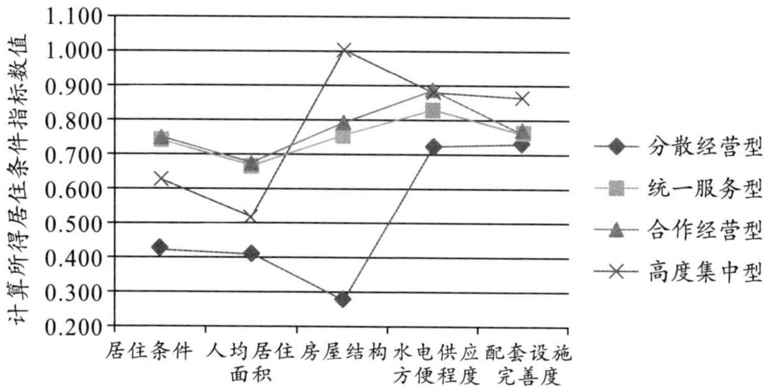

图 2　不同农村基本经营制度实现形式下的居住条件及其初级指标

从人均居住面积指标来看，统一服务型实现形式与合作经营型实现形式的差异不大，因为这些地区普遍是经济发展水平较好的农村地区，农村居民有经济能力和客观条件建造较大面积的住房。高度集中型实现形式的人均居住面积低于前两者，可能的原因在于，这些地区的农户虽然具备相当的经济实力，但高度集中型实现形式的发展程度较高，接近城镇水平，村集体内部大多实行统一建房，实行集中居住，对该实现形式的人均居住面积隶属度有所影响。分散经营型实现形式的人均居住面积指标数值最小，说明虽然在宅基地资源相对充裕的地区，农民不受建设用地稀缺性这一客观条件的限制，但由于经济实力的欠缺，导致其人均居住面积无法有效扩大。

从房屋结构指标来看，高度集中型实现形式的数值为 1，这说明该实现形式下的农村居民所居住的都是钢筋混凝土结构的房屋，原因如上所述，是由于村集体内部大多实行统一建房、实行集中居住，或者是由于农村居民经济实力较强，能够依照邻近城镇建造现代式住房。合作经营型实现形式的现代住房比例略高于统一服务型实现形式，原因也在于地区发展水平和农民收入水平能维持一个相对高的水平。而分散经营型实现形式下的房屋结构指标数值明显偏低，仅有 0.277，可以说，房屋结构指标的低下在较大程度上影响了分散经营型实现形式的居住条件总体隶属度。原因在于，分散经营型实现形式存在于我国广大的传统农区，这些地区多分布于经济发展水平一般、区位条件不利的偏远地区。在这些地区，农村居民的房屋条件多为传统砖木结构，房屋质量普遍较差。

从水电供应方便程度和配套设施完善度指标来看，隶属度均处于良好水平。这主要来自我国对乡村基础设施及公共服务建设工作的加强。2016 年年末，建制镇建成区用水普及率达 83.86%，燃气普及率达 49.52%，人均道路面积为 12.84 平方米；全国 68.7%的行政村有集中供水，20%的行政村对生活污水进行了处理，65%的行政村对生活垃圾进行处理。① 在 4 种实现形式的基本类型中，高度集中型实现形式由于经济基础相对较好，其农村公共基础设施建设和公共服务能力较强，农村居民的水电供应方便程度和配套设施完善度都较高；合作经营型实现形式和统一服务型实现形式紧随其后；分散经营型实现形式由于集体经济薄弱以及受房屋结构类型限制，水电供应方便程度和配套设施完善度都相对较低。

从居住环境总体指标水平看，高度集中型实现形式和合作经营型实现形式的居住环境水平较高（0.716 及以上），统一服务型与分散经营型稍低（见图 3）。这与理论预期不太一致。人们一般认为，高度集中型实现形式或合作经营型实现形式地区由于离中心城区较近，噪声污染会相对严重，工业生产排放的废气和汽车尾气也会影响空气质量；而分散经营型实现形式或统一服务型实现形式一般处于城市的远郊，城镇化和工业化并未完全辐射到，绿化、空气及噪音状况都应优于其他实现形式。但实际的情况是，分散经营型实现形式地区存在化肥农药过量、畜禽粪便乱堆、垃圾污水无处理、秸秆焚烧等问题，对农田土壤、农村水环境和农村空气质量造成了污染和破坏，恶化了这些地区农民的居住环境状况，导致这些地区的居住环境福利偏低。

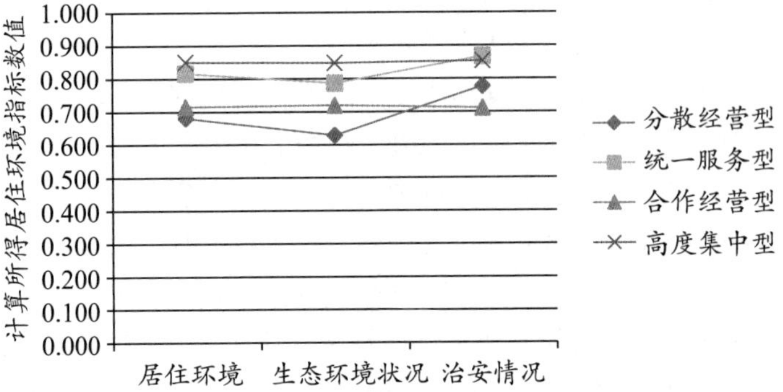

图 3　不同农村基本经营制度实现形式下的居住环境及其初级指标

（三）社会保障

从社会保障总体指标看，高度集中型实现形式（0.451）、合作经营型实现形式（0.424）、统一服务型实现形式（0.412）的社会保障状况没有明显差别，

---

① 住房和城乡建设部. 2016 年城乡建设统计公报 [N]. 中国建设报，2017-08-22.

而分散经营型实现形式下的农户社会保障水平较差，仅有 0.130（见图 4）。

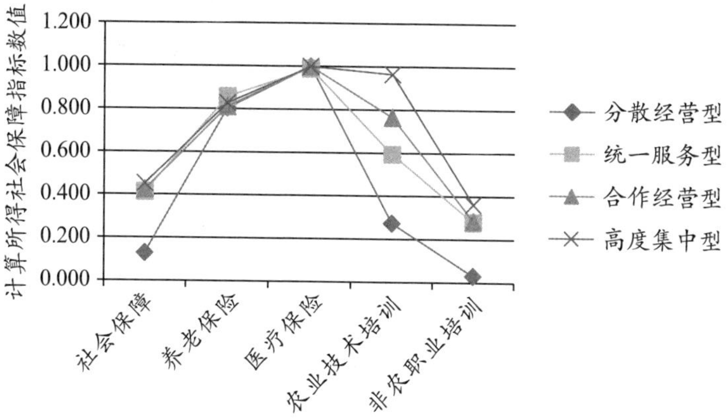

图 4　不同农村基本经营制度实现形式下的社会保障状况及其初级指标

从养老保险指标看，4 种实现形式类型的数值差异不大，均在 0.800 左右的水平。主要原因在于农村养老保险制度的实施在一定程度上减轻了农民的负担。虽然农村养老金不多，但也使农村居民年老时的基本生活多了一种保障。调研发现，参与农村养老金的农民最低每个月能够领到 80 元，最高的能够领到每个月 190 元（在 80～190 元区间，视地方而定）。因此，农村养老保险制度的实施总体上提升了农民的社会保障水平。

从医疗保险指标来看，4 种实现形式类型的数值几乎都在 0.999 的水平，接近于 1，说明农村居民参与医疗保险的比率非常高。这与我国深入推进社会保障制度改革、加快实施全民参保计划取得的成效紧密相关，我国基本医疗保险参保人数超过 13 亿人，覆盖率超过 95％。①

从农业技术培训指标来看，高度集中型实现形式、合作经营型实现形式、统一服务型实现形式、分散经营型实现形式的培训参与度依次降低，这与当地的农业社会化服务水平高度相关。在分散经营实现形式下，农户能够参与的农业技能培训一般仅来自村集体或各级农技推广机构组织，且农户的培训意愿相对较低，农业技能培训的供给和需求两方面都相对缺乏。统一服务型实现形式的统一服务能力有所增强，农业专业合作社、农业协会等主体能够承担一些培训功能，农户为融入市场也更愿意接受技能培训。合作经营型和高度集中型实现形式的组织及号召能力更强，农户与市场的融入程度更高，对新技能的接受

① 中华人民共和国国务院新闻办公室. 中国健康事业的发展与人权进步［M］. 北京：人民出版社，2017.

程度和掌握程度也高于其他实现形式，故参与农业技能培训的比例更大。

从非农职业培训指标来看，4 种实现形式类型的总体水平都不高，均在 0.400 以下。这说明虽然国家对农民工职业技能培训越来越重视，相继出台了一系列政策措施，但在实际操作过程中还是存在培训不足和效果不佳的现象。特别是在分散经营型实现形式地区，该指标仅有 0.031，说明鲜少有农民工接受过专业的非农职业培训，农民工素质还亟待提高。同时，统一服务型实现形式、合作经营型实现形式和高度集中型实现形式的非农职业培训指标相对较高，也从侧面说明，农村劳动力的有效转移和稳定就业，是进行土地经营权流转、实施适度规模经营、实现多形式联合与合作的不可或缺的重要前提。

（四）社区活动及公共服务资源

社区活动的总体评价结果显示，合作经营型实现形式和统一服务型实现形式的农户社区活动差异不明显，隶属度在 0.616，高度集中型实现形式的社区活动指标数值最大，达到 0.675，分散经营型实现形式的数值略低，为 0.590（见图 5）。

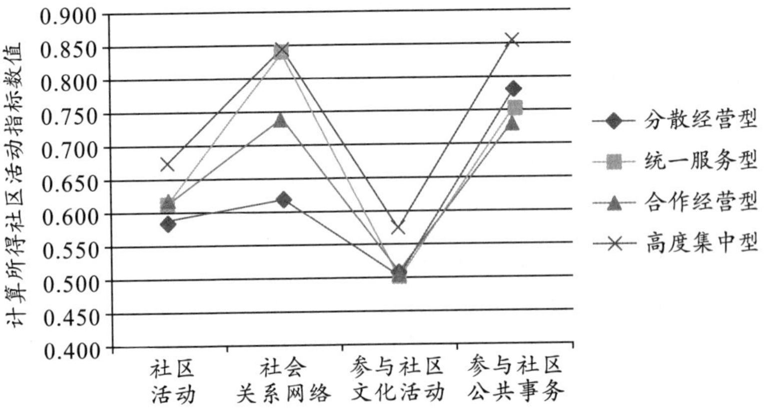

图 5　不同农村基本经营制度实现形式下的社区活动状况及其初级指标

从社会关系网络指标看，当被问及“您觉得村里的邻里关系如何”时，统一服务型、合作经营型和高度集中型实现形式地区的村民普遍反映所在村庄邻里关系和睦，大家互帮互助，较少产生矛盾和纠纷。当被问及“您家里有事一般会找谁帮忙”时，在高度集中型实现形式、合作经营型实现形式和统一服务型实现形式中，分别有 59.3％、44.8％和 47.6％的受访对象反映他们会寻求地缘（邻居、朋友、村里的能人大户、村干部）和业缘（同事、工友）帮助，说明除血缘及亲缘之外，这些村庄的村民之间社会联系比较紧密。分散经营型实现形式下，该指标隶属度为0.617，与其他实现形式相比偏低，说明在这些地区由于农业生产生活联系较为松散，农民的社会关系网络主要局限于血缘和亲缘，地缘和业缘关系拓展较少。

社区参与分为文化参与和社区公共事务参与，如图5所示，4种实现形式类型的文化参与指标普遍偏低，差异较小，分别为0.502、0.497、0.507和0.573。说明近年来我国农村的物质生活水平虽然不断提高，但精神文化生活却没能跟上时代的步伐。调研发现，农村文化阵地建设进展普遍缓慢，农民文化生活比较单一枯燥，许多村民顾不上文化活动，即使有也是图个热闹，且大多以广场舞和自行锻炼为主，偶尔在经济发展水平和农民文化素质较高的地区，还能开展一些小众化的文化活动，如读书活动、诗歌比赛、书画比赛等。总体来说，当前农村文化活动的范围、档次和水平都普遍偏低。

不同实现形式的政治参与指标隶属度都较高，说明随着经济社会的不断发展，公众的政治意识逐渐增强，政治素质得到一定提升，基层乡镇治理中农民政治参与的意愿和水平不断提高。其中，高度集中型实现形式下的农民政治参与度高于其他实现形式，可能的原因有以下几个方面：一是经济因素。高度集中型实现形式中集体资产由全体成员共同所有，集体资产的组织、运营、分配和村民自身的经济利益切身相关，政治参与虽然需要耗费农民大量的时间和精力，[①] 但其所获得的收益却是明确的。因此，这些地区的农民更愿意参与到村庄的治理中，而集体经济条件较差地区的农民则没有闲暇和条件去考虑政治参与的问题，自身也缺乏政治参与的物质基础。二是制度因素。由于高度集中型实现形式下农民进行政治参与的意愿较为强烈，在发展的过程中，这些地区形成了相对健全的政治参与运行机制和程序，能够保证农民利益表达的制度化渠道的畅通，与其他实现形式相比，农民政治参与的渠道比较广，农民制度化参与效率较高。三是文化因素。高度集中型实现形式下农村的教育水平和农民整体文化素质相对较高（平均受教育年限为8.92年），这进一步提高了农民政治参与的能力。

从公共服务资源指标看，其隶属度由高度集中型实现形式、统一服务型实现形式、合作经营型实现形式、分散经营型实现形式依次下降，这与一般逻辑相符，因为较高的经济发展水平意味着政府较强的财政公共服务投入能力，可改善一地的教育、医疗及就业资源状况，增进农户的福利水平。

---

① 杨炼. 影响农民政治参与的四大因素［N］. 学习时报，2014-08-11.

（五）心理因素

从心理因素总体指标看，高度集中型实现形式的农户主观幸福感保持在较高水平，合作经营型实现形式和统一服务型实现形式紧随其后，保持在相当水平，分散经营型实现形式的农户心理因素稍差（见图 6）。

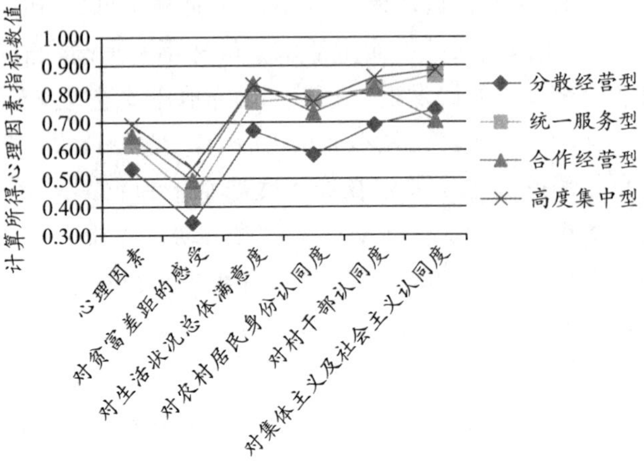

图 6　不同农村基本经营制度实现形式下的心理因素及其初级指标

在对贫富差距的感受方面，从数据来看，农村居民对收入差距的观感较为强烈。其中，高度集中型实现形式由于普遍实行按劳分配的分配方式，农民的直观感受更为公平一些。此外，集体经济组织成员能够享受较好的公共福利，进一步缓和了居民收入差距带来的冲突感，因而在该指标的表现上优于其他实现形式。合作经营型实现形式采取按劳分配和按要素分配相结合的分配方式，因而成员之间出现一定的收入差异也符合一般逻辑。但总体来说，农村居民参加土地股份合作社或社区合作社的比例和范围较大，也不会出现贫富差距过大的情况。统一服务型实现形式中，当地的新型农业经营主体主要是农业企业、专业合作社等，这些经营主体的经济效益一般都明显优于普通农户，而它们与普通农户之间的利益联结方式通常是较为简单的土地租赁、技术指导、提供工作机会或订单合作形式，对于经济收益的分享程度不及前两种实现形式，故这种类型下的农村居民会感受到一些贫富差距。分散经营型实现形式下，虽然人均家庭纯收入的绝对水平（6742 元）明显低于其他实现形式，说明这些地区的农村居民收入水平普遍不高，但其对收入相对差距的感受也不佳，原因可能在于他们选择的对比对象不是收入普遍偏低的本村村民，而是周边发展较好的村庄，这也从侧面反映出这些经济收入较低的农户内心强烈的落差感。

对生活状况总体满意度方面，合作经营型实现形式和高度集中型实现形式的水平最高，为0.830及以上，这是农户综合自身经济收入水平、居住条件、社会保障、公共服务资源等方面得出的主观感受。该指标直观反映了农民对自身所处环境及生活状况的评价，说明合作经营型和高度集中型实现形式下的农户对自身生活总体满意程度较高，这与前文的评价结果相一致。统一服务型实现形式下的农户生活满意度有所降低，分散经营型实现形式的水平在四者中最低。

在对农村居民身份认同度方面，由于合作经营型实现形式和高度集中型实现形式下的农业生产效率和农民收入水平均较高，农户对“农民”这一居民身份或职业身份的认同感均较高。当被问及“您对农民这个身份感觉如何”时，合作经营型实现形式和高度集中型实现形式下分别有52.6%和26.7%的人认为农民身份“还不错”，34.9%和63.8%的人认为农民身份“很好”，说明这两种实现形式下的农村居民能够较好地实现身份认同的自我和谐。分散经营型实现形式下的农户由于务农比较收益低、基础设施薄弱、公共服务资源欠缺而明显地感觉到与城镇居民之间的福利差异，对农民的身份认同度较低。

在对村干部认同度方面，由于高度集中型实现形式的集体经济组织实力较强、基层凝聚力较高，农户对村干部的责任心、能力、权威和号召力比较认可；由于按劳分配和高福利制度的实施，村民也能切实地感受到社会主义的优越性和集体主义的活力与实力。同样，合作经营型和统一服务型实现形式下的村干部由于经常要与农户进行沟通、实现合作，从而日常发生的联系比较广泛。此外，集体组织与村民之间紧密的利益相关关系也在客观上要求这些地区实现基层治理体系和能力的规范化和现代化，因此农民对村干部的认同度也较高。在分散经营型实现形式下，村集体经济组织的薄弱使得干群关系比较松散，村干部号召力不足；村民们也可能因村干部无法带领他们走上致富道路而对其能力不太认可。令人欣慰的是，虽然分散经营型实现形式下的农户总体心理因素指标相较其他实现形式偏低，但对社会主义及集体主义的认同度却并没有明显的区别。认同度虽然不及高度集中型和合作经营型实现形式，但还能够和统一服务型实现形式保持相似水平。这说明农村居民虽然认为许多农业经营体制机制还有改进和创新空间，但对家庭分散经营的基本制度认可度依然较高。

四、结论与启示

本文在森可行能力框架下运用模糊评价法，从农户家庭经济状况、居住条件、居住环境、社会保障、社区活动、公共服务资源及心理因素7个方面评价了我国农村基本经营制度实现形式的4种基本类型下农户的福利情况，结果发现：①从总体功能福利的情况来看，高度集中型实现形式的福利水平显著高于分散经营型实现形式，统一服务型实现形式和合作经营型实现形式之间的福利指数比较接近。②从家庭经济状况、社会保障状况和心理因素来看，高度集中型、合作经营型、统一服务型实现形式的差异不显著，分散经营型表现相对较差。③从居住条件、社区活动和公共服务资源来看，合作经营型和统一服务型实现形式的状况比较接近。④高度集中型实现形式除居住条件方面之外，其余各方面的福利表现均较好，特别是公共服务资源方面明显优于其他实现形式。⑤分散经营型实现形式在农户福利考察的各方面表现都欠佳，特别是社会保障方面，明显劣于其他实现形式，说明广大传统农业地区的农村居民的生存能力和就业能力仍亟须保障和加强（见图7）。

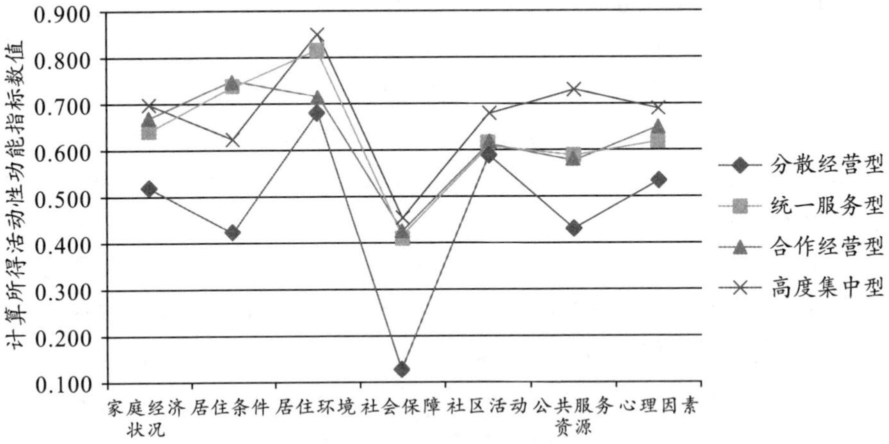

图7　不同农村基本经营制度实现形式下的活动性功能指标

基于以上结论，本文提出以下建议。

推动农户联合与合作经营，改善农民家庭经济状况。调研发现，分散经营型实现形式下的自给自足、小家小户式的农业生产方式不仅难以获取较高的农业经营效益，农户的兼业化、弱质化不仅影响农户家庭经营性收入的获取，还会进一步影响农村居民更好地获得工资性收入和财产性收入。不管是统一服务型实现形式、合作经营型实现形式还是高度集中型实现形式，都在不同程度上实现了农业经营不同环节上的联合与合作，有效改善了农村居民的家庭经济状况。而家庭经济状况会进一步对农村居民的居住条件、社会保障、社区活动和心理因素产生正面的促进效应，因而要从整体上改善农民的福利状况，应抓住发展现代农业和提高收入水平这个“牛鼻子”。同时，通过培育新型农业经营主体、探索组织形式与合作方式创新、实现农业适度规模经营，还能增强集体经济组织经济实力和凝聚力，为改善农民居住环境、丰富社区活动、加强社会保障能力、加大公共服务投入力度和提升农村居民认同度打下牢固基础。

加大公共服务投入力度，改善农民总体福利水平。合作经营型实现形式和统一服务型实现形式下的农村居民家庭经济状况及其他福利功能性指标与高度集中型实现形式之间的差异均不明显，仅公共服务资源状况一项的水平较之偏低，说明这两种实现形式的公共服务投入力度还有进一步改善的空间。可以从以下几个方面着手：优化配置教育资源，使农村居民子女享受到现代化的优质教育资源；提高卫生资源的配置利用效率和可及性，提高乡镇卫生服务机构的基本公共卫生服务和基本医疗服务能力；推进公共文化设施建设，开展丰富多彩的群众性文化活动，丰富农村居民的精神文化生活，促使居民建立良好的人际关系，增强其社区归属感。①

加强社会保障能力，注重农民的农业技能及就业技能培训。在福利水平的各项功能性指标中，农村居民的社会保障水平明显偏低，严重影响了其总体福利水平。其中，社会保障能力的低下又主要是由农业技能特别是非农就业培训的欠缺造成的，说明在农村劳动力转移的过程中，农民还缺乏稳定的就业能力和素质。因此，在农村基本经营制度的各种实现形式下，都应加强农业技能培训，提高农民接受和运用现代科学技术的程度和能力，使农业不仅能够维持生计，还可奔小康、能致富。同时，也要不断加强非农职业技能培训，加速农民向新型产业工人转化，提升农民在城镇就业的机会和能力，实现农村劳动力的有效转移，为实现规模经营、发展现代农业打下坚实的基础。

---

① 蒋和胜，费翔，唐虹．不同经济发展水平下集中居住前后农民的福利变化——基于成都市不同圈层的比较分析［J］．经济理论与经济管理，2016（4）．

改革开放 40 年
我国财政支农政策的成效、问题与展望*

邓菊秋　王祯敏　尹志飞①

摘　要：改革开放 40 年来，我国财政支农政策在“多取少予”“多予少取”“只予不取”理念下不断调整和改革，逐步形成了比较完整的政策体系。这些政策极大地提高了农业综合生产能力，促进农村基础设施建设和社会事业发展，增加了农民收入，减少了农村贫困人口。然而，现行财政支农政策存在缺乏长远规划、目标不清晰、投入力度不够、支出结构不合理、资金使用绩效差等问题。为实现乡村振兴和农业现代化目标，本文认为财政支农政策应当有长远规划和明确的目标，确保财政资金投入的数量，调整财政资金使用方向，加大绩效评估力度，提高资金的使用效率，完善和创新财政支农资金的管理机制。

关键词：改革开放；财政支农政策；成效；展望

“三农”问题是关系国计民生的根本性问题，党中央始终把解决好“三农”问题作为全党工作重中之重。财政支农政策是促进“三农”发展的重要财力保障和物质基础。改革开放 40 年来，我国陆续出台了“三农”的支持和保护政策，形成了比较完整的、多样化的财政支农政策体系。这些政策具有明显的“阶段性、公益性和层次性”特征，极大地提高了我国农业综合生产能力和粮食产量，推动了农民收入的增长和农村经济社会事业的发展。在乡村振兴战略和实现农业现代化的背景下，总结我国改革开放以来财政支农政策的成效与不足，探讨新时代财政支农政策的目标和手段，具有十分重要的现实意义。

---

* 基金项目：2017 年度四川大学中央高校基本科研业务费研究专项项目（skqy201743）。

① 作者简介：邓菊秋，四川大学经济学院教授、博士生导师，研究领域为财政学。
王祯敏，四川大学经济学院博士研究生，贵州财经大学副教授，专业方向为政治经济学。
尹志飞，四川大学经济学院硕士研究生，专业方向为税务。

一、财政支农政策的阶段性转变

制定财政支农政策要综合考虑经济发展水平、国家财力、发展目标等因素。改革开放40年来，国家根据经济发展阶段和发展目标，制定了相应的财政支农政策，逐步形成了比较完整的、多样化的财政支农政策体系。我国财政支农政策的发展演变经历了4个阶段。

（一）不同时期财政支农政策的主要内容

1. 多取少予的财政支农政策（1979—1993年）

改革开放初期，面对农业发展落后、粮食供给短缺等问题，国家通过提高农产品收购价格、减免税收等措施刺激农民的生产积极性，直接或间接地增加了财政支农支出。然而，受财政赤字所限，国家减少了对农业的直接投入。工业化初期“以农补工”的政策开始调整，但对农业的投入仍不及农民缴纳的税收。

（1）提高农产品收购价格。

为了改变工农产品不合理的比价关系，1979年国家提高了18种农产品的收购价格，涨幅达到21%，以后又多次提高农产品收购价格，逐步放开农产品价格。1993年与1978年相比，农产品收购价格总指数上升了214.7%。农产品价格上涨极大地刺激了农民种粮的积极性。

（2）补贴农业生产资料生产企业。

为了支持农业生产，国家要求农药、化肥、农机等生产资料生产企业按照优惠价出售给农民，并对这些企业实行价格补贴。表面上看是对企业补贴，实际上是农民受益。1978—1993年累计补贴金额为607.3亿元。

（3）降低农业税税负。

为了加快农业发展，国家对农业税征收坚持“增产不增税”的政策。1979—1982年采取农业税起征点办法，对口粮、收入水平在起征点以下的免税；1983年实行对贫困山区的照顾政策。农业税税负从1978年的4.4%下降到1993年的2.4%。

（4）设立农业发展基金。

为了拓宽财政支农资金的来源，国家开征耕地占用税，设立农业发展基金，用于农业综合开发项目。重点综合治理山林水路，改造中低产田，开垦荒地。

2. 少取多予的财政支农政策（1994—2003 年）

社会主义市场经济体制确立以后，我国工业化和城镇化快速发展，对农产品的需求压力加大。由于粮食价格需求弹性较小，粮食产量的提升又使得粮价下跌，城乡居民收入差距拉大。与此同时，农民的负担增长速度超过了农民维持农业扩大再生产的能力。农业发展的瓶颈制约着国民经济的发展。因此，国家实行少取多予的财政支农政策，并且在《农业法》中明确要求财政对农业投入的增长幅度应高于财政经常性收入的增长幅度。

（1）加大对农业基础设施建设投资。

由于 20 世纪 80 年代农业基本建设投资占全国基建投资比重下降，1994 年政府开始加大对农业基础设施的投资力度，特别是 1998 年国家发行特别建设国债，投资重要水利工程设施、天保工程等项目。1998—2003 年，中央财政投入农业农村基础设施建设资金达到 3500 多亿元。

（2）减轻农民税费负担。

20 世纪 80 年代，农民承担了农业税、村提留、乡统筹、各种集资、罚款、摊派等负担。沉重的税费负担影响到国民经济的持续发展和社会稳定。1994 年，安徽省率先实行“税费合并，折实征收”为主要内容的农村税费改革试点。2000 年，全面推进农村税费改革，实行“三取消、两调整、一改革”。乡村义务教育、计划生育、优抚等所需资金纳入财政预算安排。

（3）改革财政支农管理体制。

针对过去财政支农资金管理粗放、浪费严重等问题，国家规范财政支农资金预算的编制和支出的管理。在财政扶贫和农业综合开发领域中，借鉴世界银行项目管理方法，建立起了项目库制、专家评审制、报账制、绩效评估制度等。

3. 只予不取的财政支农政策（2004—2012 年）

21 世纪初，我国已进入工业化中期阶段，国民经济的发展具备“以工促农、以城带乡”的条件。经济的快速发展也带来了可观的财政收入，2004 年财政收入突破 2.5 万亿元。党的十六大提出要统筹城乡经济社会发展和新农村建设。因此，中央提出新增财政支出和固定资产投资要向“三农”倾斜，出台了强农惠农政策，形成了只予不取的财政支农格局。

（1）取消农业税，增加农村税费改革转移支付。

2006 年，全部免征农业税。取消农业税使农民负担总额减少约 1250 亿元。中央设立了农村税费改革转移支付，通过转移支付给地方补助，重点向农业大省、民族地区和财政困难地区倾斜。

（2）改变财政支农方式，对农业生产实行直接补贴。

为了改变对粮食流通领域的补贴不能使农民获益的弊端，2004 年以来，国家改变了补贴方式，实施了粮食直补、农机具购置补贴、良种补贴等 4 项补贴。国家不断扩大财政补贴范围，提高补贴标准，增加补贴规模，完善补贴管理办法。从 2011 年开始，国家调整增量补贴资金使用方向，新增补贴重点向种养大户、农民专业合作社及各种生产服务组织倾斜。

（3）逐步将农村社会事业发展纳入财政保障范围。

国家推进公共财政建设和城乡统筹发展，把农村义务教育纳入财政保障范围，对农村义务教育实行“两免一补”政策，提高了农村中小学公用经费保障水平。财政大力促进农村文化事业发展，推进文化工程建设，先后实施广播电视村村通、乡镇综合文化站建设、信息资源共享等工程。国家逐步建立起了新型农村合作医疗制度和养老保险制度。各级财政对新农合的人均补助标准从起初的 20 元提高到 2017 年的 450 元，对新农保中的基础养老金部分人均补助额从 2009 年的 55 元提高到 2018 年的 88 元。

4. 2013 年以来的财政支农政策

党的十八大指出，我国进入全面建成小康社会决定性阶段。城乡发展一体化是解决“三农”问题的根本途径，把国家基础设施建设和社会事业发展重点放在农村，深入推进新农村建设和扶贫开发。这一时期继续坚持工业反哺农业，采取“多予、不取、放活”的财政支农政策。财政支农政策的重点在于产业、生态和扶贫。

（1）加大对农业产业和生态环境的补贴力度。

推动农业三项补贴改革，支持耕地地力保护和粮食适度规模经营，新增补贴向粮食等重要农产品、新型农业经营主体、主产区倾斜。优化农机购置补贴，加大对粮棉油糖、畜禽养殖和饲草料生产全程机械化所需机具的补贴力度。加大对保护性耕作、深松整地、秸秆还田等绿色增持技术所需机具的补贴力度。

（2）创新财政支农方式。

政府积极引导社会资本投入到农业农村，通过政府和社会资本合作、政府购买服务、贷款贴息、设立产业发展基金等方式，通过“以奖代补”支出方式，提高财政资金使用效率，充分发挥财政资金“四两拨千斤”的作用。

（3）财政扶贫开发政策体系逐渐形成。

为了支持贫困地区改善生产生活条件，促进贫困地区社会经济发展，构建起了财政扶贫开发政策体系，由专项扶贫、改善民生、教育扶贫工程等多方面构成。中央财政用于农村扶贫开发的投入力度不断加大，设立了财政扶贫资金、国债资金等专项扶贫资金。

（二）财政支农政策取得的成效

发展中国家的经济成长，有赖于农业迅速稳定的增长。改革开放以来，国家通过加大农业投入，增加补贴标准，扩大补贴范围等措施，逐步构建起促进“三农”发展的财政支农政策体系，极大地提高了农业综合生产能力和农民的收入水平，也推动了国民经济的发展和产业结构的优化。

1. 农业综合生产能力显著提高

1978 年以来，国家不断投入资金进行农业综合开发，综合治理山水林田，改造中低产田，开垦荒地。中央通过对农机具实施购置补贴提升了农业机械化水平。1978 年，全国农业机械总动力为 11750 万千瓦，2013 年达到 10.60 亿千瓦。① 中国耕种收综合机械化水平持续提高，2013 年达到 59%。农业综合生产能力稳步提高。粮食产量从 1977 年的 2.8 亿吨迅速上升至 1984 年的 4.1 亿吨，7 年间增长了 44%。2014—2018 年连续 5 年超过 6 亿吨。20 世纪 90 年代中后期，我国主要农产品供求由长期短缺转变为“总量基本平衡，丰年有余”。

2. 农村基础设施建设成效显著

随着财政投入的逐年增加，农村公路、供水、供气、电网、物流、信息、广播电视等基础设施不断完善，农村生产生活条件明显改善。一是农村交通条件得到极大改善，1978 年，我国农村公路仅有 58.6 万公里，2017 年底全国农村公路达 400.93 万公里。二是农村供水质量和能力提高，解决了 6300 多万人的饮水安全问题。三是农村供电能力显著增强。绝大部分农村地区实施了农村电网改造，实现农村用电同网同价，促进了农业生产。四是农村信息化水平逐步提升，实现了乡乡能上网、村村通电话、广播电视村村通，稳步推进了农业生产、经营、管理和服务信息化。2016 年，实现了城乡宽带网络全覆盖，完成了30000 个行政村通光纤，为农村电商、物流、农产品流通市场建设奠定了基础。

3. 农村社会事业快速发展

改革开放 40 年来，农村教育、医疗卫生、社会保障等事业得到长足的发

① 数据来源：中华人民共和国国家统计局. 中国统计年鉴－2014 [M]. 北京：中国统计出版社，2014.

展。一是农村基础教育稳步发展。农村劳动者的整体素质稳步提升，受教育程度提高到8年左右，带动全国人口平均受教育程度从20世纪80年代的不到5年提高到现在的11年左右。二是农村医疗卫生基础设施条件也得到改善，全国基层医疗卫生机构达920770个，其中村卫生室比率高达69.4%。三是农村社会保障体系逐步完善。目前，新农合、新农保基本覆盖所有农村居民，已实现了医疗保险、养老保险的城乡一体化。

4. 农民收入逐年增加，城乡收入差距呈收敛趋势

在农民的收入结构中，转移性收入比重逐步提高。转移性收入是指农民在二次分配中的所有收入，主要是财政补贴。财政对农业生产、农民消费等环节补贴，直接或间接地增加了农民的收入。1997年，农民获得转移性收入人均79.30元，占纯收入的比重仅为3.8%；2016年，人均转移性收入增加到2328.20元，占纯收入的比重为19%。农民恩格尔系数呈逐年下降趋势，从1978年的0.677下降到2017年的0.293。[①] 城乡居民收入差距有所收敛，由2005年的3.22∶1减少到2017年的2.71∶1。

5. 农村脱贫减贫初见成效

我国探索出了一套适合中国国情的财政扶贫实践经验，为全球贫困治理做出了贡献。中国贫困人口从1981年的8.78亿人减少为2013年的2517万人，中国对全球扶贫的贡献率为75.7%。仅2014—2018年中央财政投入专项扶贫资金就达到2800多亿元，全面推进精准扶贫精准脱贫，为决胜全面小康奠定了坚实基础。

（三）我国财政支农政策运用的经验总结

改革开放40年来，我国农业农村经济社会发展实现了历史性跨越，农业生产持续发展，农村经济全面繁荣，农民生活显著改善。40年财政支农的实践积累了宝贵的经验，主要是坚持党的领导和发挥政府的主导责任，坚持巩固和加强农业基础地位，持续不断地增加对“三农”的投入，坚持财政支农管理体制的创新。

1. 坚持党对农村工作的领导作用和政府的支农责任

坚持党对农村工作的领导是推进农村改革发展的政治保证。我国始终坚持党管农村工作、乡村社会管理、村民自治有机统一。党中央根据经济社会发展

① 数据来源：笔者根据中国统计出版社1979—2017年出版的《中国统计年鉴》整理得出。

阶段，适时调整财政支农政策和管理体制，充分调动农民的积极性和主动性。支持和保护农业是政府的应尽之责，注重发挥政府的主导责任，基本明确中央和地方政府的支农职责。

2. 坚持农业在国民经济的基础地位不动摇

我国地少人多、农业落后，必须把农业放在国民经济的基础地位，建立起健全的保护与支持“三农”的政策体系。实践表明国家重视农业，政策有方、执行有力的时候，也是我国农业快速发展、农民收入增长稳定的时候。国家从宏观战略高度着眼，坚持把农业放在国民经济的基础地位，不断完善对农业的支持与保护政策。

3. 财政支农政策连续性与阶段性目标相结合

在财政支农的规模逐渐增加的情况下，财政支农的重点也在调整。改革开放初期，财政支农的重点在于促进粮食生产，提高农民收入水平。进入21世纪后，财政支农的重点转为农业生产与农村社会事业发展并重。财政支农范围也从支援农业生产、农业综合开发向农业科技、农村教育、医疗卫生、社会保障、生态环境等方面拓展。在社会经济发展的不同阶段，财政支农政策进行了相应的调整，体现出政策的连续性与阶段性目标相结合的特征。

4. 坚持创新财政支农政策机制和管理体制

随着改革的深化和政策重点的转移，财政支农体制机制也在创新中完善。财政支农的手段和方式多样化，从对农产品流通领域的财政补贴转变到对农民的直接补贴，从减税到免税，从财政直接投资到财政引导社会资本进入等，都体现出财政支农政策的创新。为了提高财政支农资金使用效率和引导作用，财政部门加大绩效评估力度，加强农业科技创新和成果转化，强化以公益性为主的多元化农业技术推广服务，建立健全社会化服务体系。

二、当前财政支农政策存在的问题

改革开放以来，我国财政支农政策不断调整、完善，对我国农村经济社会发展做出了巨大贡献。然而，与我国农业现代化的要求和发达国家的财政支农政策相比，现有的财政支农政策存在目标不清晰、资金总量不足、结构不合理、绩效较差、管理机制不完善等问题。

（一）财政支农政策缺乏长远规划和明确目标

我国财政支农政策目标随着发展阶段的变化而调整，从支持农业生产为主到支持农业生产与农村社会事业发展并重，再到支持农业产业发展和生态环境保护为主。这些政策基本上是着眼于解决现实问题，缺乏长远的规划和明确的目标。《全国农业现代化规划（2016—2020年）》提出了明确的农业现代化目标，却没有相应的财政支农计划来实现这些目标，没有刚性指标来确保财政支农投入的增加。

（二）财政投入总量不足、结构不合理

财政支农支出占第一产业增加值的比重反映出财政对农业的实际支持程度，比例越高，说明财政对农业支持程度越高。财政支农支出占第一产业增加值的比重从1997年的5.37%增加到2016年的10.1%，我国财政对农业的投入总体规模仍然偏小。

财政支农资金结构不合理。有限的支农资金直接用于农业基础设施、农村救济、农村科技三项费方面的财政资金比例较低，在绿色农业、农业技术推广、农业科研支持、农产品质量安全等方面投入不足。2016年，财政农业支出总额4004.95亿元，其中，农业事业运行费占农业支出总额的16.7%，农业生产资料与技术补贴占比高达40.1%，而用于技术推广与培训支出仅占9.7%（见表1）。

表1　2010—2016年财政农业支出总额与比重

年份	事业运行（亿元）	事业运行占比	技术推广与培训（亿元）	技术推广与培训占比	农业生产资料与技术补贴（亿元）	农业生产资料与技术补贴占比	农资综合补贴（亿元）	农资综合补贴占比	其他农业支出（亿元）	其他农业支出占比	五项合计（亿元）
2010	321.16	14.5%	284.13	12.8%	444.36	20.1%	721.41	32.6%	442.45	20.0%	2213.51
2011	386.62	15.4%	299.51	11.9%	1134.44	45.2%	112.52	4.5%	579.16	23.1%	2512.25
2012	437.28	14.4%	364.18	12.0%	554.57	18.3%	989.59	32.6%	688.37	22.7%	3033.99
2013	485.37	14.7%	353.27	10.7%	546.86	16.6%	1014.39	30.8%	890.83	27.1%	3290.72
2014	508.48	14.9%	405.37	11.9%	531.02	15.6%	1019.21	29.9%	947.49	27.8%	3411.57
2015	609.15	16.3%	419.39	11.2%	756.00	20.3%	755.87	20.3%	1189.57	31.9%	3729.98
2016	668.66	16.7%	390.12	9.7%	1605.55	40.1%	—	—	1340.62	33.5%	4004.95

（三）支农项目多头管理、绩效较差

财政支农政策涉及面广，在财政预算中约有16个大类40多个科目。涉农

资金管理主体十多个，部门间沟通协调难度较大，难以形成合力。有限的资金由多个部委来分配，资金“撒辣椒面”的现象普遍存在，过于分散的资金安排难以发挥集中优势。由于拨付渠道过多、管理多头化、监督不到位、投入重点不明确、精准度不高等原因，造成支农资金使用的绩效较差。

（四）财政支农管理机制亟待完善和创新

支农资金管理流程涉及中央、省、市、县以及乡镇五级，支农资金投入以国家和省级为主导，市县配套为辅助。这种管理方式会带来财政支农审批环节过多、管理复杂、管理成本高等弊端。管理上对财政支农项目的监督不够，缺乏第三方监督，信息披露不足，导致监管存在真空地带。

三、我国财政支农政策的展望

我国已经开启全面建设社会主义现代化国家新征程。农业现代化是整个国民经济现代化的基础和重要前提。加快推进农业农村现代化，要有明确的财政支农目标和手段，持续增加财政投入，优化资金使用方向，重点支持农业产业化，促进农产品质量和竞争力的提升。

（一）制定清晰的财政支农政策的目标

党中央为我国农业发展绘制出路线图：到 2050 年，乡村全面振兴，农业强、农村美、农民富全面实现。实现这些宏伟蓝图都需要财政的大力支持。财政支农政策应当根据我国“三农”发展战略制定财政支出目标。比如，《全国农业现代化规划（2016—2020 年）》中，农田有效灌溉面积在 2020 年要达到 10 亿亩。要实现这个目标，需要确定每年财政支农的资金规模和投入方向，确保财政支农资金到位。

（二）增加财政支农资金的规模、调整财政投入结构

要切实落实《中华人民共和国农业法》中规定的每年用于农业的支出不得低于经常性财政收入增长的要求，落实财政支农资金“三个高于”的硬性要求。要调整财政基本建设投资、文教科卫支出在城乡之间分配的比例，逐渐加大对“三农”投入的力度，力争在 2035 年，财政支农支出占第一产业增加值的 25%。优化财政投入支农的科目结构。压缩农林水气象等部门的事业费，增加基础设施建设投入，尤其是要增加农业科技投入。加大中央财政对基础研

究的支持力度，鼓励农业基础研究，从而促进技术、管理的创新，提高农业生产率。

（三）整合支农项目，加大绩效评价

按照中央提出的“大专项+工作清单+集中下达”的整合模式，由财政部整合不同部委的同类专项，或者将有些部门的支农资金分配权收归财政部，由财政部根据支农目标进行分配，确保财政支农资金使用的规范度和效果。建立健全财政支农的绩效指标体系，完善调整绩效评估方法，使评估体系更加科学、合理，扩大绩效评估范围，加强对绩效评估结果的运用，将绩效评估结果与预算资金安排挂钩，从而促使整体绩效水平的提高。

（四）完善和创新财政支农管理机制

在明确界定各级政府财政支农责任的基础上，各部委主要负责涉农行业的发展规划和资金需求规划，充分发挥财政部门对支农资金的分配和调控权限。下放支农项目的审批权限，增强省对财政支农资金的配置功能。县级相关部门负责支农资金的具体使用方向和范围，并确保资金使用合规。在资金使用过程中，充分尊重农民的意愿，拓宽“一事一议”事项范围，逐渐改变长期以来的财政支农资金“自上而下”的决策机制。建立起严格的财政支农资金监督机制。审计部门不仅要加大对财政支农资金的审计力度，还要提高支农资金使用的透明度，确保专款专用，杜绝支农资金被挤占挪用等违法违规行为的发生。

乡村城镇化的市场驱动模式与实现路径

——以成都市福洪镇为例*

姚树荣　周毓君①

摘　要：汲取政府主导城镇化模式的教训，走出一条市场驱动的乡村城镇化新模式，对我国实施乡村振兴战略具有重要的现实意义。成都市福洪镇以市场化方式吸引社会资本参与土地综合整治，将村庄整理与乡镇改造相结合，走出了一条“既化地又化人”、村镇融合发展的新路。与政府主导模式相比，市场驱动模式在产业发展、人口集聚、土地取得、资金筹集方面更具持续性和内在合理性。乡村城镇化转型面临着一系列制度瓶颈与问题，迫切需要加快相关制度的创新与供给，包括构建市场化土地整治与建设用地指标交易机制，建立城乡统一的建设用地制度体系，破除人口跨乡镇聚居的制度藩篱，更好地发挥政府作用等。

关键词：乡村振兴；乡村城镇化；市场驱动模式；实现路径

党的十九大把乡村振兴列入国家的重大战略，为破解城乡发展不平衡、乡村发展不充分的难题指明了方向。2018 年中央一号文件描绘了到 21 世纪中叶乡村振兴的愿景，为解决“三农”问题提供了具体行动指南。中农办主任韩俊在解读 2018 年一号文件时强调，实施乡村振兴战略，必须抓住“钱、地、人”等关键环节，破除一切不合时宜的体制机制障碍，强化乡村振兴的制度性供给。破解“钱、地、人”等关键问题，通常有两种思路，一种是在政府主导下通过行政的办法破解，另一种是在政府引导下通过市场的力量破解。本文认

* 本文系国家社科基金一般项目“基于地权演化视角的美丽乡村共建共享共治机制研究”（编号：17BJL087）、四川大学中央高校基本科研业务费项目“精准脱贫视域下城乡建设用地增减挂钩政策的拓展与完善研究”（skzx2016－sb53）阶段性研究成果。

① 作者简介：姚树荣，四川大学经济学院教授、博士生导师，研究领域为政治经济学，资源与环境经济学，产业经济学。

周毓君，四川大学经济学院硕士研究生，专业方向为产业经济学。

为，汲取以往政府主导城镇化模式的教训，走出一条市场驱动的乡村城镇化新模式，对我国实施乡村振兴战略具有重要的现实意义。

一、文献综述

新中国成立以来，在长期的计划经济条件下逐步形成了城乡分离的二元制度、以行政区划为基础的城市行政体制以及相应的配套政策措施，使得政府能够以户籍、土地等政策手段强力推动人口向城市集聚，在短时期内实现了城市的快速增长。但随着城镇化的深入推进，政府主导模式的弊端开始显现。一方面，农民没有享受到与城市居民同等的公共服务，城市高昂的生活成本使进城务工的农民面临巨大经济压力；另一方面，政绩工程、土地制度和土地等要素的行政配置方式形成了资本和土地密集型的城市自我现代化，城镇化通常被简单化为城市投资、城市建设，各地城市建设用地规模加速扩张，企业盲目圈地，地方政府以地生财，造成土地资源浪费。同时，政府往往片面强调大城市的发展，忽视中小城镇的建设，城镇化的空间格局很不均衡。

从城市发展的起源来看，公共产品供给的规模效益与经济要素集聚的交易效率是城市孕育、发展、成熟的动力，城市是代表公共产品的“城”与代表市场交易的“市”的融合。正如科斯将企业解释为节约交易成本而存在的组织形式，城镇也可解释为节约交易成本而形成的组织形式。交易在某一空间集中是人类自发选择的结果，在这一选择下，每个人都实现了交易成本的节约，而随着交易集中以及随之而来的人口集聚，其他因素会逐渐生成助推城镇发展。因此，城镇化应当回归城镇的本质，坚持市场驱动、政府做好监管和服务的协同机制。市场驱动，就是让市场机制成为资源配置的决定性因素，让集聚成为个人、企业的自觉行为，让城镇化成为农村社区、乡镇企业、农民家庭或个人等民间力量发动的一种由市场力量诱导的自发型的诱致性制度变迁；政府做好监管和服务也是现代市场经济的必然要求，是为了避免市场失灵，平等维护市场主体权利，保持市场经济有序运行，保障基础设施和公共服务有效供给；通过二者的协同，实现人口与土地城镇化的均衡发展、城市与乡村的均衡发展。

纵观学术界的讨论，政府主导城镇化模式的问题及原因已有了较为深入的分析，城镇化由政府主导转向市场驱动也基本达成共识。随着乡村振兴战略的逐步实施，政府应有意识地转变观念，摆脱行政驱动的路径依赖，更多地运用市场力量去破解钱、地、人等关键问题，并将乡村建设与新型城镇化联系起来协同推进。有鉴于此，本文以成都市福洪镇为例，通过案例剖析与对比研究，以清楚地阐释怎样通过市场驱动方式实现乡村振兴，揭示市场驱动模式的内在合理性，指出从政府主导向市场驱动转型过程中面临的制度瓶颈与问题，为我国乡村城镇化的转型提供借鉴。

二、福洪镇：市场驱动的乡村城镇化

福洪镇，隶属四川省成都市青白江区，地处龙泉山旅游区腹地，临近成南高速等交通干道，距成都市中心城区 19 公里，处于成都半小时经济圈内。全镇面积 39.36 平方公里，辖 9 个村 131 个村民小组，人口29097人，其中场镇人口 3000 人。[①] 虽然有比较优越的资源禀赋及交通、区位优势，但福洪镇是典型的纯农业乡镇，2011 年农民人均纯收入只有 4000 元，属于青白江区经济落后的乡镇之一。2012 年，和盛公司以敏锐的商业嗅觉，抓住成都统筹城乡综合配套改革试验区建设的机遇，以开展全域土地综合整治为切入点，驱动福洪镇走出了一条“既化地又化人”村镇融合发展的新路。

和盛公司的运作思路是：以“规划先行、全镇统筹”为理念，协助镇政府编制全镇土地利用规划、产业发展规划、交通建设规划、农民集中居住区规划，形成“多规合一”的规划体系，为村庄整理和乡镇改造提供规划依据。将“人地挂钩”（地随人走，人迁徙到哪里，土地指标就配置在哪里）的理念与城乡建设用地增减挂钩（城镇建设用地增加与农村建设用地减少相挂钩）的运作思路相结合，以远离新规划场镇的先锋村为拆旧区，在农民自愿的基础上对先锋村破旧农房进行拆除及宅基地复垦还耕，并在规划的新村聚居点和新场镇集中修建住房，妥善安置农民。将通过土地综合整治节余的部分建设用地指标配置在场镇用于二、三产业发展，部分配置在镇域用于休闲农业与观光旅游等项目建设，土地指标的交易和使用收益用于弥补公司的投资成本及取得回报。

福洪镇的投资建设大体经历了 8 个步骤：第一步，签订投资协议。在镇政府的支持和引导下，和盛公司进村入户进行摸底调查和项目宣传，经过与先锋村农民协商，达成土地综合整治项目投资协议。第二步，确定项目方案。根据当地资源状况、农民意愿和政府要求，和盛公司制订了规划建设方案和补偿方案，规划建设分为本村小规模聚居和场镇大规模集中居住两种类型，房屋修建分为由公司统一规划统一建设和由农民按统一规划自行建设两种方式，安置标

① 2019 年 12 月，福洪镇和人和乡调整合并。乡镇（街道）行政区划调整后，福洪镇距成都市区 23 公里，全镇面积 86.71 平方公里，辖 17 个行政村、256 个村民小组、3.8 万余人。

准按照人均居住用房30平方米+生产用房5平方米进行，另对旧房拆除与宅基地复垦给予相应的补偿与搬迁奖励。第三步，项目立项申报。依据规划建设方案，先锋村选择不参与的有150户500人，选择在本村小规模聚居的有66户204人，选择到场镇集中居住的有651户2134人，参与率达到82%以上。据此，和盛公司编制项目并逐级报批。第四步，项目施工建设。按照经政府批准的项目方案，和盛公司组织完成农户的旧房拆除、搬迁过渡、宅基地复垦和农民新居建设等任务。第五步，项目竣工验收。申请政府有关部门开展房屋质量与复垦还耕验收，制订新房分配方案，组织农民入住新居。第六步，投资成本回收。在整个项目实施中，和盛公司共投入资金2.7亿元，节余建设用地指标580余亩。公司设计的投资成本回收方式主要有3种：一是在农民集中居住区底楼配建商铺，进行租售经营；二是在新场镇附近规划建设产业园区，将节余的部分建设用地指标落地，通过规划调整转换成集体经营性建设用地，引入企业开发使用；三是将部分建设用地指标转让给镇域内从事休闲农业与乡村旅游等项目的业主使用。第七步，配套措施跟进，包括土地流转、社区治理与公共服务等。在项目实施的基础上，福洪镇镇政府整合相关资金不断改善场镇基础设施与公共服务，探索民主化、网格式社区治理，通过形式丰富的文化活动引导农民尽快融入和适应城镇生活。第八步，推动产业发展。随着硬件设施改善和人口集聚，产业发展的需求开始增加，福洪镇镇政府会同和盛公司相继引进了一批农业产业化、乡村旅游和劳动密集型加工企业项目，一、二、三产业融合发展的态势正在形成（见图1）。

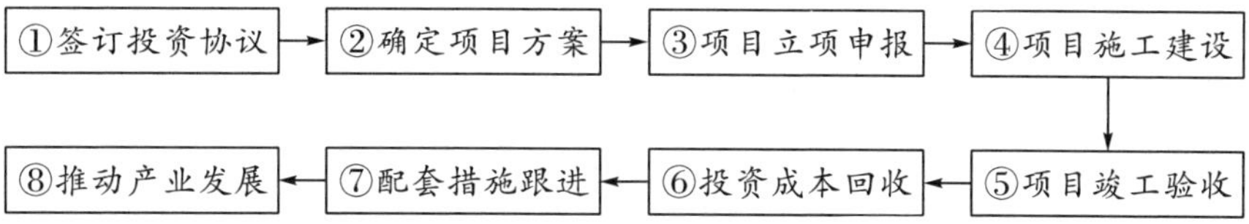

图1　福洪镇投资建设的基本流程

福洪镇通过引入社会资本，以土地综合整治为切入点，将村庄土地整理与乡镇改造结合起来协同推进，在短短几年内从一个纯农业乡镇升级为三产融合发展的经济强镇。2017年，福洪镇农民人均纯收入达20572元，6年增长了400%，堪称乡村建设发展的奇迹。

三、市场驱动模式与政府主导模式的比较

乡村城镇化，绕不开产业、人口、土地和资金4个关键要素。对市场驱动

模式和政府主导模式4个要素实现路径的比较，可以更加清晰地认识到市场驱动模式更具持续性和内在的合理性。

（一）产业如何兴

“无产业，则无城镇”。无论是政府主导模式还是市场驱动模式，产业发展都是城镇兴旺的关键。但是，两种模式下主体目标及行为的差异使得二者的产业发展方式有很大不同。

在政府主导模式下，地方政府特别注重大型工业企业和外资企业的引入，但因激烈的招商竞争，不得不依靠降低工业用地价格来提高招商引资能力。这就使得一些以低价拿到土地的企业不重视土地利用效率，甚至借机圈地，造成了工业用地低效、闲置和粗放利用现象，并对服务业发展产生不良影响。因为工业用地出让的低价只能由商服用地和住宅用地出让的高价来弥补，而高额土地出让金催生的高开发成本和消费成本无疑阻碍了部分中小投资者、传统服务业经营者和消费者的进入，造成服务业不能“服务于人”的结果。

在市场驱动模式下，企业出于成本一收益的硬约束会尽可能有效地使用土地资源，因地制宜制订产业布局规划。比如，旅游资源丰富的农村地区会将一、三产业有机结合起来发展观光农业；区位好的农村地区可能会开发工业园区吸引中小企业入驻。随着产业的发展壮大，产业的集聚效应就会显现。在福洪镇的城镇化过程中，和盛公司在保证农户住有所居的基础上，为农民集中居住区配套商铺48843.3平方米。而留在当地的97.33亩建设用地指标，部分落地场镇，建设标准化厂房，引进东方工艺美术、多多食品等劳动密集型企业入驻；部分则在全镇范围内统筹用于农村三产融合项目建设，增强了镇域的经济辐射能力。

（二）人口如何聚

在政府主导模式下，多数新城被定位成国际化大都市，重点发展的是资本与知识密集型产业，吸收的是高端人才，而作为城镇化主要对象的农民工则被排斥在外。这一方面是因为这些行业对劳动力素质要求较高，另一方面是因为新城内高昂的生活成本使得农民工难以留下。高企的房价影响的已不仅仅是农民工，还有部分都市白领。

在市场驱动模式下，产业发展和人口集聚之间形成了良性互动。一方面，城镇规划的产业多为那些难以进入大城市的劳动密集型中小企业，这些入驻园区的企业不仅为当地农民提供了就业机会，而且也会吸引周边地区的劳动力。

另一方面，人口集聚到一定规模后服务业就会逐渐发展起来，进一步强化人口集聚效应。在福洪镇，随着产业结构的优化升级，农民的就业和增收渠道逐步拓宽，包括自营餐饮与农家乐、受聘到酒店或种养殖企业等，还吸引了部分农民工返乡创业就业，福洪镇正在从一个纯农业乡镇升级为三产融合发展的经济强镇。

（三）土地如何来

在政府主导模式下，地方政府主要依靠征收垄断权获得土地，城镇化的突出表现是“土地的国有化”，即政府动用征收权从农民集体手中取得土地，通过规划调整、土地平整、基础设施与公共服务配套、营造环境后，再出让土地，以满足城镇化对土地的需求。随着时间的推移，通过这种方式征地的难度越来越大、征地成本也越来越高，难以可持续发展。

在市场驱动模式下，土地所有权仍归农民集体，土地使用权则由各类市场主体通过土地流转或土地综合整治等方式取得。在福洪镇的城镇化过程中，和盛公司通过实施土地综合整治项目，在满足农民新居建设用地指标需求后，经过规划调整将节余的建设用地指标落地转换为集体经营性建设用地，以此保障新场镇建设与产业发展用地需求，并收回投资成本及取得回报。

（四）资金如何筹

在政府主导模式下，城镇建设所需资金主要源自房地产的土地出让金及土地的抵押融资。为了 GDP 和税收，地方政府在竞争中不得不以较低的工业用地价格进行招商，由此造成的工业用地成本及城镇基础设施建设资金则通过房地产的高额土地出让金和土地抵押融资来弥补。这种筹资方式，是以房地产市场的持续繁荣为保障的。相应带来的问题是，高土地出让金引致的高房地产开发成本已经通过不断上涨的房价严重影响了消费者生活，并连锁引发了贫富差距变大等社会矛盾。显然，这种筹资方式蕴藏着极大的系统性风险。

在市场驱动模式下，城镇建设所需资金主要由企业垫付，企业通过建设用地指标的交易和使用收回成本。以福洪镇为例，项目实施所需资金以及农民集中居住区范围内的基础设施配套费全部由和盛公司垫付，集中居住区范围外的基础设施则由政府配套。项目结束后，企业将一部分建设用地指标转让给镇域内从事休闲农业与观光旅游等项目的业主回收资金，将一部分建设用地指标就近落地转换为集体经营性建设用地用于当地产业发展，既实现了投资回报，又为农民提供了就业增收途径，能够为乡村城镇化提供持续的发展动力（见表 1）。

表1　政府主导模式与市场驱动模式的主要区别

关键环节	政府主导模式	市场驱动模式
产业发展	以引进大型企业为主，具有外生性；工业用地利用低效和粗放	以本地中小企业为主，具有根植性；土地得到节约集约利用
人口聚集	以引进高端人才为主	以本地农民和周边地区的劳动力为主
土地取得	基于法律强制的土地征收	基于农民自愿的土地流转和综合整治
资金筹措	房地产的高额土地出让金和土地抵押贷款	企业自筹，通过土地指标交易、集体建设用地开发或产业运营实现投资回报

四、市场驱动模式面临的制度瓶颈与问题

乡村城镇化从政府驱动转向市场驱动并非易事，面临着一系列制度瓶颈与问题，迫切需要加快制度创新与供给。从福洪镇的案例来看，基本经验是探索了一条以市场化方式吸引社会资本参与土地综合整治与乡村城镇化的路径，但因种种原因尚存不完善之处。

（一）农村土地综合整治政策的制约

福洪镇土地综合整治依托的主要政策是成都市自行探索的“农民集中建房整理”政策，即农民自愿对原有住房及宅基地拆除复垦后，可在乡镇范围内符合规划的地方集中修建新房，节余建设用地指标经市政府批准可落在乡镇范围内符合规划的地方转为集体建设用地用于新场镇建设与产业发展。该政策，俗称“小挂钩”，与城乡建设用地增减挂钩的运作思路基本相同，都是在满足项目区内耕地面积不减少、建设用地规模不增加、城乡建设用地布局优化、土地节约集约利用前提下进行的存量土地盘活利用；与城乡建设用地增减挂钩不同的是，节余建设用地指标没有转移到城市使用，而是留给了本乡镇使用，也不必征收为国有建设用地，而是依规划转为集体建设用地。该政策，对于实施乡村振兴战略、保障农村一、二、三产业融合发展用地需求和改善农民居住环境极具创新价值。但遗憾的是，按照国土资源部的规定，地方开展城乡建设用地增减挂钩试点，需得到批准并在年度下达的指标额度内进行，“小挂钩”被视为变相突破了城乡建设用地增减挂钩政策试点，至今未得到合法认可，从而为

农民新居颁证与土地指标落地及开发使用留下了隐患。

（二）城乡统一的建设用地制度缺失

在福洪镇的案例中，企业取得投资回报的主要方式是将通过土地综合整治节余的建设用地指标就近落地，通过规划调整转换为集体经营性建设用地，或由企业自行开发使用，或转让给其他企业开发使用。这就需要打通土地综合整治与集体经营性建设用地入市两项制度的“梗阻”，并按照“同地、同权、同价、同责”的原则加快建立城乡统一的建设用地制度体系，如建设用地指标落地审批、土地权属调整、集体经营性建设用地入市流程、土地增值收益分配、土地产权变更登记等。这些制度办法的缺失或不明确，增加了企业、政府和农民之间的沟通协调成本，降低了行政审批效率，延长了项目实施周期。倘若因制度缺失导致资本下乡不能盈利，市场驱动模式就成了“空想”（见表 2）。

表 2　社会资本参与乡村建设面临的主要困难

排序	主要困难	排序	主要困难
1	项目审批周期长，程序烦琐	6	农村产权融资与办证等政策不完善
2	涉及政府部门多，沟通协调成本高	7	土地整治与增减挂钩政策走向不明
3	规划审批、调整、冲突等影响进度	8	金融机构认可度不高，导致融资难
4	政策不稳定，易受特殊因素影响	9	持证准用范围缩小，指标需求不足
5	政策公开透明度不够	10	指标配置少，项目立项难

注：根据对和盛公司相关负责人的访谈整理而得。

（三）人口跨乡镇聚居的体制机制阻碍

福洪镇的发展思路是，开展全域土地综合整治，改善场镇基础设施和公共服务条件，吸引本镇和周边乡镇的农村人口以及在本镇企业中务工的人员向场镇聚居，当人口聚居达到一定规模时，产业发展就因人的生产生活需求倍增而具备了坚实的根基。产业的繁荣，反过来会支撑城镇基础设施和公共服务条件的进一步改善，从而吸引更多的人口流入，由此便能形成人口、土地、城镇、产业之间的良性互动。但受现行的土地、户籍制度等因素的约束，农村的宅基地和住房不能合法转让给本集体经济组织以外的人，集体经营性建设用地不能用于商品住宅开发，人口跨乡镇流动和聚居的渠道还不顺畅，导致场镇人口聚居度不够，产业发展缺乏需求根基。

（四）农民的权益保障机制还不健全

资本总是以自身利益的最大化为行动指南。在调动社会资本参与乡村建设积极性的同时，也要更好地发挥政府作用，加强对资本张力的规制，健全农民的权益保障机制，唤醒农民的主体意识，让农民能够共享改革发展的成果。为了解福洪镇农民的权益保障情况，我们通过入户问卷调查方式随机访问了137户参与项目的农户。总体来看，受访农户对项目建设的满意度和公平感较高，均为80.3%，但农户也反映了不少问题，如房屋置换标准不合理、拖欠房屋补偿款，承诺的5平方米生产用房没有兑现，新小区距离承包地较远导致耕作不便，计算楼层价格时没有考虑底楼商铺等。在涉及补偿安置、规划建设、权属调整、复垦还耕、新房分配、资金使用、项目监督等乡村建设的重要事项上，农户的知情权、决策权与监督权履行也不够理想。特别是，不少农户反映，存在投资者侵害其利益的现象，村组干部在项目建设中没有很好地维护农民群众的利益（见表3）。

表3　农民对投资者、政府和村组干部的看法

存在投资者侵害农户利益的现象吗？			存在政府（或与投资者共同）侵害农户利益的现象吗？			您觉得村组干部是否维护了农民群众的利益？		
是/否	频数	占比（%）	是/否	频数	占比（%）	是/否	频数	占比（%）
是	72	52.55	是	51	37.23	是	61	44.53
否	65	47.45	否	86	62.77	否	76	55.47
合计	137	100	合计	137	100	合计	137	100

五、结论与政策启示

福洪镇案例的意义在于探索了一条实现乡村城镇化的市场路径，改变了以往城镇化中政府唱主角的做法，企业作为城镇投资、建设和运营主体，以全域土地综合整治为切入点，推动农民向场镇集中居住、农业规模经营、产业集聚发展，初步形成了人口、土地、城镇、产业良性互动的新模式。在该模式下，政府的角色与职能实现了转变，涉及土地等重要事项均由企业与农村集体经济组织及农户直接谈判协商，政府主要做好监管和服务，提供场镇基础设施与公共服务；农民意愿得到更充分真实的表达，农民对居住、生活和生产方式有了更大选择权，不参与集中居住可以，在本村小规模聚居可以，到场镇大规模集中居住也可以；新场镇建设与产业发展使用的是集体建设用地，未走土地征收之路，农民集体仍保留着土地所有权。

福洪镇案例的启示是乡村城镇化从政府驱动转向市场驱动并非易事，需要加快市场导向的制度创新与供给。一是为了顺利实施乡村振兴战略，调整城乡建设用地增减挂钩的计划管理方式，加快构建市场化土地整治与建设用地指标交易机制，将农民集中建房整理政策纳入合法化轨道，允许县级政府在确保乡镇耕地面积不减少、建设用地规模不增加的前提下自主开展土地综合整治，优化村镇建设用地空间布局与结构；二是加快建立城乡统一的建设用地制度体系，允许城镇建设与产业发展使用集体经营性建设用地，给予农民以土地参与城镇建设、分享城镇收益的权利，并平等保障投资者获取合理回报；三是加快破除城乡要素双向流动的制度藩篱，促进人口跨乡镇聚居和流动，探索宅基地“三权分置”改革，允许在农民住有所居的前提下盘活存量闲置宅基地，实现村庄由封闭迈向开放，在开放中振兴；四是更好地发挥政府作用，特别应在保障农民地权、提升农民参与市场能力、培育新型集体经济组织、促进乡村治理转型和防范市场经营风险等方面更有作为，坚决避免美丽乡村建设异化为“拆村运动”，避免乡村沦为资本追逐利润最大化的工具。

农村土地承包经营权有偿退出机制构建研究*

余　澳[①]

摘　要：本文认为，城镇化背景下农民对土地的依附性逐渐降低，农民的退地需求逐步产生。在农村土地承包经营权退出试点改革中，我国已初步探索出包括主体审查机制、补偿机制、服务机制、保障机制在内的农村土地承包经营权有偿退出机制。但仍存在法律支撑不足、补偿标准针对性不强、补偿金有限、集体经济组织财力不够、市场化运行缺乏及保障机制不健全等问题，本文提出的对策和建议是应当在下一步改革中进行修法，明确补偿标准，加大补偿金供给，增强集体经济组织的财力，完善保障机制。

关键词：承包经营权；有偿退出；机制构建

农村土地制度改革是我国解决"三农"问题的核心与关键。党的十九大报告明确指出："深化农村土地制度改革，完善承包地'三权'分置制度。"2013年11月12日通过的《中共中央关于全面深化改革若干重大问题的决定》（以下简称《决定》）明确指出，赋予农民对集体资产占有、收益、有偿退出及抵押、担保、继承权。新时代党的若干重要方针政策掀起了新一轮的农村土地制度改革，农村土地承包经营权退出则是其中的一个热点。

那么，农村土地承包经营权为何要退出？其理论和现实依据是什么？当前最新退地[②]改革的实践情况如何？改革案例有哪些经验和问题值得总结、发现？如何基于理论、政策和改革经验构建出一套科学合理的退地机制？对这些

---

* 基金项目：国家社科基金项目"基于地权演化逻辑的美丽乡村共建共享共治机制研究"（17BJL087），四川大学中央高校基本科研业务费项目"农村土地承包经营权有偿退出机制构建的法律经济学研究"（skzx2017－sb176）。

① 作者简介：余澳，四川大学经济学院副教授、硕士生导师，研究领域为政治经济学、法律经济学。

② 为行文方便，本文在一些地方的表述上将使用"退地""退地改革"等来指代承包经营权退出改革。

问题的回答正是本文研究的出发点和目的所在。

一、当前研究现状

依据现有理论对农村土地承包经营权退出类型的概括，主要包括部分退出和完全退出两种类型。部分退出是指农民保留承包权、让渡经营权，其实质是经营权的流转，这也是“三权分置”政策下农地改革的主流。完全退出是指农民放弃承包权，将承包地退回集体经济组织。本文关注的对象属于第二类，即完全退出——承包权的退出。

对承包权退出的理论研究源于近期。基于对中文期刊网的搜索，发现研究土地承包经营权流转即部分退出的文章较为丰富，但专门研究承包权退出即完全退出的文献尚不足 10 篇。尽管周其仁[①][②]、刘守英[③]、党国英[④]等认为，合理实施退地有助于保障农民权利、提高土地利用效率，推进城乡统筹建设，但却没有进一步明确指出如何构建退地机制。

魏亚男、宋帅官[⑤]是当前文献中较明确地构建了退地机制的学者，其退地机制主要包括明确退出权利、发展多种退出方式、设置一个缓冲期、完善补偿机制、建立联动机制等。韩立达、韩冬[⑥]从四个方面提出完善退地机制，主要包括建立集体经济组织成员身份的进入和退出机制、完善组织保障、建立合理的分配机制、建立市场化的进入和退出机制。谢根成、蒋院强[⑦]从确权、明确退地的法定事由、建立评估机制、完善保障制度等方面提出了一套退地机制。

部分学者就退地机制构建中的某一个方面进行了较深入地研究，体现在：

（1）农民退地意愿方面。

罗必良、何应龙、汪沙等[⑧]认为，资源禀赋、交易费用、土地和农村情

---

① 周其仁．给农民更多的土地权利真的会损害农民的利益吗?[N]．经济观察报，2011-07-22.

② 周其仁．确权不可逾越：学习《决定》的一点体会［J］．经济研究，2014（1）：21-22.

③ 刘守英．中共十八届三中全会后的土地制度改革及其实施［J］．法商研究，2014（2）：3-10.

④ 党国英．我国农户的土地财产权不完整［J］．农村工作通讯，2013（10）：24.

⑤ 魏亚男，宋帅官．完善农村土地承包经营权退出机制［J］．农业经济，2014（5）：16-18.

⑥ 韩立达，韩冬．市场化视角下农村土地承包经营权有偿退出研究——以成都市为例［J］．中州学刊，2016（4）：43-48.

⑦ 谢根成，蒋院强．农村土地承包经营权退出制度的缺陷及完善［J］．农村经济，2015（3）：32-36.

⑧ 罗必良，何应龙，汪沙，等．土地承包经营权：农户退出意愿及其影响因素分析——基于广东省的农户问卷［J］．中国农村经济，2012（6）：4-19.

结、政府政策等影响着农民退地意愿。高佳、李世平[①]，刘同山、牛立腾[②]，王兆林、杨庆媛[③]等认为，人均收入、家庭总收入、户主文化程度、脱离农业的程度、离最近县城距离、农业收入、耕地经营面积、劳动力数量、劳动供养率等密切影响着农民的退地意愿。

（2）退地补偿方面。

谢根成、蒋院强等[④]认为，要确立合理补偿标准的关键是要进行第三方价值评估。滕亚为[⑤]认为，对退地补偿应发挥政府行政指导作用，规定最低保护价。

（3）保障机制方面。

钟涨宝、聂建亮[⑥]认为，建立退地农民的保障制度的关键是打破城乡二元结构，将进城农民纳入城镇居民社会保障体系。杨继瑞[⑦]则从户籍、就业、教育，以及各种公共产品与公共服务供应等方面给出了建立综合保障的建议。

纵观现有文献可以发现：第一，当前研究的重心是经营权流转，承包权退出还没有受到更广泛和深入的关注；第二，当前理论研究缺乏对最新改革情况的反映，理论研究脱离改革实践；第三，尚没有文献构造出一套相对完整合理的退出机制，尤其对于机制构建中的退地主体问题、补偿标准问题、补偿金来源问题、退出土地管理使用以及服务机制、保障机制完善等问题并没有深入触及。

当前研究的缺陷与不足将成为本文研究的重心所在。本文的研究思路和主要研究内容是：第一，现实和理论政策分析，揭示出退地改革的现实依据和理论政策依据；第二，实践开展情况，对承担本轮退地改革任务示范地区的实践

① 高佳，李世平. 城镇化进程中农户土地退出意愿影响因素分析［J］. 农业工程学报，2014（6）：212－220.

② 刘同山，牛立腾. 农户分化，土地退出意愿与农民的选择偏好［J］. 中国人口·资源与环境. 2014（6）：114－120.

③ 王兆林，杨庆媛. 重庆市不同类型农户土地退出决策的影响因素分析［J］. 中国土地科学，2014（9）：32－38.

④ 谢根成，蒋院强. 农村土地承包经营权退出制度的缺陷及完善［J］. 农村经济，2015（3）：32－36.

⑤ 滕亚为. 户籍改革中农村土地退出补偿机制研究——以重庆市为例［J］. 国家行政学院学报，2011（4）：101－105.

⑥ 钟涨宝，聂建亮. 论农村土地承包经营权退出机制的建立健全［J］. 经济体制改革，2012（1）：84－87.

⑦ 杨继瑞. 土地承包经营权市场化流转的思考与对策［J］. 经济社会体制比较，2010（3）：67－76.

情况进行分析并总结经验；第三，揭示当前退地改革及机制构建中存在的问题。第四，对退地机制构建提出对策建议。

二、退地的现实及理论政策依据

（一）现实依据

随着工业化、城市化的发展和统筹城乡改革的推进，越来越多的农民进入城市，这部分进城农民多数属于农村的青壮年劳动力。这种情况一方面反映出这部分农民不再以农业耕种为生，进城务工的收益高于农业收益，从而降低了对土地的依赖性；另一方面，农村劳动力的缺失导致原有承包地无人管理和耕种，土地撂荒问题开始出现。因此，为了满足农民退地的需求同时解决农村土地出现的撂荒问题，土地承包经营权退出便有了改革的现实依据。因此，我国的农村土地承包经营权经历了从无到有、从有到退出的一个历史演进过程。

（二）理论及政策依据

生产力决定生产关系、生产关系反作用于生产力是马克思主义政治经济学的基本内容。马克思指出："社会关系和生产力密切相连。随着新生产力的获得，人们改变自己的生产方式，随着生产方式即谋生的方式的改变，人们也就会改变自己的一切社会关系。"[①] 土地承包经营权是在坚持农村土地集体所有的前提下，为了提高农业生产力而赋予农民基本生存权和发展权的一项制度安排。生产关系的核心内容是所有制关系，生产关系的重要作用是促进生产力的发展。承包经营权制度设计一方面是为了保证农村生产资料的集体所有制性质，另一方面是为了提高农业生产力，该制度设计是符合当时生产力条件的。但随着这种生产关系的相对固化如"生不添、死不减"等所反映出来的农村土地分配占有不公，以及细碎化耕作不利于农业规模化发展并进而影响农业生产力的提高。因此，基于农业生产力提高和农民生产关系重新调整的需要，土地承包经营权退出也就有了深刻的理论根据。"所以，一切社会变迁和政治变革的终极原因，不应当到人们的头脑中，到人们对永恒的真理和正义的日益增进的认识中去寻找，而应当到生产方式和交换方式的变更中去寻找；不应当到有

① 中共中央马克思恩格斯列宁斯大林著作编译局．马克思恩格斯选集：第1卷［M］．北京：人民出版社，1995：141－142．

关时代的哲学中去寻找，而应当到有关时代的经济中去寻找。”①

随着中央《关于完善农村土地所有权承包权经营权分置办法的意见》（以下简称“三权分置”政策）的出台，体现在土地要素上的农村生产关系从之前的“两权分离”即所有权与承包经营权的分离变为所有权、承包权、经营权的“三权分置”。“三权分置”的核心内容是落实集体所有权，稳定农户承包权，放活土地经营权。其制度创新在于承包权与经营权的分离，“这既是土地承包经营权内部权能的分离，更是其负载的社会保障功能与经济效用功能的分离”②。“三权分置”政策的重心在于活化经营权，但由于经营权与承包权的分离，就为承包权权能的独立行使提供了重要的政策依据。

三、退地改革的实践情况及经验总结

（一）实践情况

遵循中国改革先试点后推广的经验模式，2014 年 11 月 20 日，农业部、中农办、中组部等 13 部委通过了《关于第二批农村改革试验区和实验任务的批复》（农政发〔2015〕5 号），该批复确定四川省成都市、内江市和重庆市的梁平县为农村土地承包经营权退出试点改革示范地区。本文选取成都市的改革试点地区的情况作为研究样本。

成都市自 2015 年初启动退地改革以来，出台了《成都市农村土地承包经营权退出试点工作实施方案》（以下简称《实施方案》）及其他配套方案，选取温江、郫都、新都、彭州、邛崃 5 个区（市）县先行先试。在两年多的时间里，除温江、郫都两区由于受客观因素影响目前尚未有退地案例呈现外③，其他三地皆有不同模式的退地案例呈现。新都区、彭州市、邛崃市三个试验点的退地实践中，共涉及退地农户 96 户、退地面积 67.85 亩。其中，新都区 71 户、52 亩，彭州市 1 户、1.3 亩，邛崃市 24 户、14.55 亩。这三地的退地案例具体体现如下。

---

① 中共中央马克思恩格斯列宁斯大林著作编译局. 马克思恩格斯选集：第 1 卷 [M]. 北京：人民出版社，1995：740－741.

② 肖卫东，梁春梅. 农村土地“三权分置”的内涵、基本要义及权利关系 [J]. 中国农村经济，2016（11）：17－29.

③ 因温江、郫都两区位于成都市中心城区，面积相对较小，耕地有限；再加上当地苗木、花草等特色农业发展较好，土地价值较高导致退地成本高，农民退地意愿也不强，所以没有退地案例呈现。

案例一　新都区：村民全体退出、集体统一经营

新都区龙桥镇场镇社区6组有71户农户共计220人，确权颁证耕地面积100.42亩。因成彭公路改造修建需征地，占用6组耕地共48.42亩，剩余耕地52亩。剩余耕地相对零星分散且位置偏远，人均面积仅0.23亩，不利于规模化耕种和提高土地利用率；再加上部分农户已整户迁入城镇或者仅有老人进行零星耕种，容易造成土地撂荒。因此，这52亩耕地的承包权人与组集体经济组织解除了土地承包合同，将农地承包权退给组集体经济组织，由组集体经济组织统一经营管理。承包关系解除后，组集体经济组织已将其中约32亩耕地进行了流转，剩余约20亩耕地正在进行流转信息发布。已流转的土地按每亩1500元/年的标准给予退地农民补偿，补偿费用一年给付一次，由用地企业支付给组集体经济组织，再由其分配给退地农民。

案例二　彭州市：集体经济组织内部有偿退出

彭州市葛仙山镇花园村面积8.75平方公里，耕地、林地面积共4500余亩，辖11个村民小组、农户362户964人，以水果种植业和农家乐经营为主。在具体实施中，花园村村委会于2015年8月进行了退地宣传，在农户自愿申请基础上审查确定7户符合退地条件，当年10月完成了1户退地。具体情况是：由村集体组织召开竞拍会，会上宣布改革依据及相关政策，申请退出的承包地面积为1.3亩，竞拍基准价格依据征地拆迁标准评估确定为4.3万，最终成交价也为4.3万元。该宗土地新的承包权最终由同住该村的退地老人的儿子取得。

案例三　邛崃市：结合新农村建设有偿退出

邛崃市夹关镇二龙村10组位于邛崃市西南山区，有农户43户，人口138人，耕地面积88.09亩，人均承包耕地面积约0.63亩。该组在灾后新农村综合体建设中，因"小组微生"项目[①]建设需占用耕地14.55亩。经村民内部自愿商议，有24户农户愿意退地用于建房，并按照每亩4.8万元的标准获得一次性退地补偿，共计69.84万元。因此，这部分耕地的承包人将土地承包权让渡给了建房者，由建房者对退地者给予补偿。

（二）经验总结

在成都市的退地改革实践中，退地机制构建重点围绕退地主体审查机制、

① "小组微生"项目指成都市在统筹城乡建设过程中推出的美丽乡村建设方案，被誉为新农村建设的2.0版。其特点是小规模、组团式、微田园、生态化，简称为"小组微生"项目。

补偿机制、服务机制、保障机制 4 个方面进行。其总体特征见表 1。

表 1　成都市农村土地承包经营权退出机制总体特征

机制名称	主要目的	核心内容
审查机制	确定适格的退地主体	类型：①已迁户入城的；②年老或丧失耕种能力的鳏寡孤独者；③外出打工、有稳定收入来源、耕地撂荒的
补偿机制	对退地者做出补偿	确定补偿标准、补偿金来源及补偿金支付。①补偿标准：根据土地区位、地块属性和地力等级等因素，按一定的年限进行价值评估；②补偿金来源：集体经济组织支付或通过发包、流转收益等方式支付；③支付方式：一次性支付或分期支付。
服务机制	提供退地过程中的各项服务	建立包括申请、审查、评估、公证、公示等退地服务
保障机制	解决退地者的后顾之忧	建立户籍、就业、社保、住房、医疗、子女教育等保障

具体而言：

第一，审查机制。哪些主体在满足什么样的条件下能够申请退地是改革实践中首先要考虑的问题。在已有的退地案例中，示范点位已初步建立了退地主体资格审查机制，考虑的因素主要包括退地农户主要生活地、收入来源的稳定性、土地实际使用情况、对补偿费用的依赖性等。基于以上因素，申请退地主体及相应资格要求限定在以下情形中：①已迁户入城的；②年老或丧失耕种能力的鳏寡孤独者；③外出打工、有稳定收入来源、耕地撂荒的。

第二，补偿机制。这是整个退地机制构建的关键点，主要涉及补偿标准、补偿金来源及支付等问题。①关于补偿标准。补偿标准原则上“根据土地区位、地块属性和地力等级等因素，按一定的年限进行价值评估”。在实践中，各地方法不一。如新都区按照流转价格确定，每亩 1500 元/年；邛崃市按照征地补偿标准确定，4.8 万元/亩；彭州市采用公开竞价方式，退出的 1.3 亩土地的补偿价为 4.3 万元。②补偿金来源。补偿金来源问题涉及谁来承担支付补偿金，即补偿主体是谁。成都市《实施方案》确定了两类主体：集体经济组织支付，通过发包或流转收益等方式支付。前者属于直接支付，后者属于间接支付。当前呈现案例实质都属于间接支付，如新都区由土地流转后的经营者给付，彭州市由竞标人给付，邛崃市则由占地建房者给付。③支付方式。《实施方案》要求补偿金进行一次性支付，但在改革实践中存在一次性支付和分期支付两种方式。如邛崃市试点是按一次性支付进行，但新都区试点则是分期按年给付而非一次性支付，彭州市公开竞价并一次性支付。

第三，服务机制。改革实践中，主要围绕申请、审查、评估、公证、公示等若干环节建立了初步的退地服务机制。基于改革的初期性，服务机制构建中的一个特点就是政府在其中起着主导性作用，市场化特征还不明显。

第四，保障机制。保障机制关系到退地者的基本生活维持问题，主要关涉因素有户籍、就业、社保、住房、医疗、子女教育等。退地保障机制是集成机制，具有综合性、多样性、复杂性特征，与退地本身是一种牵一发而动全身的关系。因此，成都市的改革试点地区都提出了相应的理念和基本政策作为改革支撑。

四、退地改革机制构建中存在的问题

尽管在当前的退地改革实践中已初步构建了一套退地机制，但机制本身及退地改革实践却暴露出相关问题。

（一）缺乏法律支撑

退地改革需要承包权长久不变的支撑。但由于现行的农村土地承包法明确规定了承包权的期限，没有赋予承包权的长期有效性。因此，为了解决这个问题，中央通过政策明确承包权要“保持稳定并长久不变”。在具体落实中，“长久不变”是由基层政府通过引导农民签订协议的方式予以确定的。由于是通过协议方式进行政策落实，并非直接源于法律规定，因此存在不稳定性。

（二）农民退地意愿不强

农民与土地具有天然的依附性。受传统观念的影响，农民退地意愿并不强烈，认为失去土地就失去了保障。再加上当前退地补偿标准并没有真正满足退地者意愿，因此，除非是因为已迁户入城丧失成员权身份，或者年老丧失耕种能力而需要用退地补偿金养老，或者土地位置偏远、肥力不好等原因，农民才愿意退地。

（三）补偿标准和补偿金来源及支付问题

补偿标准不明确。补偿标准涉及如何定价，它是退出机制的核心问题之一。尽管成都市实践中的《实施方案》要求“根据土地区位、地块属性和地力等级等因素，按一定的年限进行价值评估”，但该标准缺乏操作性，例如，评判土地区位、地块属性、地力等级的标准是什么？如何进行差异化实施？如何确定“一定的年限”等都没有明确。这就导致各试点区域在改革中对于如何确定补偿标准没有具体参照，只能根据既往经验进行，即主要按征地标准和土地流转标准执行。事实上，承包权退出与经营权流转、土地被征占又是有区别的，因此若采用类推的标准进行则其合理性、公平公正性问题值得商榷。

补偿金来源不足。实践中反映出来的最大问题是补偿金来源单一且力度不够。尽管改革方案提出可由集体经济组织补偿和重新发包或用流转收益进行补偿，但现实情况是少有集体经济组织直接补偿的情形。造成这一问题的关键在于集体经济组织财力有限，无法承担。

补偿金支付问题。改革实践存在一次性支付和分期支付两种方式。本文认为，到底是采用一次性支付还是分期支付没有绝对的标准。一次性支付补偿金有助于激励退地者积极退地，同时又能满足退地者希望一次性了断马上拿到全部补偿金用于买房、医疗、养老等急需。分期支付补偿金，有助于解决补偿金不足的问题；同时退地者可因势而变，实现自身利益最大化。

（四）退出地管理使用问题

退出地的管理使用主要涉及两种方式：重新发包和集体经济组织统一经营管理。若要重新发包，根据现行法律的规定，新的承包主体只能是本集体经济组织成员，这也是当前退地改革为何封闭运行的重要原因。重新发包对象受限是不利于投资主体的市场化产生和提高土地利用效率的，这将限制退地效应的发挥。如果由集体经济组织统一经营管理，那么基于农村集体经济组织普遍缺乏财力和现代经营能力的现状，可能不能较好地提高土地利用效率、农业收益和满足农民的福利。

（五）保障机制不健全

尽管改革方案提出了要构建完善的保障机制，但缺乏具体有效的支撑。保障机制不健全就不能消除农民的后顾之忧、鼓励农民主动退地，农民对自己的生活问题始终存在担忧，因而也就不会积极退地。即使退了，也有可能因保障措施不到位而影响退地农民的实际生活，从而导致退地农民在生活无保障后反悔并引发其他矛盾。

五、完善退地机制构建的对策建议

基于当前的改革实践及暴露出来的问题，本文认为应当从以下几方面着手进一步完善退地机制的构建。

（一）落实长久不变政策

长久不变政策是退地的重要基础。落实长久不变政策可分两步走：首先，在法律没有明确规定的情况下，应当通过政府引导、积极宣传，以签订协议等合理方式落实长久不变政策，实现产权明晰。其次，未来条件成熟时，可通过修法明确承包权的长久不变性。

（二）建立有效的收储机制

建立收储机制是解决当前退地补偿金不足的重要措施。因此，可通过组建收储公司的形式加以解决。收储公司的资金来源可采取两种模式：一种是全财政模式，另一种是混合所有制模式。此外，亦可尝试将土地经营权抵押融资与土地承包经营权退出改革相结合，通过经营权抵押贷款方式多渠道解决退地补偿金不足问题。最后，在退地补偿金来源问题上，应尽可能采取市场化运行方式，这也是与农村土地制度改革的市场化方向相符合的。

（三）完善相关运行机制

进一步明确补偿标准。建议制定专门的更具操作性的承包权退出补偿标准，区别于经营权流转、土地征占补偿等标准。核心和关键是要细化落实如何根据土地区位、地块属性、地力等级、年限等因素确定补偿标准，并体现出实践操作中面临的圈层、区位等差异化特征。

构建市场化的退出服务机制。政府不能大包大揽，应当将相关服务环节交给市场，重点是要打造、培养、选择一批适格的中介机构以提供退地过程中的专门性服务，如资产评估机构、交易代理机构、金融保险服务机构和法律服务机构等。

完善退出保障机制。进一步在户籍、就业、社保、住房、医疗、子女教育等社会保障体制改革方面融入与退地保障有关的照顾性政策。若能以退地改革为主题出台专门性、综合性保障政策则更具明确性、针对性和操作性。

（四）坚持以市场为导向

操作过程应当坚持市场化。当前改革具有政府主导性特征，但未来市场化操作应是努力方向，如收储机制的建立和运行、退地补偿金的确定、服务机制的运行等都是可以实现市场化运行的。

尝试用地需求主体的市场化产生。前述分析已指出法律规定导致的封闭运行限制了潜在用地主体的产生。因此，若能扩大用地需求主体范围，使符合特定条件的主体（如相邻村村民、长期从事农业生产者、职业农民等）基于农业生产经营所需而主动承包退出地，则更有利于退地实践的开展。

（五）提高集体经济组织的财力和经营能力

本文认为，提高集体经济组织的财力和经营能力有助于增强退地补偿金来源、提高土地利用效率和农民福利。因此，应当借助农村改革领域中的其他改革内容如集体经济组织股份制改造等内容，成立诸如农村集体资产管理公司，通过公司化运作实现集体资产融资抵押、特色产业经营、土地流转经营等，最终达到提高集体经济组织财力的目的。同时，通过政府引导、政策支持、产业发展、人才帮扶等措施有效提高集体经济组织的经营能力。

信贷支持贫困农户脱贫的有效性：信贷供求视角的经验实证*

贺立龙　黄　科　郑怡君①

摘　要：信贷支持贫困农户脱贫作为金融精准扶贫的重要实现方式，其有效性体现为信贷支持贫困农户的精准性和助益农户生产与可持续脱贫的定向性。基于农户相对贫困的分层测度，本文采集农户信贷活动数据，从供求两个方面对信贷支持贫困农户脱贫的有效性进行实证分析。本文发现，现实中信贷支持贫困农户的精准性与助益农户生产脱贫的导向不明显；金融信息以及学历、生计结构影响农户信贷需求，信息、亲朋关系、收入结构制约农户信贷可得；贫困农户更依赖非正规信贷，对正规信贷有惧贷心理，正规信贷投放存在“嫌贫爱富”倾向。因此，设计“发展型”信贷产品，开拓“亲贫式”信贷业务，强化信贷帮扶的瞄准效果与益贫效应；做好信贷扶贫宣传，破解“信息贫困”与惧贷心理；发掘信贷扶贫的商业回报及声誉价值，增加对生产脱贫项目的信贷供给；合理引导非正规信贷活动，保障贫困农户生活应急与可持续生计资金。

关键词：有效性；脱贫；正规信贷；非正规信贷

一、引言

带有商业性质的信贷能否支持农户精准脱贫，信贷如何支持贫困农户脱贫，一直是值得探讨的前沿命题。从全球范围看，一方面资金短缺引发生产、人力资本不足，是较普遍的致贫成因，信贷向穷人提供生计资金与发展资本，

---

* 基金项目：国家社科基金青年项目“精准扶贫的瞄准机制与施策效率研究”（15CJL057）。

① 作者简介：贺立龙，四川大学经济学院副教授，研究领域为政治经济学、微观经济学、宏观经济学、新制度经济学。

黄科，中国人民大学财政金融学院。

郑怡君，四川大学经济学院本科生。

是创造脱贫机会、增加发展权利的重要途径；另一方面，商业信贷出于营利及避险动机，又倾向于通过设定高回报率要求或较高的信贷条件，将缺乏还款或资产担保能力的“核心穷人”剔除在外。①

金融精准扶贫已成为我国脱贫攻坚的重要战略行动，核心举措是信贷支持贫困户发展脱贫。近年来，我国政府通过对有发展能力的扶贫放贷对象遴选和风险补偿机制的构建，商业性金融机构对贫困农户的信贷帮扶产生了一定成效及可持续性，截至 2016 年底，全国累计发放扶贫小额信贷 2833 亿元，惠及 740 万贫困户，贫困户获贷率由两年前的 2%提高到 26.7%。② 然而信贷资金是否主要发放给了贫困村户，多大程度上被用于产业发展和生产脱贫，仍是值得商榷的现实问题。现实操作中也出现了诸如商业贷款“嫌贫爱富”“济贫不达”“粗投乱放”，以及贫困村户“惧贷”“盲目借贷”等一些信贷供求偏差及扶贫失灵的现象。③

对上述问题的解决及运行偏差的矫正，有赖于对信贷扶贫的重新认知与合理的政策引导。本文对信贷支持贫困农户脱贫的有效性进行实证研究，找到信贷扶贫绩效的关键影响因素，并提出政策建议。我们将信贷支持农户脱贫的有效性分解为两个维度：一是信贷瞄准贫困农户的精准性，即商业信贷甄别具有脱贫意愿及能力的贫困农户，探索精准扶贫的市场机制；二是信贷助益贫困农户内生发展与可持续脱贫的定向性，即信贷资金投向有市场前景及成长潜力的生产经营项目或人力资本发展项目，实现信贷扶贫可持续。围绕信贷对贫困人口识别的精准性与脱贫项目投放的定向性，本文采集四川省贫困市县的村户信贷活动数据，考察农户的信贷需求意愿与供给可得性及其影响因素，并对正规信贷和非正规信贷进行比较分析。结构安排如下，第二部分是文献回顾与研究假说，第三部分是相对贫困测度、研究方法及数据来源，第四、五部分是统计分析与计量结果，最后一部分是结论与政策启示。

二、文献回顾与研究假说

国际学术界关于信贷支持穷人减贫脱贫的讨论由来已久，近二十年来主要

---

① 参见世界银行扶贫协商小组（CGAP）焦点 21 期——《连接小额信贷和社会安全网项目，覆盖最贫困人口——孟加拉国脆弱群体发展创收项目（IGVGD）案例》。

② 李延霞，张文豪．金融活水助力精准扶贫［EB/OL］．（2017－02－22）［2021－01－31］．http：www.xinhuanet.com/2017－02－22/c_129491457.htm.

③ 张宏斌．信贷支持贫困户脱贫的前置条件分析［N］．金融时报，2017－07－20.

关注小额信贷（microfinance）的减贫效应。鲍曼（Baumann）基于对南非“SMME”项目的检验提出信贷扶贫的发展性挑战，即小额信贷必须精准到达最贫困家庭，激活其资产形成可持续生计，为此应转向对资产贫困与生计脆弱性的度量，提升穷人在信贷方式选择中的话语权。① 内森（Nathan）等将小额信贷视为缓解“信贷缺失型”贫困的关键战略，强调信贷服务精准到达穷人的可持续性，主张政策引导下的商业化信贷扶贫机制。② 但有学者如马尔（Marr）对小额信贷作为金融扶贫市场机制的有效性提出质疑，他将信息因素纳入信贷减贫功效模型并用秘鲁案例的研究表明，团体小额信贷倾向借助内部惩戒与储蓄机制，排斥贫困成员以追求商业回报，难以克服信息不对称和减贫。③ 马提尼（Matin）回顾信贷扶贫文献总结提出，信贷扶贫本质上是通过正规与非正规信贷，破解穷人生产与人力资本投资的资金困境，提供改善生计以脱贫的小贷资产组合，信贷服务应瞄准穷人需求进行动态调整。④ 花田（Hamada）区分营利与非营利小额信贷，从交易成本及商业回报视角探讨信贷扶贫的精准性与可持续性，针对穷人生计脆弱性及信息贫瘠，强调小额信贷综合服务与信息技术的功效。⑤

在经验实证方面，卡顿（Khatun）基于孟加拉国小额信贷授信农户的样本数据，选择二元与多元“logistic”回归模型，运用脱贫的主观测度方法，验证了小额信贷的减贫效应。其中，信贷额度、组织特征、贷款经历、贷款资产化倾向和村庄特征对农户脱贫存在的显著影响。⑥ 阿库杜古（Akudugu）选择加纳贫困农户数据，分别运用“logit”模型与“Tobit”模型对信贷扶贫的供求影响因素进行实证分析，发现农户政治关系影响其借贷需求，农业经营状况影响其可获得的信贷供给，他主张信贷扶贫应重点关注这些社会经济与政治

---

① BAUMANN T. Microfinance and poverty alleviation in South Africa [R]. World Development Report Background Papers, 2001: 1—20.

② NATHAN O, BANGA M, ASHIE M. Microfinance and Poverty Reduction in Uganda: Achievements and Challenges [R]. Economic Policy Research Centre, 2004 (41): 30.

③ MARR A. A Challenge to the Orthodoxy Concerning Microfinance and Poverty Reduction [J]. Journal of Microfinance, 2004, 5 (2): 7—42.

④ MATIN I, HULME D, RUTHERFORD S. Finance for the Poor: from Microcredit to Microfinancial services [J]. Journal of International Development, 2009, 14 (2) : 273—294.

⑤ HAMADA M. Financial Services to the Poor: An Introduction to the Special Issue on Microfinance [J]. Developing Economies, 2010, 48 (1) : 1—14.

⑥ KHATUN M A, ISLAM M A, MAJUMDER S. Impact of micro—credit programmes on poverty alleviation in Bangladesh [J]. Bangladesh Journal of Agricultural Economics, 2012, 35 (1/2): 115—130.

文化因素。[①] 阿图亚（Atuya）采集肯尼亚的村户数据检验小额信贷的扶贫效果，发现收入与文化层次较低家庭，以及非正规部门就业人口更能受益于信贷扶贫政策。[②] 克里蓬（Crepon）借助摩洛哥村户借贷的随机试验数据，研究发现小额信贷尽管有助于增加贫困村户的农业和畜牧业投资，但经营收益增加又会引起务工减少，最终未产生显著的减贫效应；借贷多用于畜牧购置，反映了贫困农户借贷的避险动机。[③] 马尔基（Malki）等通过对巴基斯坦 1132 份村户数据的实证分析，表明在健康与服饰支出、家庭收入和居住质量方面，小额信贷显著改善了贫困家庭的生计状况。[④]

国内对信贷扶贫的研究自 20 世纪 90 年代开始多见。早期文献（吴国宝[⑤]、刘继平[⑥]、孙天琦[⑦]、高灵芝[⑧]）关注小额信贷扶贫的逻辑机理与实践模式，提出信贷扶贫的产业导向及市场化运作思路。近十年的文献转向对信贷扶贫效率的实证研究。朱乾宇和董学军以地处湖北省武陵山区的恩施州为例，对农户小额信用贷款投向的绩效回归分析发现，农户小额信贷有助于增加农民收入，非农业贷款投向相对比农业贷款投向绩效更好。[⑨] 刘西川、黄祖辉、程恩江基于三省（区）小额信贷项目区的农户调查，发现小额信贷瞄准目标从低收入户上移到中等偏上甚至高收入户，目标上移与贫困户需求不足以及信贷供给的避险倾向有关。[⑩] 王定祥、田庆刚、李伶俐等选择 1156 户暂时性贫困农户

---

① AKUDUGU M A. Estimation of the Determinants of Credit Demand by Farmers and Supply by Rural Banks in Ghana's Upper East Region [J]. Asian Journal of Agriculture & Rural Development, 2012, 2 (2) : 179－190.

② ATUYA. Effect of Microfinance Credit on Poverty Alleviation at Household Level in Nakuru county [D]. Nairobi : University of Nairobi, 2014.

③ CREPON B, DEVOTO F, DUFLO E, et al. Estimating the impact of microcredit on those who take it up: Evidence from a randomized experiment in Morocco [J]. Cepr Discussion Papers, 2014, 7 (1): 123－150.

④ ASAD K. GHALIB, ISSAM MALKI, et al. Microfinance and Household Poverty Reduction: Empirical Evidence from Rural Pakistan [J]. Oxford Development Studies, 2015, 43 (1) : 84－104.

⑤ 吴国宝. 农村小额信贷扶贫试验及其启示 [J]. 改革，1998 (4)：87－94.

⑥ 刘继平. 小额信贷扶贫在我国实践中的成就、问题及对策经济问题 [J] 2000 (5)：30－31.

⑦ 孙天琦. 制度竞争、制度均衡与制度的本土化创新——商洛小额信贷扶贫模式变迁研究 [J]. 经济研究，2001 (6)：78－84.

⑧ 高灵芝，胡旭昌. 2005. 中国小额信贷扶贫实践模式的综述与反思 [J]. 济南大学学报（社会科学版)，2005 (6)：61－67.

⑨ 朱乾宇，董学军. 少数民族贫困地区农户小额信贷扶贫绩效的实证研究——以湖北省恩施土家族苗族自治州为例 [J]. 中南民族大学学报（人文社会科学版)，2007 (1)：56－60.

⑩ 刘西川，黄祖辉，程恩江. 小额信贷的目标上移：现象描述与理论解释——基于三省（区）小额信贷项目区的农户调查 [J]. 中国农村经济，2007 (8)：23－34.

样本，运用“Probit”模型检验农户信贷需求和正规及非正规借贷行为的影响因素，发现农户的中短期小额需求满足率低，其中家庭耕地面积、年人均收入、教育支出占比对信贷需求有显著影响，家庭耕地面积、农业生产支出占比对农户借贷行为选择有一定影响。① 林万龙和杨丛丛对四川省仪陇县贫困村互助资金试点的实证分析表明，贫困村户缺乏信贷有效需求，即使信贷供给充足、贫困甄别严格，扶贫型小额信贷未必能瞄准贫困农户，缓解贫困农户发展的金融约束。② 茹玉、张莉琴、林万龙对财政性互助资金、正规金融、私人借贷等3种信贷渠道的农户选择行为进行实证分析表明，金融环境、家庭特征、地区差异是重要的影响因素，从事非农经营的农户选择正规金融，但若距离正规金融机构远则倾向于私人借贷，有生产性借款需求但排斥高利率的农户热衷于互助资金。③ 闵杨和张家偶指出，小额信贷作为一种小规模信贷，能提升穷人获得机构信贷的概率，促进平稳消费、建构资产、生产自营并提高收入和谋生能力，他们利用双重差分模型检验小额信贷对农户收入与消费的影响，结果显示参与小额信贷对家庭福利有积极影响。④ 胡宗义和罗柳丹运用面板模型检验小额信贷的减贫效应发现，小额信贷降低农村绝对贫困的程度大于降低相对收入短缺和收入不平等的程度，应放开小额信贷政策约束，增加农户信贷服务可及性，改进贫困农户贷款评级授信方式，探索贷款风险分散和化解机制。⑤

关于信贷扶贫的文献可以粗略地总结为以下几个特征：①小额信贷作为一种小规模信贷服务类型，成为全球信贷扶贫的主要产品及商业模式（主要是营利性小额信贷）。②理论文献对信贷扶贫的有效性及局限性进行了辩证分析，提出了信息不对称引发的小额信贷扶贫失灵可能性。③当前研究转向对信贷扶贫效率及其制约因素的实证考察，产生了一批基于农户微观数据的实证分析成果，对信贷扶贫的精准性及供求影响因素进行了初步探讨。

从上述研究线索出发，我们引入农户信贷供求分析视角，对信贷资金对贫

---

① 王定祥，田庆刚，李伶俐，等．贫困型农户信贷需求与信贷行为实证研究［J］．金融研究，2011（5）：124－138.

② 林万龙，杨丛丛．贫困农户能有效利用扶贫型小额信贷服务吗?：对四川省仪陇县贫困村互助资金试点的案例分析［J］．中国农村经济，2012（2）：35－45.

③ 茹玉，张莉琴，林万龙．财政资金扶持下贫困村农户的信贷渠道选择研究——基于24个贫困村互助资金的调查［J］．金融理论与实践，2015（4）：41－45.

④ 闵杨，张家偶．小额信贷对贫困农户家庭福利的影响分析［J］．商业经济研究，2015（11）：101－102.

⑤ 胡宗义，罗柳丹．小额信贷缓减农村贫困的效用研究——基于面板模型的分析财经理论与实践［J］．2016（3）：10－15.

困人口支持的精准性与在扶贫用途配置上的定向性，以及农户借贷有效需求及信贷供给可得的影响因素，进行经验实证考察。考虑到当前贫困地区农户信贷渠道的多元性，我们不再将小额信贷单列考察，而是将扶贫信贷类型区分为正规信贷、非正规信贷，前者包括纯商业银行贷款及政策性商业贷款，后者包括亲朋借贷、熟人借贷及其他非正规金融机构贷款。信贷资金可以精准流向贫困农户并用于其内生发展脱贫吗？贫困农户存在更强的借贷需求吗？能得到有效的信贷供给吗？正规信贷和非正规信贷的扶贫成效有何区别？这是本文研究的三个关联问题。参考前人理论研究成果，基于我国信贷扶贫实践的观察，我们提出如下理论假说。

假说一：信贷有效支持农户脱贫的实质是破除贫困人口的金融约束并助其可持续发展，资金应流向贫困农户的生产经营项目，体现助益相对贫困人口发展脱贫的精准性和定向性。

假说二：贫困农户缺乏货币资金，理论上有高的资本边际收益率，借贷需求强，可获得信贷供给多，但现实中其信贷供求受到生计方式、信息、信用、社会资本等因素制约。

假说三：相比授信条件严格、程序复杂的正规信贷，以亲朋借贷、熟人借贷为代表的非正规借贷方式因其灵活性和便捷性更被贫困农户青睐，但受到亲朋关系和社会资本影响。

三、相对贫困测度、研究方法及数据来源

（一）相对贫困程度的主观测度及其修正

贫困及脱贫效果测度一直是有争议的经济学命题。本文意在探讨信贷支持贫困农户脱贫的有效性，因此必须进行农户相对贫困程度的指标测度。绝对贫困存在最低贫困线或官方扶贫标准①，相对贫困测度更多采用比较评价的方式。学界一般基于收入与财产指标对家庭进行由贫到富排序，从最低的五分之一到最高的五分之一进行分层以刻画相对贫困程度。但是，由于收入调查困难，本文拟通过村户主观自评方法确定其相对贫困程度的5个层级，再用客观

① 按照世界银行对贫困线的定义，一个人每天收入低于维持基本所需标准，即处于贫困线以下。世界银行公布的全球贫困线标准为每日生活费约1.90美元。中国当前贫困线标准约为农民年人均纯收入3000元。

的收入指标将村户分为5层，与主观自评的相对贫困分层进行比较，验证主观自评的精准性。①

具体而言，考虑到家庭收入调查的信息失真与认知差异，我们主要选用主观自评指标测度农户的相对贫困程度。在调研中发现，相比透露收入信息，农户倾向于评价本户在全村的相对贫困程度或相对经济地位，且能对周边农户的相对贫困程度及生计状况做出评价。通过对抽样农户的面对面访谈及问卷信息整理，获得样本农户相对贫困程度的主观自评值，将其分别标记为“非常贫困”“较为贫困”“中等”“中等偏上”“富裕”，分别赋值1～5，形成农户相对贫困程度及其动态变化的数据基础，据此进行统计描述与计量分析。

我们采集农户的家庭收入和财产、福利信息，形成农户相对贫困程度的客观指标测度，用于对主观自评指标进行佐证与适度修正。具体为，选择并依据客观的收入指标，将样本农户按相对贫困程度排序（由低到高），参照主观自评体系中的分层占比，对农户收入指标进行分层赋值（1～5）。如果农户收入指标的分层赋值与主观自评的分层赋值一致，则主观自评分层赋值的真实性得到确认；如果与之不一致，则引入房产存量指标，对自评指标与收入指标的相对真实性进行比较评判，房产指标偏向哪类指标，则确定选择这类指标赋值。最终我们得到经过修正的全部样本农户的相对贫困程度分层赋值（1～5），具体见后文。

（二）研究方法及模型设定

为了验证上述假说，我们基于抽样调研的农户数据，首先进行信贷支持贫困农户脱贫精准性的统计分析：①确定样本农户相对贫困程度的分层测度值；②识别样本农户信贷需求意愿，计算不同贫困层级的农户需求率，观察是否存在“信贷需求意愿随贫困程度加深而增强”的变化趋势，以及对正规信贷与非正规信贷的需求特征差异；③采集农户信贷供给可得的信息，计算不同贫困层级农户的信贷供给可得率，观察是否存在“信贷供给可得性随贫困程度加深而增强”的变化特征，以及正规信贷与非正规信贷渠道资金可得性差异。

进而构建计量模型，利用农户信贷活动及家庭特征的调研数据，考察信贷供求两侧的影响因素，检验正规信贷与非正规信贷支持贫困人口发展脱贫的精准性与定向性。在已有实证文献中，有学者运用竞争者模型和福利模型分析农

① 感谢匿名评审专家的宝贵意见。

户借贷行为的福利效果①，但大多数学者采用需求可识别的双变量“Probit”模型研究贫困农户借贷需求及供给可得的影响因素（黄祖辉等，2009②；程恩江、刘西川，2010③；徐璋勇、杨贺，2014④；严太华、刘志明，2015⑤）。相比单变量“Probit”模型，双变量“Probit”模型将信贷供求置于统一分析框架之内。调研发现，部分生计较好的农户未有借贷行为并非受限于偿还能力或社会关系，很大程度上是因为信贷需求意愿不强。针对样本农户的相关性检验也表明，信贷总需求与信贷总供给相关系数高达 0.7906，有显著的关联性，宜采用需求可识别的双变量“Probit”模型。已有文献表明，生计状况、信贷用途、信息、社会关系等因素均对农户的借贷积极性及偿付能力造成影响，进而影响信贷需求与信贷供给可得性。由此构建需求可识别双变量“Probit”模型。

假设影响信贷需求、供给的因素分别为向量 $\boldsymbol{X}_{\mathrm{D}}$ 、$\boldsymbol{X}_{\mathrm{S}}$ ，则有联立模型如下：

$$\begin{cases} Y_{\mathrm{D}}^{*} = X_{\mathrm{D}}\beta_{\mathrm{D}} + \varepsilon_{\mathrm{D}} \\ Y_{\mathrm{S}}^{*} = X_{\mathrm{S}}\beta_{\mathrm{S}} + \varepsilon_{\mathrm{S}} \end{cases} \tag{1}$$

其中，Y_{D}^{*} 代表农户的信贷需求意愿，Y_{S}^{*} 代表金融机构的信贷供给意愿；β_{D} 、β_{S} 为待估参数；ε_{D} 与 ε_{S} 服从联合正态分布：$\varepsilon_{\mathrm{D}},\varepsilon_{\mathrm{S}} \sim BVN(0,0,1,1,\rho)$ ，ρ 为ε_{D} 与 ε_{S} 的相关系数。

由于农户信贷需求及其获得信贷供给的主要影响因素具有很强的一致性，本文假设 $\boldsymbol{X}_{\mathrm{D}} = \boldsymbol{X}_{\mathrm{S}}$ ，即影响信贷需求与信贷供给的因素相同。因此（1）式可简化为：

$$\begin{cases} Y_{\mathrm{D}}^{*} = X\beta_{\mathrm{D}} + \varepsilon_{\mathrm{D}} \\ Y_{\mathrm{S}}^{*} = X\beta_{\mathrm{S}} + \varepsilon_{\mathrm{S}} \end{cases} \tag{2}$$

然而，需求意愿 Y_{D}^{*} 及供给意愿 Y_{S}^{*} 均难以观测与量化。在调研过程中仅

① 李锐，李宁辉．农户借贷行为及其福利效果分析经济研究［J］．2004（12）：96－104．

② 黄祖辉，刘西川，程恩江．贫困地区农户正规信贷市场低参与程度的经验解释［J］．经济研究，2009（4）：116－128．

③ 程恩江，刘西川．小额信贷缓解农户正规信贷配给了吗?：来自三个非政府小额信贷项目区的经验证据［J］．金融研究，2010（12）：190－206．

④ 徐璋勇，杨贺．农户信贷行为倾向及其影响因素分析——基于西部 11 省（区）1664 户农户的调查［J］．中国软科学，2014（3）：45－56．

⑤ 严太华，刘志明．信贷需求、借贷行为与农户社会网络的关联度［J］．改革，2015（9）：151－159．

能观察到“是否存在信贷需求”“是否得到信贷供给”这一结果。因此，双变量“Probit”模型以 Y_D^* 、Y_S^* 表示不可观测的潜变量，以可观测的虚拟变量 Y_D、Y_S 表示调研所观测的结果。其中 $Y_D=1$ 表示存在信贷需求，$Y_D=0$ 表示不存在信贷需求；$Y_S=1$ 表示获得信贷供给，$Y_S=0$ 表示未获得信贷供给。不可观测的潜变量和实际观测的虚拟变量之间的关系如下：

$$\begin{cases} Y_D = 1(Y_D^* > 0) \\ Y_D = 0(Y_D^* \leqslant 0) \end{cases};\begin{cases} Y_S = 1(Y_S^* > 0) \\ Y_S = 0(Y_S^* \leqslant 0) \end{cases} \tag{3}$$

已有研究常采用极大似然法对（1）式进行估计。过程中，可将（1）式的对数似然函数表示如下（其中 Φ 为一元累积正态分布函数，Φ_{BN} 为二元累积正态分布函数）：

$$\ln L(\beta_D,\beta_S,\rho) = \sum_{i=1}^{n}\{Y_D Y_S \ln\Phi_{BN}(X_D\beta_D, X_S\beta_S,\rho) + Y_D(1-Y_S)\ln[\Phi(X_D\beta_D) - \Phi_{BN}(X_D\beta_D, X_S\beta_S,\rho)] + (1-Y_D)\ln\Phi(-X_D\beta_D)\} \tag{4}$$

计量软件可采用相应的估计方法对（4）式进行估计，从而求得 β_D,β_S 。

调研中发现，农户的正规信贷与非正规信贷的供求存在显著差异。从信贷需求看，尽管不同贫困程度的群体总体信贷需求类似，但富裕农户由于信息较充分，呈现出“正规信贷需求主导”的特征，贫困农户受困于信息不足，呈现出“非正规信贷依赖”的特征。从信贷供给可获得性看，富裕农户还贷预期高、信用条件好，正规信贷、非正规信贷可得性强，但贫困农户受到偿贷能力与风险方面的质疑，正规信贷满足率低，更多寻求非正规信贷。农户生计状况与信息充分度不同，在两种信贷类型上的供求表现不同，有必要对两种信贷类型做比较分析。因此，有别于已有研究，本文不仅对农户总体信贷（或一般信贷）的供求影响因素进行计量分析，而且调整计量模型与变量，分别对正规信贷、非正规信贷进行了分析。

（三）变量设定及数据来源

1. 因变量

本文把农户是否表达了借贷需求、信贷服务是否可得分别作为需求方程和供给方程的因变量。农户表达信贷需求的取值为 1，反之取值为 0；得到信贷服务的取值为 1，反之为 0。

为识别农户的有效借贷需求，本文采用意愿调查法①②设计调查问卷，在2016年6月采集了样本农户信贷需求及其供给可得的相关信息，并于2017年6月进行了样本农户信贷行为及其借贷用途的补充调查。考虑到研究的时间价值及调查对象的记忆力等因素，对农户借贷行为的考察期限选择以2015年初为起始点。

2. 自变量

本文所使用的自变量主要涉及农户相对贫困程度、分类收入占比、农户家庭人口特征、农户的信贷信息与社会资本（关系）。在总体信贷模型中考虑了信贷投向（用途或项目）。

相对贫困程度是考察信贷支持贫困农户精准性的关键变量。将修正后的相对贫困主观自评分层取值设定为计量分析中的相对贫困测度指标。在总体信贷模型中，该变量为0～1，相对贫困取值为0，相对富裕取值为1。在区分正规信贷与非正规信贷的计量分析模型中，该变量为分层顺序变量，即“非常贫困”“较为贫困”“中等”“中等偏上”“富裕”，取值为“1”“2”“3”“4”“5”。调查发现，农户收入主要由农业收入、工资收入和商业收入三部分组成，其中农业收入所占比例极小。因此，仅考虑将商业收入占比和工资收入占比纳入自变量考察。

在家庭人口特征中，家庭负担作为农户生计能力的制约性变量，关系着收支平衡与实际贫困程度。首先，我们选择家庭负担人口，即16岁以下和55岁以上女性及60岁以上男性的人口总和作为人口特征自变量。其次，我们选择家庭存在的中长期患病（指患有慢性疾病、癌症等需要长期治疗的疾病）人口数和就学人口数作为反映农户医疗和教育负担的自变量。

农户的信贷信息充分度关系到信贷需求能否有效激活，以及信贷供给涉及的交易成本大小。我们设定“获取信贷信息的主动性与积极性”这一变量间接度量农户信息充分度。此外，调查农户从金融机构贷款的经历，这一变量指标有助于刻画农户的信贷熟悉情况、信用特征。

我们用与村干部关系的紧密度、与亲朋邻里关系的良好度这两个变量表示农户的社会关系网络或社会资本情况，前者关系到农户的正规信贷资源可及

---

① 黄祖辉，刘西川，程恩江. 贫困地区农户正规信贷市场低参与程度的经验解释［J］. 经济研究，2009（4）：116－128.

② 李金亚，李秉龙. 贫困村互助资金瞄准贫困户了吗：来自全国互助资金试点的农户抽样调查证据［J］. 农业技术经济，2013（6）：96－105.

性，后者与非正规信贷有关。

还有其他方面的家庭人口特征也会导致不同的信贷行为，因此本文引入家庭人口数、户主年龄、男户主及女户主的受教育程度作为控制变量。

贷款用途对信贷供求具有重要影响，这一变量将用于对信贷支持贫困农户脱贫的定向性检验（用途或项目精准性分析）。但由于信息采集困难，难以完整地统计农户分别在正规信贷、非正规信贷方面的借贷用途。因此，本文仅在总体信贷模型中将信贷投向作为自变量（见表1）。

表1　变量名称及含义

变量名称	变量含义
年龄	户主年龄（岁）
男户主受教育程度	男户主的学历（小学及以下=1，初中=2，高中及以上=3）
女户主受教育程度	女户主的学历（小学及以下=1，初中=2，高中及以上=3）
家族总人口	家庭总人口数（人）
相对贫困程度	总体信贷模型中：相对贫困=0，相对富裕=1 细分信贷的模型中： 非常贫困=1，较为贫困=2，中等=3，中等偏上=4，富裕=5
家庭负担人口	家庭负担人口（人）
家庭中长期患病人口	家庭中长期患病的人口（人）
家庭中上学人口	家庭中上学的人口（人）
商业收入占比	2015年以来年平均商业活动收入占总收入的比例（10%以下=1，10%～30%=2，30%～50%=3，50%～70%=4，70%以上=5）
工资收入占比	2015年以来年平均工资收入占总收入的比例（10%以下=1，10%～30%=2，30%～50%=3，50%～70%=4，70%以上=5）
与村干部关系的紧密度	与村干部关系的紧密度（一般及以下=0，一般及以上=1）
与亲朋邻里关系的良好度	与亲朋邻里关系的良好程度（一般及以下=0，一般及以上=1）
从金融机构贷款的经历	是否在2015年以前获得过金融机构的贷款（否=0，是=1）
获取信贷信息的主动性与积极性	2015年初以来是否积极通过各种渠道了解信贷政策及业务信息（否=0，是=1）
用于购置生产资料	所获贷款是否用于购置生产资料（否=0，是=1）
用于生活消费	所获贷款是否用于生活消费（否=0，是=1）

3. 样本数据

本文使用的样本农户数据是通过国家社科基金（编号：15CJL057）资助的“精准扶贫的瞄准机制与施策效率研究课题组”进入农村实地入户调研所得。调研采取抽样选择村户开展面对面意愿调查的方法，获取样本农户信贷需求意愿及供给的数据信息。调研分两个阶段，在第一阶段即2016年6月，课题组前往四川省内江市书房湾村等地进行村户调研，采集样本农户数据306份，但部分信息有疏漏，尤其是信贷用途信息不全；在第二阶段即2017年6月，课题组又回访书房湾村等地进行补充性调研，不仅将有效的样本农户数据扩充到459份，而且补充了信贷用途的数据信息，构成了本文用以经验实证分析的样本数据系列。

四、样本统计分析

（一）样本农户相对贫困程度的分层测度取值

基于上文提出的对样本农户相对贫困程度的测度方法，采集459户农村家庭的主观自评与收入及资产信息，按照主观自评指标由贫到富将样本农户排序，划分为相对贫困程度不同的5个层级，分别为“非常贫困”“较为贫困”“中等”“中等偏上”“富裕”，相应赋值“1”“2”“3”“4”“5”，并计算分层占比，具体如表1的前两列所示。

在引入客观的收入指标对主观自评的真实性进行佐证时，依据收入由低到高将样本农户排序，直接选用主观自评的分层占比将其划分为5个层级，由此确定各层级的收入区间，也将其标准化赋值为“1”“2”“3”“4”“5”。具体见表2中的后两列。

将每个样本农户的主观分层赋值与客观收入赋值相对比，若一致，则视为佐证通过，确定为最终的相对贫困程度；若不一致，则有待资产指标的判断。由此计算佐证通过率与未通过率，佐证通过率即佐证通过样本数与总样本数之比。具体见表2中的中间两列。

表 2　样本农户相对贫困程度主观自评的收入佐证

基于自评的相对贫困程度测度（1）		主观自评收入指标佐证［用(2)佐证(1)］		基于收入的相对贫困程度测度（2）	
主观自评分层	主观分层占比（a）	佐证通过率	未通过率	收入分层（单位：万元）［按分层占比（b）确定］	分层占比（b）［按主观分层占比(a)设定］
1（非常贫困）	13.73%	80.95%	19.05%	［0，3］（标准化为 1）	13.73%
2（较为贫困）	19.61%	60.00%	40.00%	［3，5.3］（标准化为 2）	19.61%
3（中等）	38.56%	72.88%	27.12%	［5.3，10］（标准化为 3）	38.56%
4（中等偏上）	18.30%	53.57%	46.43%	［10，15］（标准化为 4）	18.30%
5（富裕）	9.80%	73.33%	26.67%	［15，36］（标准化为 5）	9.80%

表 2 中处于相应自评分层的样本农户，若分层未通过收入指标的佐证，则引入房产指标判断主观自评与收入指标的相对真实性。依据房产价值由低到高将样本农户排序，直接选用主观分层占比将其分为 5 个层级，由此确定各层的资产价值区间，相应赋值“1”“2”“3”“4”“5”。将未通过佐证的样本农户的主观分层赋值和客观收入赋值与资产赋值对比，将二者中更为接近资产赋值的指标确定为最终的相对贫困程度。最终每个样本农户的相对贫困程度均取得了修正后的测度值，并据此计算修正后的分层占比。结果见表 3。

表 3　考虑客观指标而修正后的样本农户相对贫困程度分层

相对贫困程度分层	主观自评分层占比（%）	修正后的分层占比（%）
1（非常贫困）	13.73	13.73
2（较为贫困）	19.61	17.65
3（中等）	38.56	39.87
4（中等偏上）	18.30	20.92
5（富裕）	9.80	7.84

注：样本农户相对贫困程度分层指标值的中位数为 3，均值为 2.915，标准差为 1.118。

基于修正后的样本农户相对贫困程度分层测度值，计算中位数、均值和标准差等统计指标，发现农户相对贫困程度基本呈正态分布，也反映了随机抽样农户相对贫困测度的合理性。

（二）样本农户的信贷需求：穷人需要信贷尤其是非正规信贷

农户相对贫困程度不同，信贷需求也不同。不同贫困层级农户的信贷需求特征见表4，相对贫困程度与信贷需求意愿强度的变化关系见图1。

总体而言，农户信贷需求表现出随着相对贫困程度加深而增强的趋势，即农户越穷信贷诉求越强。“富裕”“中等”“非常贫困”农户层级的总体信贷需求率分别为77.00%、78.69%、80.95%，需求率随贫困程度加深而增加。但是“中等偏上”农户层级的总体信贷需求率在所有层级中最低，为68.75%；“较为贫困”农户层级的总体信贷需求率在所有层级中最高，为85.19%。

农户的非正规信贷需求变化遵循了上述趋势。“富裕”“中等偏上”“中等”“非常贫困”农户层级的非正规信贷需求率分别为35.00%、60.71%、67.21%、80.95%，需求率随贫困程度的加深而增加。但是，较为贫困农户层级的非正规信贷需求率在所有层级中最高，为81.48%。

农户正规信贷需求的变化则与上述趋势相反，即农户越穷，对正规信贷的诉求越低。“富裕”“中等偏上”“中等”“非常贫困”农户层级的正规信贷需求率分别为75.00%、56.25%、39.34%、33.33%，呈现降低趋势。但是“较为贫困”农户层级的正规信贷需求率为70.37%，仅次于“富裕”农户层级。

对比样本农户的非正规和正规信贷需求发现，除“富裕”农户对正规信贷的需求远大于非正规信贷外，其余农户层级特别是“非常贫困”农户层级对非正规信贷的依赖强于正规信贷。

表4　不同贫困程度农户对不同信贷的需求

项目		非常贫困	较为贫困	中等	中等偏上	富裕	合计
总体信贷需求	户数（户）	51	69	144	66	27	357
	需求率（%）	80.95	85.19	78.69	68.75	77.00	77.78
正规信贷需求	户数（户）	21	57	72	54	27	231
	需求率（%）	33.33	70.37	39.34	56.25	75	50.33
非正规信贷需求	户数（户）	51	66	123	60	12	312
	需求率（%）	80.95	81.48	67.21	60.71	35.00	67.97

注：需求率（%）=存在信贷需求的农户数/样本农户数

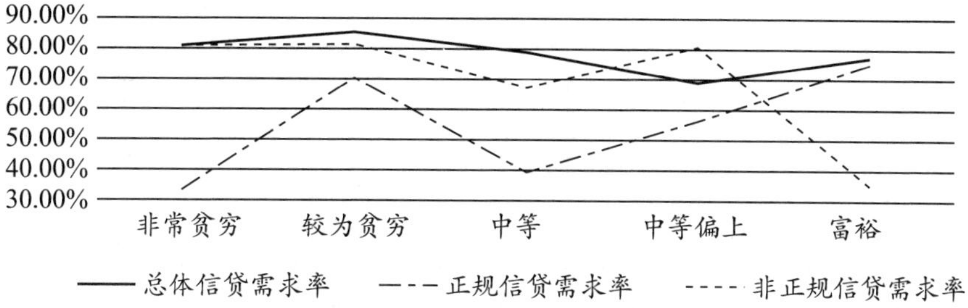

图1　样本农户的信贷需求率

（三）样本农户的信贷供给可达：穷人难以获得信贷尤其是正规信贷

农户相对贫困程度不同，获得的信贷供给也不同，二者关系如表5和图2所示。

总体而言，农户获得的信贷供给表现出随着相对贫困程度的加深反而有减弱的趋势，即农户越穷，获得信贷供给的概率越低。其中，“富裕”和“中等偏上”农户层级的信贷需求全部得到了满足。“一般”“较为贫困”“非常贫困”农户层级的总体信贷供给率分别为95.83%、78.26%、58.82%。

农户获得非正规信贷供给的变化与上述趋势非常相近。但除“富裕”和“中等偏上”的农户层级之外，“中等”农户层级的非正规信贷需求也全部获得了供给。但是“较为贫困”农户层级的非正规信贷供给率下降为81.81%，“非常贫困”农户层级的非正规信贷供给率更是接近58.82%。

农户获得正规信贷供给的变化也遵循上述趋势。样本农户的正规信贷供给率随贫困程度的加深而逐渐大幅降低。其中，“较为贫困”农户层级的正规信贷供给率下降到10.53%，更为极端的现象是，没有一个非常贫困农户的正规信贷需求得到供给满足。

比较样本农户的非正规和正规信贷供给状况，我们发现在各个贫困程度层级上，样本农户获得的非正规信贷供给率均大于正规信贷，且相对贫困程度越深，这种差距越明显。

表5　不同贫困程度农户对不同信贷的供给

项目		非常贫困	较为贫困	中等	中等偏上	富裕	合计
总体信贷需求	户数（户）	30	54	138	66	27	315
	供给率（%）	58.82	78.26	95.83	100	100	88.24

续表5

正规信贷供给	户数（户）	0	6	33	27	24	90
	供给率（%）	0	10.53	45.83	50.00	88.89	38.96
非正规信贷供给	户数（户）	30	54	123	60	12	279
	供给率（%）	58.82	81.81	100	100	100	89.42

注：供给率=获得信贷供给的农户数/存在信贷需求的农户数

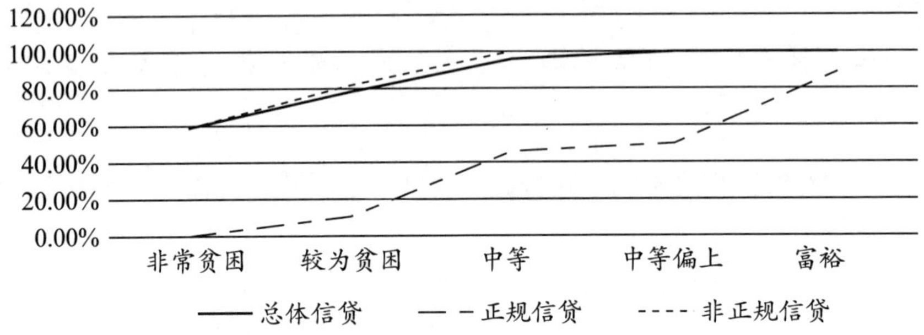

图2　样本农户的信贷供给率

（四）小结：信贷尤其是正规信贷精准帮扶穷人的成效不明显

从对样本农户信贷需求和供给两侧的综合统计分析来看，尽管农户对信贷的需求意愿随贫困程度的加深而增强，但获得的供给满足却随之降低，信贷资源没有更多流向相对贫困的家庭，即没有实现“精准扶贫”，反而为相对富裕群体“捕获”，走入“嫌贫爱富”的信贷配给误区。

从分类来看，就非正规信贷而言，农户信贷需求及供给获取表现出与总体信贷相似的趋势，非正规信贷未实现对贫困农户的精准供给；就正规信贷来看，农户无论是信贷需求还是信贷供给获得程度，均随着相对贫困程度的加深而减弱或降低。正规信贷的精准扶贫成效相对更弱。

五、计量结果分析

（一）总体信贷需求与供给的影响因素分析

基于以上方法及模型设定，运用“Stata13.1”软件对总体信贷层面的农户信贷需求与供给可得影响因素进行实证分析。为解决多重共线性，在前述相对贫困测度结果的基础上，将“相对贫困程度”变量划分为两个等级，并作为0~1变量处理。“非常贫困”“较为贫困”“中等”3个等级合归为“相对贫困”，取值为0；“中等偏上”“富裕”两个等级合归为“相对富裕”，取值为1（见表6）。

表6　农户总体信贷需求及供给可得影响因素的实证结果

变量	需求	供给
	总体信贷	总体信贷
年龄	0.083 (0.053)	−0.019 (0.016)
男户主受教育程度	3.903* (2.077)	1.638 (1.092)
女户主受教育程度	2.410 (2.446)	0.917 (1.659)
相对贫困程度	1.312 (0.923)	1.205* (0.725)
家庭总人口	−0.699** (0.308)	−0.100 (0.203)
家庭负担人口	0.829 * (0.468)	0.239 (0.221)
家庭中长期患病人口	0.484 (0.714)	−0.014 (0.317)
家庭中上学人口	0.493 (0.778)	−0.023 (0.362)
商业收入占比	0.334** (0.147)	0.299** (0.117)
工资收入占比	−0.064 (0.111)	0.154* (0.088)
与亲朋邻里关系的良好度	−1.006 (0.883)	1.383** (0.662)
与村干部关系的紧密度	−0.397 (1.000)	0.008 (0.926)
从金融机构贷款的经历	0.904 (0.725)	0.074 (0.352)
获取信贷信息的主动性与积极性	3.120* (1.862)	1.122*** (0.435)
是否用于购置生产资料	8.613 (1312451)	2.262*** (0.814)

续表6

变量	需求	供给
	总体信贷	总体信贷
是否用于生活消费	5.486*** (1.705)	3.153*** (0.502)
最大似然函数值	−44.997	
观测值	459	

注：上标*、**、***分别表示变量在1%、5%、10%的统计水平上显著，括号内的数字为标准误差。

如表6所示，针对总体信贷的实证结果可表述如下。

1. 信贷需求与供给未体现出显著的发展用途偏向性

就信贷需求反映出来的贷款用途偏向性而言，“用于生活消费”的借贷动机对信贷需求强弱有显著影响，而“用于购置生产资料”的借贷动机则对信贷需求强弱无显著影响。这体现出目前农户的信贷需求很大程度上是由消费驱动而非发展驱动的。农户寻求信贷时对家庭生计的长远发展考虑较少，内生脱贫动力欠缺，因产业而贷、为发展而贷的动机不强。

就信贷供给对发展性项目或资金用途的偏向性而言，“用于生活消费”和“用于购置生产资料”对信贷供给均有显著的促进作用。这在一定程度上反映出，包括金融机构在内的信贷供给方没有对农户信贷动机或资金用途进行仔细甄别，未对生产发展或产业脱贫类项目给予明显的资金配置倾斜。信贷供给的生产支持导向不明显，制约信贷支持农户脱贫的成效。

2. 信贷需求与供给未体现出支持贫困农户的精准性

实证结果显示，“相对贫困程度”对信贷需求的影响不显著。这反映出农户信贷需求与其家庭的相对贫困程度关系不大，贫困农户并未比相对富裕的农户表现出更强的信贷意愿。值得关注的是，“相对贫困程度”对信贷供给产生显著的正向影响。这表明进行信贷供给时，金融机构等放贷方更愿意将资金贷给偿付能力较强的客户群体，甚至排斥相对贫困的农户。

综合以上结果，相对贫困农户尽管表现出较强的信贷需求意愿，但更难以得到信贷供给，其在生产经营及发展脱贫方面未得到倾斜性质的信贷资金配给，制约了精准扶贫成效。

3. 信贷需求意愿的影响因素

实证结果表明，农户的信贷需求意愿主要受信息充分程度、家庭特征的影响。

就信息充分程度而言，“获取信贷信息的主动性与积极性”对信贷需求有显著促进作用，这在一定程度上反映了金融信息在激发农户信贷需求方面的关键作用。贫困农户主动向银行等金融机构工作人员，或通过亲朋邻里、扶贫干部等社会关系网络，获取各种金融政策及信贷业务信息，熟悉正规信贷程序、额度、利率和非正规借贷的法定标准或风险因素，可以降低因“不知、少知”的信息局限所致“惜贷、惧贷”行为发生的概率，增加借贷积极性。

就家庭特征而言，“男户主受教育程度”对总体信贷需求存在显著正向影响，可能因为受教育程度高的家庭户主更容易获得信息，更富有市场开放理念，因而有更强的借贷需求。“家庭总人口”对信贷需求有显著的负向影响，一个解释是，家庭人口越多，可能意味着劳动力更充足，劳动收入高，弱化了正规信贷需求。“家庭负担人口”对总体信贷需求有显著正向影响，这可能是因为家庭负担人口越多则开销越大，产生较强的信贷需求。“商业收入占比”对信贷需求有显著的正向影响，这可能是因为从事商业经营而产生更强的信贷融资需求。

4. 信贷供给可得的影响因素

农户的信贷供给可得性主要受信息充分程度、家庭收入结构和家庭关系的影响。

就信息充分程度而言，“获取信贷信息的主动性与积极性”对信贷供给可得有显著的促进作用，反映出信息对信贷配给和农户信贷获取的重要影响。信息充分带来的影响是双重的，一方面提升了农户主动寻求信贷的积极性，增大了获得信贷供给的概率；另一方面有利于信贷供给方了解农户信贷需求与信用状况及信贷用途，权衡回报与风险，降低交易费用与业务成本，增加对信息透明、信用良好、回报可期的贫困农户获得信贷供给的概率。

就家庭收入结构而言，“商业收入占比”“工资收入占比”对信贷供给可得有显著的正向影响。“商业收入占比”“工资收入占比”大，意味着农户有较为稳定的增收渠道和借贷偿付能力，容易获得金融机构及非正规渠道的信贷供给。

就农户家庭关系而言，“与亲朋邻里关系的良好度”对信贷供给可得有显著的正向影响。这可能是因为，“与亲朋邻里关系的良好度”作为一种社会资本，能扩大农户的社会信息渠道与信用网络，同时表明其具有较好的信用状况，更容易获得信贷供给尤其是非正规借贷资金。

（二）正规信贷与非正规信贷在供求影响因素上的比较分析

为进一步探究不同类型信贷的扶贫功效，我们将总体信贷分为非正规信贷和正规信贷，运用“Stata13.1”软件对其各自的供求影响因素进行实证分析，结果见表7。在非正规信贷和正规信贷供求分析模型中，将农户相对贫困程度测度还原为顺序变量，使用修正后的农户相对贫困程度分层测度值，即相对贫困程度被划为“贫穷”“较贫穷”“一般”“较富裕”“富裕”5个层级，分别赋值为“1”“2”“3”“4”与“5”。

表7　农户非正规信贷和正规信贷供求影响因素的实证结果

变量	非正规信贷		正规信贷	
	需求	供给	需求	供给
年龄	−0.014 (0.012)	−0.017 (0.012)	0.001 (0.012)	−010 (0.016)
男户主受教育程度	0.323 (0.519)	−0.241 (0.518)	1.448* (0.767)	−0.554 (0.608)
女户主受教育程度	0.526 (0.872)	0.298 (0.872)	0.006 (0.899)	0.021 (0.844)
相对贫困程度	−0.383* (0.226)	−0.066 (0.236)	−0.192 (0.244)	0.482* (0.274)
家庭总人口	0.229* (0.120)	0.234* (0.121)	0.001 (0.126)	0.074 (0.169)
家庭负担人口	0.037 (0.147)	0.050 (0.146)	0.227 (0.168)	−0.104 (0.189)
家庭中长期患病人口	0.296 (0.201)	0.216 (0.200)	0.186 (0.226)	−0.010 (0.238)
家庭中上学人口	−0.457 (0.214)	−0.058 (0.214)	−0.008 (0.216)	0.245 (0.279)
商业收入占比	−0.033 (0.034)	−0.056 (0.034)	0.073* (0.044)	0.025 (0.030)
工资收入占比	−0.034 (0.054)	−0.045 (0.054)	0.057 (0.054)	−0.077 (0.062)
与亲朋邻里关系的良好度	0.341 (0.408)	1.020** (0.515)	−0.323 (0.442)	0.074 (0.689)
与村干部关系的紧密度	−0.990*** (0.376)	−1.243*** (0.376)	0.176 (0.479)	−0.123 (0.621)

续表7

变量	非正规信贷		正规信贷	
	需求	供给	需求	供给
从金融机构贷款的经历	0.283 (0.231)	0.196 (0.237)	−0.171 (0.255)	0.566* (0.338)
获取信贷信息的主动性与积极性	0.644** (0.261)	0.616** (0.261)	1.781*** (0.284)	1.374*** (0.322)
最大似然函数值	−98.360		−101.697	
观测值	459		459	

注：上标*、**、***分别表示变量在1%、5%、10%的统计水平上显著，括号内的数字为标准误差。

1. 非正规信贷和正规信贷需求意愿影响因素的比较

从相对贫困程度对信贷需求的影响看，非正规信贷呈现出“越贫越需要”的精准性，正规信贷呈现出“贫富偏好中性”。如表 6 所示，“相对贫困程度”这一变量对非正规信贷需求有显著的负向影响，即越贫穷的农户非正规信贷需求意愿越强。“相对贫困程度”与正规信贷需求无显著相关性，即正规信贷不能实现对相对贫困农户需求的自动识别。

金融信息的缺失极大地制约着农户的非正规信贷需求和正规信贷需求。如表 6 所示，无论非正规信贷，还是正规信贷，“获取信贷信息的主动性与积极性”变量均对农户信贷需求产生显著的正向影响，这在一定程度上显示了金融信息对于促进农户信贷需求意愿的重要意义。农户通过主动向其亲戚朋友或银行等金融机构了解金融信息，能够充分了解获得贷款的程序、额度、利率等，降低了农户由于“不知、不敢或不能”的固有认知或相关经验而放弃信贷需求的概率。

从其他关键影响因素看，与亲朋邻里的良好关系在很大程度上提升了农户的非正规信贷需求意愿，具有较高的文化素质和商业收入占比的农户则表现出更强的正规信贷需求意愿。

与亲朋邻里的良好关系能增强农户的非正规信贷需求意愿；与亲朋邻里关系差会抑制农户的非正规信贷需求意愿。如表 6 所示，除“获取信贷信息的主动性与积极性”外，“家庭总人口”对农户的非正规信贷需求存在显著的正向影响。一方面，家庭人口数越多，产生信贷需求的动机（如建房、上学、患病等）可能就越多；另一方面，家庭人口数越多，拥有的亲戚朋友往往越多，意味着非正规信贷供给渠道多，强化了农户对非正规信贷的需求。另外，“与村干部关系的紧密度”对农户的非正规信贷需求有显著的负向影响。与村干部关系良好的农户一般有两类，一类是村干部群体内成员及其亲朋好友；另一类是村干部重点联络的孤寡贫困户。前一类往往拥有较稳定的收入和一定的经济地位，非正规信贷需求较弱，即便有信贷需求也会因村干部关系担保而更多寻求正规信贷。后一类农户缺乏亲朋好友等非正规信贷渠道，往往极端贫困，抑制了非正规信贷需求意愿，更多地依赖政府兜底资金。

文化素质和商业收入占比对农户的正规信贷需求意愿有重要影响。如表 7 所示，“男户主受教育程度”显著增加农户的正规信贷需求。一般来说，男户主属于家庭决策者，文化素质越高，越主动寻求正规金融机构的信贷信息，并容易获得相关信息做出信贷决策，强化了家庭正规信贷需求意愿。“商业收入占比”对农户的正规信贷需求也有显著的正向影响，商业收入越高的家庭对资金需求强且有较多的社会资本，更倾向于寻求正规信贷来解决经营问题。

2. 正规信贷和非正规信贷供给可得的影响因素比较

从相对贫困程度对供给的影响看，如表 7 所示，“相对贫困程度”这一变量与非正规信贷供给无显著相关性，非正规信贷流向呈现“贫富偏好中性”，但是“相对贫困程度”对正规信贷供给有显著影响，具体表现为，正规信贷不仅没有实现对贫困农户的精准供给，而且供给对象甚至上移到了更为富裕的农户，呈现出“嫌贫爱富”的信贷配给特征。

信息对非正规信贷和正规信贷的供给偏向有显著影响，尤其关系着农户正规信贷供给的获得。如表 7 所示，无论非正规信贷，还是正规信贷，“获取信贷信息的主动性与积极性”均显著地正向影响农户获得的信贷供给。“获取信贷信息的主动性与积极性”对信贷业务的作用是双重的，一方面增强了农户寻求信贷的积极性；另一方面也利于信贷供给方了解农户的信贷需求，减少信息成本、交易成本及其他供给成本，增加了信贷供给可得的概率。值得注意的是，在直接或间接涉及金融信息显示的相关变量中，“从金融机构贷款的经历”也能显著地促进农户的正规信贷供给可得性。可以理解为，从金融机构贷款的经历有助于农户和金融机构相互熟悉，尤其是信贷供给方对农户财产、信用担保状况的了解，增加正规信贷供给。

从其他影响因素看，非正规信贷供给看重人情，与亲朋邻里的良好关系有助于农户获得非正规信贷供给；正规信贷供给的经济回报动机更强，使得家庭经济水平成为关键指标。

如表 7 所示，“与亲朋邻里关系的良好度”能显著地增加农户获得非正规信贷供给的概率。亲戚朋友充当非正规信贷的供给方，往往出于人情动机而提供借款。此外，与亲朋邻里的良好关系作为农户彼此借贷的信息显示机制或信用担保机制，有利于降低借贷交易成本，提升借贷实现概率。“家庭总人口”对非正规信贷供给有显著的正向影响。家庭人口数越多，往往意味着农户的亲戚朋友越多，越容易获得非正规信贷供给。“与村干部关系的紧密度”对获得非正规信贷供给有负向的影响。这可能因为，与村干部关系紧密度较高的农户中，孤寡贫困户占了主要比重，这部分农户亲朋关系圈子小，缺乏偿债能力，难以获得非正规信贷。

“相对贫困程度”对农户正规信贷供给可得性有显著影响，家庭经济水平越富裕的农户越容易受到正规信贷供给方的青睐。这在一定程度上反映出正规金融机构信贷供给的回报动机始终强于公益导向。金融机构更看重作为商业信贷业务对象的农户的家庭经济水平。

六、结论与政策启示

本文探讨信贷支持贫困农户发展脱贫的有效性，即信贷资金是否更多流向贫困农户并助其生产脱贫，通过考察贫困农户的信贷需求意愿及供给可达的表现及影响因素，有以下发现。

信贷支持农户内生发展的定向性不明显。农户信贷动机与用途关系着信贷需求意愿强弱，但对信贷供给无显著影响。实证表明，生活消费促进信贷需求，生产资料购置对之无影响，反映了农户借贷的短期避险倾向，其救济与保障动机强于发展动机；无论是生活消费还是生产资料购置对信贷供给均有影响，生产经营类项目并未获得明显的信贷供给偏向。

信贷扶贫针对贫困人口的精准性不足。未有一致证据表明贫困农户释放出更强的信贷需求，但有明确证据反映农户越贫困越不容易获得信贷供给。统计表明，农户越贫困越青睐非正规信贷而排斥正规信贷，但从二者获得的有效供给反而减少。计量分析结果未支持农户信贷需求与贫困程度的相关性，但验证了农户越贫困越不容易获得正规信贷的结论。

农户信贷需求的强弱受制于金融信息和学历、生计状况。“获取信贷信息的主动性与积极性”作为反映农户信贷信息敏感度的指标，对农户正规信贷和非正规信贷需求都有显著的正向影响。受教育水平高或商业性收入较多的农户也表现出较强的信贷需求。

农户的信贷可得性与信息因素、与亲朋邻里关系良好度、收入结构相关。

从实证结果看，农户“获取信贷信息的主动性与积极性”提升了其争取信贷的主动性与信贷需求信号显示度，获得信贷支持概率大；农户与亲朋邻里关系良好，商业收入与工资收入较多，意味着有更强的偿债能力与资产担保能力，更容易获得信贷资金供给。

正规信贷与非正规信贷在农户供求两侧有不同表现。对比分析发现：非正规信贷存在“越穷越需要”特征，正规信贷未呈现明显的贫富需求差异，与亲朋邻里关系良好、家庭人口多的农户依赖非正规信贷，教育水平高、商业收入多的农户倾向于正规信贷。非正规信贷供给与亲朋邻里关系有关；正规信贷“嫌贫爱富”特征明显，且更偏好有贷款经历的农户。

上述研究结论为进一步提高信贷扶贫的精准性与有效性提供了政策启示与对策建议。

一是设计“发展型”信贷产品，强化信贷帮扶的内生脱贫效应。针对短期消费或生计应急的“保障型”信贷产品在支持农户生产脱贫方面效果有限。信贷机构推出特色产业贷款、土地权利和林权抵押贷款、教育贷款等“发展型”信贷产品，在增加信贷收益的同时，可补充农户资本存量，提升其生产脱贫与可持续生计能力。信贷扶贫与产业扶贫、智力扶贫协同进行，则能强化生产收益回报，引导信贷机构对生产类项目的授信，帮助农户内生脱贫。

二是开拓“亲贫式”信贷业务，提升信贷扶贫的精准性。针对贫困人口的信贷需求特征，开发“亲贫、益贫”的信贷业务，设置贫困者偏向的甄别条件，将信贷资金投向边际收益高、脱贫效应大的贫困户创业就业领域，如特色资源创业担保信贷、贫困党员创业信贷、技能培训信贷等。通过贫困户资格、资本用途、创业素质、特色资源与市场前景等授信条件设置，财政贴息的杠杆作用，以及相关配套政策支持，强化信贷扶贫的精准性与可持续性。

三是破解“信息贫困”与惧贷心理，激活贫困农户的信贷需求。扩增普惠金融农村网点体系，推广互联网金融技术手段，强化信贷扶贫政策与业务宣传，减少信息不对称，引导贫困农户主动进入信贷市场，克服惧贷心理，释放有效需求信号。同时，做好农户信贷引导，约束不当信贷诉求，规范信贷资金使用流向，管控个别农户因落后思想、不良习惯或发展路径少而形成的“过度借贷”“盲目信贷”“超支乱用”行为，防止信贷致贫现象发生。

四是发掘信贷扶贫的商业回报及声誉价值，增加对贫困农户的信贷供给。识别人力资本素质高、生计能力强、有特色资源依托的贫困农户，瞄准其发展生产或投资创业的资本需求，设计和提供潜在商业回报高、风险可控的信贷产品，如“教育贷”“创业贷”“电商贷”，实现信贷扶贫的经济效益。金融机构成立专门的信贷扶贫部门或团队，推出行之有效的信贷扶贫产品与服务，在对贫困农户的精准帮扶中形成显著的声誉效应，强化自身品牌价值。

五是积极引导非正规信贷活动，保障贫困农户生活应急与可持续生计资金。倡导美丽乡村诚信文化建设，探索构建农户信用档案，增加贫困农户信用及社会资本，引导亲朋信贷、农户互助借贷活动健康发展。做好民间借贷最新司法解释的基层传达，推动民间借贷规范化和透明化，强化法治教育与政策宣传，杜绝非法金融和不良信贷。引导非正规信贷资金流向生产活动，减少人情来往的资金空转。针对无偿贷能力的贫困群体，出台兜底性信贷政策。

社群经济视角下我国农民专业合作社融资问题研究*

路　征　余子楠　朱海华[①]

摘　要：我国农民专业合作社的自身性质和发展特征使其难以获得外部融资，同时保护劳动者利益、限制资本所得的特征又难以让其获得足够的内部融资。如果通过产权变革将合作社变为投资者所有的企业，则易引起资本与劳动的对立。本文针对合作社融资难问题，结合对社群及社群经济发展模式的分析，认为在社群及社群经济视角下，应积极推动我国农民专业合作社由传统的合作经济发展形态向现代的社群经济发展形态转型，具体可加强以下四个方面的工作：加强合作社社会资本尤其是信任资本积累；拓展合作社功能尤其是金融服务功能；通过构建社员特别存款机制来拓展合作社内部融资方式；引入外部社会力量给予非营利性资金支持来拓展外部融资渠道。

关键词：社群；社群经济；合作经济；农民专业合作社；社会资本

我国农民专业合作社兴起于 20 世纪 80 年代。2007 年颁布的《中华人民共和国农民专业合作社法》，使农民专业合作社获得了独立的市场主体地位，这之后我国农民专业合作社的数量和质量都得到了很大提升。[②] 目前来看，以缴纳入股金的形式进行权益融资是大部分农民专业合作社的主要资金来源，但这笔初始资本往往不能满足其扩大生产的需求，只能为社员提供简单的生产或销售服务。因此，资金短缺和融资困难成为影响农民专业合作社发展壮大的长

* 基金项目：国家自然科学基金应急管理项目“政策研究重点支持项目”“‘一带一路’与中国西部发展”(71742004)、“四川省社会科学高水平研究团队建设计划”。

① 作者简介：路征，四川大学经济学院副教授，研究领域为区域经济发展、人力资本流动。
余子楠，四川大学经济学院硕士研究生，专业方向资产评估。
朱海华，四川大学经济学院博士研究生。

② 余丽燕. 农民专业合作社融资研究 [D]. 杨凌：西北农林科技大学，2012.

期、普遍问题。[①②③] 针对农民专业合作社融资难问题，现有研究主要根据对特定地区合作社进行的案例分析，建议加大对合作社的财政、金融支持力度以促进外部融资，或进行产权变革来强化资本投资激励以促进内部融资。但事实证明，前一种观点并不能完全解决合作社融资难问题，也不利于合作社长远健康发展，后一种观点则可能会造成劳动与资本的对立，对提高合作社生产效率所起到的作用也十分有限。[④] 因此，有必要从新的视角来研究解决我国农民专业合作社融资困境的思路。社群经济是20世纪80年代末开始逐渐被广泛应用的一种综合性经济发展模式，它基于社群成员之间的互助互惠和共同努力来对社群所拥有的资源进行优化配置，以达到提高社群整体及其成员福利的目的，而合作社或合作经济只是社群经济的一种基本形式。因而社群经济为改造升级我国农民专业合作社提供了一个新的思路。[⑤⑥⑦]

本文针对农民专业合作社的融资问题，首先分析造成我国农民专业合作社融资困难的原因，以及通过产权变量来解决融资问题的局限性；其次，介绍社群及社群经济发展理念，并从内涵更广的社群经济视角来探讨我国农民专业合作社的融资思路和途径。本文从社群经济这一新视角来分析我国农民专业合作社的融资问题，对解决我国农民专业合作社融资难问题具有一定的学术与实践价值。

一、我国农民专业合作社面临融资困境的成因

农民专业合作社的职能一般包括统一组织销售社员产品，并为社员提供生产资料、技术培训和信贷支持等，以此来提高社员生产和销售农产品的组织化程度，在一定程度上能解决农户小生产和大市场之间的矛盾，从而提高农户的收益。[⑧⑨] 与企业追求投资利益最大化的组织目标不同，合作社的组织目标是

---

① 王文献. 我国新型农民专业合作社融资问题研究［D］. 西南财经大学，2007.

② 谢宁. 山东省农民专业合作社融资问题研究［D］. 山东农业大学，2008.

③ 秦愚. 农业合作社的资本问题——基于相关理论与实践的思考［J］. 农业经济问题，2015 (7).

④ 同上。

⑤ 路征，张义方，邓翔. 基于社群经济的农村公共产品供给：泰国经验分析［J］. 东南亚研究，2013 (6).

⑥ 路征，邓翔，廖祖君. 社群经济：一个农村发展的新理念［J］. 四川大学学报（哲学社会科学版），2017 (1).

⑦ 路征，李睿. 产业视角下的社群经济类型划分研究［J］. 农村经济，2017 (9).

⑧ 余丽燕. 农民专业合作社融资研究［D］. 杨凌：西北农林科技大学，2012.

⑨ 秦愚. 组织成本视角下的农业合作社基本制度分析［J］. 农业经济问题，2014 (8).

追求社员利益最大化，其所有者、管理者与惠顾者的身份基本相同。① 缴纳一定的入股金是成为社员的必要条件，但合作社收益的分配主要是以交易量（额）为表现形式的按劳分配，资本（入股金）能取得的报酬十分有限②，且合作社原则上实行一人一票的民主管理，缴纳入股金的多少与投票权大小没有必然联系③，这与企业为了资本回报和企业控制权而进行的投资有很大不同。因此，“按交易量分配盈余、资本报酬有限、成员民主控制”是农民专业合作社的 3 个基本原则。④ 这些原则体现了合作社的一个关键特点，即强调以劳动和交易为纽带的“人的联合”和为成员服务，而非“资本联合”和追求投资利润，所以合作社是一类特殊的企业法人。

一般地，农民专业合作社既可以通过政府财政补贴、金融机构贷款等外部渠道进行融资，也可以通过股金入股、盈余资金投入等方式进行内部融资。我国近年来虽然加大了对合作社的财政补贴力度，但真正能享受到扶持政策的较少，且往往流于形式，对合作社的发展并没有多大帮助。⑤ 而我国合作社发展总体上仍处于起步阶段，普遍存在抵押资产价值低、内部制度不健全等问题，其信贷主体资格很难获得金融机构的认可。因此，传统外部融资渠道并不能给合作社提供充足的贷款，导致合作社发展资金只能高度依赖内部融资。

然而，内部融资也存在着诸多问题。现行法律关于合作社盈余分配的规定，使得入股金的资本报酬往往较低，社员只能通过与合作社产生交易量（额）才能获得利益，抑制了拥有富余资本而缺少与之相当生产品的社员的投入。假设社员都是追求个人利益最大化的理性人，那么其占优策略就是只投资作为进入门槛的最低限额，以获得惠顾组织的权利并享受合作社带来的一切便利服务。这时社员个人利益与合作社整体利益就产生了对立，容易引起搭便车行为，合作社这种限定于专门受益群体的公共产品供给者和管理者就会因缺乏资金而面临发展困难。

---

① 苑鹏．试论合作社与股份公司的本质区别与相互联系［J］．农村经营管理，2007（2）．

② 《中华人民共和国农民专业合作社法》规定：农民专业合作社可分配盈余按成员与本社的交易量（额）比例返还，返还总额不得低于可分配盈余的百分之六十，剩余部分以成员账户中记载的出资额和公积金份额，按比例分配给本社成员。

③ 《中华人民共和国农民专业合作社法》规定：成员大会选举和表决，实行一人一票制，成员各享有一票的基本表决权。出资额或者与本社交易量（额）较大的成员按照章程规定，可以享有附加表决权，但不得超过本社成员基本表决权总票数的百分之二十，且章程可限制附加表决权的行使范围。

④ 刘洁．农民专业合作社契约选择与运营绩效的理论分析与实证研究［D］．武汉：华中农业大学，2011．

⑤ 赵凯．我国农民专业合作社融资模式的比较研究［J］．农村经济，2011（5）．

为缓解成员投资不足问题，合作社也可以按照章程规定或者成员大会决议从当年盈余中提取公积金用于转增投资来满足资金需求。但按法律规定，这些被用于扩大投资的公积金最终都要返还给惠顾成员。[①] 而在市场经济条件下，资本总是在寻求能够获得更多报酬的机会，鉴于投入合作社的回报较低，理性投资者会倾向于将尽量少的资金投入其中，所以当社员发现回报更高的投资方式，就有很强的动机退出合作社，取回股金和公积金份额。因此，合作社权益融资就可能变成一种债务形式，使得合作社股金不稳定，影响了合作社资信水平，也进一步增加了合作社进行外部贷款的难度。

此外，从合作社与资本的关系来看，关于盈余分配的规定使得合作社运营过程中产生的任何利润，都被认为大部分是社员劳动成果的转移，而资本在合作社盈余中起到的作用被有意低估，以起到保护普通农民这类经济弱势群体利益的作用。但在市场经济条件下，一方面由于竞争激烈，合作社需要大量资本来雇用人才、购买设备、研发技术、打造品牌等，以提高市场竞争力和避免被市场淘汰；另一方面，合作社成立的宗旨是让劳动者所创造的劳动产品顺利在市场中实现交换，并且所创造的价值尽可能归劳动者所有，因而需要设置诸多条款来避免资本对合作社的盘剥和控制。因此，合作社既需要通过降低资本所得来维护经济弱势群体利益，又需要增大资本投资来维持生存和发展状态，处于一种既需要资本又防范资本、公平和效率原则难以调和的矛盾状态。

上述分析表明，我国现阶段的制度设计下，农民专业合作社进行外部融资的条件和能力有限，因而对内部融资的依赖性很高。在这种情况下，合作社需要社员共同增加投资，来满足融资需求，而从社员理性角度来看，却可能因为投资回报太低而使社员不愿增加投资甚至有动机减少投资或完全退出。因此，社员个体利益与合作社整体利益不一致形成的“囚徒困境”，使农民专业合作社变成了社员通过惠顾方式提高生产率的一种工具，合作社融资难问题很难得到有效解决。

二、产权变革解决农民专业合作社融资困境的局限

按照产权理论的思想，合作社权益融资难的问题主要在于其独特的制度设

---

① 《中华人民共和国农民专业合作社法》规定：合作社每年提取的公积金按照章程规定量化为每个成员的份额，成员资格终止时应退还记载在该成员账户内的出资额和公积金份额，而且成员享有退社自由。

计，这种制度严格限制了权益资本对剩余所有权的索取，从而导致成员投资动力不足。因此，产权论者主张对合作社的治理结构、产权安排进行变革，进一步明确合作社的所有权、控制权、剩余索取权与惠顾者（使用者）的关系，改变合作社产权不可分割①、不可交易、非排他性和非稳定性的特点。② 其核心观点在于，要有一整套制度来界定出资人作为合作社财产所有者的各种权利，并提高这种权利的专有性、可转让性和可操作性，最终把合作社转变为投资者所有的企业，以激励产权人（投资者）不断提高合作社的效益。③④ 比如，要求合作社成员进行只可转让不可赎回的预先权益投资，允许以盈利为目的的外部资本进入合作社，为合作社权益建立二级市场以实现股份可转让和增值，强制成员进行权益融资，等等。刘洁对江西赣州 98 家合作社的调查研究也发现，我国合作社股份化倾向明显，盈余实行按股（而非交易量）分配为主，一般社员也认同这种发展局面。⑤

但这种产权变革的思路也存在不足。首先，产权界定的成本高。合作社对外盈利、对内不盈利的特点，使得无论是把合作社确定为使用者所有企业还是出资者所有企业，无论是让劳动（表现为交易量）的剩余索取权大一些，还是让资本的剩余索取权大一些，都很容易引起争议和矛盾。那些投资较大的合作社成员将更受益于资本高报酬率的规定，而投资较少的社员更喜欢低一些的资本报酬率。在资本短缺和成员异质的情况下，如何计量资本回报比例又不挫伤普通社员的积极性既是一个难点又是一个重点⑥，所以在公平与效率之间依然很难取得平衡；其次，股份化改造容易引发更大的道德风险。股份化改造后势必会提高资本对剩余价值的索取权，而这也会增加资本（合作社所有者）与劳动（合作社使用者）的对立和不信任。⑦ 由于利益目标的不一致，作为劳动供给者的社员很难促使管理者的经营运作完全符合他们的利益，使得合作社的代理成本偏高。同时，理性的社员只有在惠顾合作社对其有更多利益时，才会增

---

① 合作社的所有者并不唯一，且任何成员对合作社都没有独立的个人所有权。

② COOK M. The Role of Management Behavior in Agricultural Cooperatives [J]. Journal of agricultural cooperation，1994 (9).

③ JENSEN B，MICHAEL C. Theory of the Firm：Managerial Behavior，Agency Cost and Ownership Structure [J]. Journal of Financial Economics，1976 (4).

④ 秦愚. 中国农业合作社股份合作化发展道路的反思 [J]. 农业经济问题，2013 (6).

⑤ 刘洁. 农民专业合作社契约选择与运营绩效的理论分析与实证研究 [D]. 武汉：华中农业大学，2011.

⑥ 余丽燕. 农民专业合作社融资研究 [D]. 杨凌：西北农林科技大学，2012.

⑦ 苗小玲. 农民合作经济组织产生的成本－收益分析 [J]. 经济经纬，2005 (6).

加与之相关的惠顾额，所以在与合作社进行交易时，社员也有动机提供较差的产品，从而提高了交易成本。因此，即使产权变革能缓解合作社融资难问题，却往往是以损失经济上处于弱势地位的劳动者的利益为代价，而且由资本与劳动对立带来的效率损失也很可能抵消由资本存量增加带来的效率提高。

以上分析可以看出，我国农民专业合作社的内在制度中始终存在着个人利益与集体利益、按劳分配与按资分配等深层次矛盾，这些矛盾又集中表现为公平与效率的博弈，当劳动与资本的相对价格发生大的变动时，这种博弈会更加激烈。

三、社群与社群经济

合作社或合作经济作为一种历史悠久的经济发展模式，在发展落后的地区或群体中一直被广泛运用。在自由市场经济思想占主导地位的西方资本主义国家，合作社这种基于互助互惠原则、带有明显集体主义色彩的资源配置方式曾经并未得到主流思想的广泛认可。但自 20 世纪 80 年代末以来，越来越多的西方经济学家开始研究类似发展模式的重要性和有效性，尤其以速水佑次郎（Yujiro Hayami）为代表的发展经济学家，开始从“Community”层面讨论市场和政府双失灵情形下的经济发展问题，致力寻找市场和政府之外的资源配置机制和经济发展模式。①②③④⑤

在国内，“Community”一词被普遍翻译和理解为“社区”。而事实上，“Community”是指基于强烈人际互动关系构成的相互信任的一个群体。⑥ 这意味着，因为工作、生活、血缘姻亲、兴趣爱好等关系而构成的相互信任的群体都可以形成一个“Community”，如邻居、朋友圈、专业或商业网络、部落，等等。因此，“Community”是一个群体上的概念，它不是一个纯地理上的概念但又可以体现在某个地理区域，包括城市、农村、自然地理或社会、宗教、

---

① 速水佑次郎，刘守英，詹小洪. 社区、市场与国家［J］. 经济研究，1989（2）.

② HAYAMI Y. Development Economics：From the Poverty to the Wealth of Nations［M］. Oxford：Clarendon Press，1997.

③ AOKI M，HAYAMI Y，et al. Communities and Markets in Economic Development［M］. Oxford：Oxford University Press，2001.

④ 速水佑次郎，神门善久. 发展经济学——从贫困到富裕［M］. 李周，译. 北京：社会科学文献出版社，2003.

⑤ HAYAMI Y. Communities and Markets for Rural Development under Globalization：APerspective from Villages in Asia［R］. Keynote Address Delivered at the Florence Conference of the European Association of Agricultural Economics，Florence，September 8—11，2004.

⑥ 同⑤。

民族等各种形式[①②③]，只是在发展中的经济体里，通过血缘和地域性姻亲关系捆在一起的群落和村庄是其典型代表[④]。麦克米兰（McMillan）和查维斯（Chavis）在总结不同研究者的理解和阐述的基础上，认为“Community”的定义需要包含会员关系（归属感）、影响（会员与所在团体之间的互动）、增强（整合和满足需求）和情感共享（价值观、信念、历史、空间、经验等方面的共享和认同）四个要素。[⑤] 鲍尔斯（Bowles）和金尼斯（Ginnis）认为，“Community”是指一些直接、频繁的在多方面存在互动的人形成的群体，人与人之间的关系（Connection）是其基本特征。[⑥] 显然，从这个层面的定义和解释来看，应将“Community”理解为“社群”而非“社区”，因为在汉语语境里，后者更强调地理范围。

一个群体是否构成为一个社群的关键在于，这个群体是否形成了社群意识（Sense of Community）。社群意识是“成员获得归属、成员之间和成员与所属团体之间彼此重视的一种意识和通过彼此承诺一起满足成员需求的一种共享信念”[⑦]。社群要求成员之间通过强烈、频繁的互动而形成共同的价值观、认同感、信任感、团结互助意识、互惠互利意识、对本群体利益的保护意识等社群意识，这也意味着一定质量和数量的社会资本（尤其是信任资本）在社群的形成和发展中起着关键作用。因此，具有某些共性特征的群体，如果没有建立起足够的社会资本，也不能成为社群。例如，居住在同一个社区或小区的居民、患有同类病症的患者群体等，虽然在地理范围或病症类型上具有共性特征，但可能因为没有形成社群意识而不构成为一个社群；而一个篮球运动爱好者组成的社团，虽然没有居住在同一个地理范围内，也可能因为建立起了社群意识而成为一个社群。

---

① KETILSON L H，MACPHERSON I. A Report on Aboriginal Co－operatives in Canada：Current Situation and Potential for Growth [R]. Saskatoon：Centre for the Study of Co－operatives，University of Saskatchewan，2001.

② BOWLES S，GINTIS H. Social Capital and Community Governance [J]. The Economic Journal，2002，112（483）：419－436.

③ HAYAMI Y. Communities and Markets for Rural Development under Globalization：A Perspective from Villages in Asia [R]. Keynote Address Delivered at the Florence Conference of the European Association of Agricultural Economics，Florence，September 8－11，2004.

④ 同③。

⑤ MCMILLAN D W，CHAVIS D M. Sense of Community：A Definition and Theory [J]. Journal of Community Psychology，1986（1）.

⑥ 同②。

⑦ 同⑤。

社群由个体构成（社群成员），其持续存在和有效运行依赖于一定的规则和基于这些规则而形成的运行机制，因而社群本身就是一种组织形态，即社群组织（Community-based Organization，简称 CBO），但社群组织既可能是一种正式的组织形态，也可能是一种非正式的组织形态。正式的社群组织拥有组织化的管理结构，并通常是经注册而取得认可的法律实体，而非正式的组织通常没有组织化的管理结构，也不是注册过的法律实体，且主要处理临时问题和从事一次性活动。① 我国的农民专业合作社是按照《中华人民共和国农民专业合作社法》而成立的，是指“在农村家庭承包经营的基础上，同类农产品的生产经营者或者同类农业生产经营服务的提供者、利用者，自愿联合、民主管理的互助性经济组织”。从法律定义来看，我国农民专业合作社属于正式的社群组织，按照正式的规则运行和管理。

关于社群经济（Community-based Economy）的含义、与合作经济或合作社经济的关系、典型类型，以及对我国农村经济社会发展尤其是农民专业合作社发展的价值和作用，路征等已进行了深入讨论。②③④ 简单来讲，社群经济是建立在社群基础上的资源配置方式，它通过社群成员之间的互助和共同努力来实现对社群所拥有资源的优化配置，从而提高社群的整体福利。社群经济是在合作经济或合作社基础之上演化而来的内涵更为广泛的资源配置方式和经济发展模式，在农村扶贫、农村公共产品治理和农村经济社会发展等方面可以发挥重要作用。

合作经济是社群经济的基本形式，从概念和基本原则（表 1）来看，与合作经济或合作社经济相比，社群经济的不同之处主要体现在以下三个方面。

---

① SANCHEZ A，et al. Procurement and Financial Procedures Manual forUse by Community-based Organizations (English) [R]. Washington，DC：World Bank，1999.

② 路征，张义方，邓翔．基于社群经济的农村公共产品供给：泰国经验分析［J］．东南亚研究，2013（6）．

③ 路征，邓翔，廖祖君．社群经济：一个农村发展的新理念［J］．四川大学学报（哲学社会科学版），2017（1）．

④ 路征，李睿．产业视角下的社群经济类型划分研究［J］．农村经济，2017（9）．

表 1　合作经济与社群经济的基本原则

合作经济的基本原则	社群经济的基本原则
自愿与开放的社员制 民主治理 经济参与 自治与独立 教育、培训与信息 社间合作 关心社群发展	综合性发展战略 多功能性，包括： ·强调社群所有权和创造公平 ·提供所需的信贷支持 ·发展人力资源 ·提升本地发展能力 整合社会与经济目标 让社群成员广泛参与管理 以合理的战略规划为指引 健全有效的财务管理制度 以独立、非营利、非政府的组织为核心组织

资料来源：路征、邓翔、廖祖君：《社群经济：一个农村发展的新理念》，载《四川大学学报（哲学社会科学版）》，2017 年第 1 期。

第一，社群经济对社会资本水平的要求更高。社群经济以社群为根基，而社群建立在一定的社群意识基础之上，因而充足的社会资本尤其是信任资本是社群经济有效运行的关键条件。合作经济虽然建立在自愿合作的基础之上，但可能由于社群意识和社会资本积累不足，导致在个人利益和集体利益出现冲突时，合作社的稳定性和效率受到严重冲击。因此，尽管法律意义上合作社属于正式的社群组织，但如果组织成员的社群意识和社会资本积累不足，就难以实现社群经济的持续、高效发展。

第二，社群经济的功能更加全面，致力社群整体福利的提升。社群经济是一种综合性发展战略，因而具有目标多功能性，这种多功能性包含信贷支持功能、人力资源开发功能、发展能力提升功能，等等。因此，与合作经济相比，社群经济的目标功能得到了极大拓展，致力社群经济和社会全面发展及综合发展能力的提升。

第三，社群经济发展的动力源泉更加多元化。社群经济强调独立的、非营利的、非政府的组织在发展中的核心推动作用，推动社群经济发展的核心组织力量可以是内生的社群组织，也可以是外生的其他类型的非政府组织，同时还可以引入各种外部力量来共同推动社群发展。

在传统的合作社模式中，普遍存在社会资本积累不足、组织目标功能和力量来源单一等问题，限制了农民专业合作社的发展。因此，鉴于社群经济的内涵较合作社更加丰富，进而能为我国农民专业合作社的发展提供更多的思路。

四、社群经济视角下我国农民专业合作社的融资思路

在“以服务成员为宗旨，谋求全体成员的共同利益”为组织目标的情况下，合作社扮演着一类公共产品的供给者和管理者的角色。速水佑次郎等人提出和发展起来的社群及社群经济理论也认为，社群是最有效率的地方公共产品供给者。他们认为，社群是在相互影响密切的基础上通过相互信任联系在一起的一组人，这组人在协商的基础上通过合作来实现劳动分工。通过长期和多重交易培养起来的相互信任关系，可以成为遏制道德风险的有效手段，也可以阻止搭便车行为。因为在人们相互联系紧密、信息高度分享的社群里，做出不道德的事情而被社会轻蔑和排斥的成本将会特别大。① 而地方公共产品如何接近社会最优水平，将在很大程度上取决于社群内的信任度有多高和对社群协议违约者的制裁有多严厉。由社群内人们相互影响所积累的信任能提高合作效率并减少与劳动分工相联系的成本，这种信任变成了一种能有效提高社群生产效率的“信任资本”。他们还进一步指出，除非有社群机制组织家庭农场的合作，否则家庭农场就不可能把它们的生产能力充分发挥出来，社群机制对农民合作社的发展十分重要。所以，我国农民专业合作社要向发达国家学习的不是各种制度代表的“形”，而是农产品生产者对于合作社的信任、参与、责任感所代表的“魂”②，而这种“魂”的内涵，就是社群及社群经济存在和发展的基础。

因此，在社群及社群经济视角下，应积极推动我国农民专业合作社由传统的合作经济发展形态向现代的社群经济发展形态转型，具体可通过加强社会资本积累、拓展合作社功能尤其金融服务功能、构建社员特别存款机制及引入外部社会力量给予非营利性资金支持等 4 个方面，来解决农民专业合作社融资难问题。

首先，提升农业专业合作社的社会资本尤其是信任资本积累水平，这是推动农民专业合作社向社群经济转型升级的根本和基础。在社群及社群经济视角下，农民专业合作社融资难问题首先是因为缺乏足够的社会资本尤其是信任资本的积累。如果能通过一系列道德规范和制度安排增强社员之间的信任和社会约束力，形成更充足、更强烈的社群意识，把社员的利益与合作社的整体利益

---

① 速水佑次郎，刘守英，詹小洪．社区、市场与国家［J］．经济研究，1989（2）．

② 秦愚．农业合作社的资本问题——基于相关理论与实践的思考［J］．农业经济问题，2015（7）．

高度结合在一起，让社员在考虑个体利益的同时，还优先考虑合作社的整体利益和可持续发展，让劳动和资本以最有利于合作社生产力发挥的方式进行盈余分配，那么合作社的道德风险和搭便车问题就能得到较好解决，合作社进行内部融资面临的“囚徒困境”就可以得到有效克服。

其次，进一步拓展农民专业合作社的功能，尤其是金融服务功能，推动农民专业合作社向综合性发展模式转型。可以成立集购销、信用合作及农民生产财产保险等于一体的、多功能的合作社，把传统的农业专业合作社升级成为既有实体经济功能，又有金融服务功能的综合性发展模式，即社群经济发展模式。在这一模式下，不但统一组织产销以提高市场竞争力、谋求全体成员的共同利益，还重视成员的投资、就业、生活需求及社群的自主发展能力。例如，可以用一部分利润成立合作社发展基金，用于改善农业设施、进行职业培训、投资形成新的产业等，也可以成立教育基金、健康基金、文化基金、老人与孤儿基金等各类公益性基金，以改善社员生活，提高社群福利。事实上，这也有利于进一步提高农民专业合作社的社会资本水平，推动合作社持续发展和壮大。

第三，构建社员特别存款机制，拓展合作社内部融资方式。除通过社员股权融资、提取储备金等传统内部融资方式外，可通过吸收成员“存款”来达到融资的目的，这也是拓展合作社金融服务功能的重要方面。社员“存款”是一种通过银行、合作社和社员三方合作的特别“存款”机制。首先需由合作社制订“社员特别存款管理办法”（按合作社法律规定，该办法的制订实施需按规定程序获得社员认可），然后由合作社与银行签订合作协议并实施。银行作为平台供应者和监管方，按合作协议给社员建立专门账户，社员通过该账户与合作社进行销售结算等，并按“社员特别存款管理办法”中的规定，将交易额的一定比例资金作为社员在合作社的“存款”进入合作社账户，同时也鼓励社员自愿提高存入金额。这部分社员在合作社的特别“存款”，不作为社员对合作社的股权投资，社员可按规定提取资金。如果合作社内部拥有足够的信任资本，社员也乐意将资金存入自己所在的合作社。当然，为提高社员的积极性，有条件时可给予社员出资分红或略高于市场的利率。

第四，积极引入外部社会力量给予非营利性资金支持，拓展合作社外部融资渠道。前文分析已表明，由于财政补贴力度和范围有限、合作社可抵押资产小等原因，农民专业合作社难以通过政府补贴和金融机构贷款等传统外部渠道解决融资难问题。而社群经济发展理念十分强调外部力量对社群经济发展的重要作用，包括来自非营利、非政府性组织、企事业单位及个人的捐款、无息资金支持等，甚至在很多社群经济类型中，推动社群经济发展的核心组织就是非营利、非政府性组织，这些组织不但无偿提供发展资金，还承担起社群经济的管理、监督责任。由于参与社群经济发展并以获得所有权和营利为目的，因而这些外部力量的引入并不会稀释、分配或侵蚀合作社及其社员的利益。因此，在农民专业合作社的发展过程中，引入各类外部社会力量给予非营利性资金支持，可以作为合作社外部融资的重要补充渠道，甚至在必要时，可以将合作社交由专业的非营利、非政府性组织托管。

五、结论与讨论

农民专业合作社在促进我国“三农”发展中发挥了重要作用，但长期以来却受到资金短缺、融资难的困扰。本文分析了我国农民专业合作社融资难的成因后，认为我国农民专业合作社的自身性质和发展特征使其难以获得外部融资，同时合作社保护劳动者利益、限制资本所得的特征又难以让其获得足够的内部融资；通过产权变革将合作社变为投资者所有的企业，则容易引起资本与劳动的对立，由此造成的效率损失很有可能抵消由资本存量增加带来的效率提高。针对我国农民专业合作社融资难问题，结合对社群及社群经济发展理念的分析，我们认为在社群及社群经济视角下，应积极推动我国农民专业合作社由传统的合作经济发展形态向现代的社群经济发展形态转型，具体可通过加强社会资本积累，特别是信任资本积累、拓展合作社功能尤其金融服务功能，通过构建社员特别存款机制来拓展合作社内部融资方式，以及通过引入外部社会力量给予非营利性资金支持来拓展外部融资渠道等 4 个方面，来解决农民专业合作社的融资难问题。

当然，目前我国的农民专业合作社总体上仍处于起步阶段，要想转变为一种社员与社员之间、社员与合作社之间高度信任、利益高度一致、管理民主高效的社群经济发展形态，还需要国家持续地政策支持和引导，也需要外部专业组织提供多方位支持，努力培养互助、互惠、共享的社群意识。合作社通过多种利益联结方式而逐渐实现社群化，甚至取代一些村集体的经济职能，对于帮助农民实现自我管理，创新和完善基层治理方式，促进农村社群整体发展都有重大意义。事实上，促进合作社从传统的合作经济形态向现代社群经济形态转型，应作为我国合作社发展的总体方向。

发展新型农业经营体系的体制机制研究*

蒋和胜　刘世炜　杨柳静①

摘　要： 中国特色农业现代化是新形势下“四化同步”发展战略的重要构成部分，而发展新型农业经营体系是实现我国农业现代化的必然选择和有力保障，对促进农业集约化、专业化、组织化、社会化发展具有重大现实意义。本文从当前新型农业经营体系的发展实践和面临的主要问题来看，建立和完善新型农业经营体系的根本任务在于创新三个层面的体制机制，即核心机制、支持机制和保障机制。核心机制，就是利益联结机制；支持机制，包括融资支持机制、人才支持机制、设施支持机制和科技支持机制等；保障机制，包括主体合作保障机制、市场流通保障机制、农业保险保障机制、社会服务保障机制、市场监管保障机制和领导组织保障机制等。

关键词： 新型农业；经营体系；经营主体；体制机制

改革开放以来，中国农业发展取得了重大成就，农村面貌焕然一新，农民生活水平得到了极大提高，但随着中国经济发展进入新常态，中国农业发展面临着一系列深层次问题。从农业内部来看，农业弱质化、农村空心化、农民老龄化、资源环境约束趋紧化等问题日益凸显；从农业发展外部环境来看，农业比较效益偏低、农产品国内外市场竞争加剧等问题愈发突出。解决这些问题的方向在于坚持走中国特色农业现代化道路，核心在于切实转变农业发展方式，关键在于建立新型农业经营体系。建立新型农业经营体系的根本出路在于深化体制改革、创新经营机制。笔者从分析新型农业经营体系的缘起和科学内涵着

* 基金项目：国家社会科学基金项目“完善我国粮食价格形成机制研究”（09XJY032），四川省哲学社会科学规划重大项目“四川现代农业发展与新型农业经营体系创新研究”（SC13ZD02）。

① 作者简介：蒋和胜，四川大学经济学院教授、博士生导师，研究领域为政治经济学、产业经济学、市场价格学。

刘世炜，四川大学经济学院博士研究生，专业方向为政治经济学。

杨柳静，四川大学马克思主义学院副教授，研究领域为中国特色社会主义理论与实践。

手，探讨构建新型农业经营体系的历史进程和面临的主要问题，重点研究建立和完善新型农业经营体系的核心机制、支持机制和保障机制，以期进一步深化该领域的研究，加快建成新型农业经营体系。

一、中国新型农业经营体系的缘起及科学内涵

（一）新型农业经营体系的缘起

1. 突破农业资源环境约束，切实保障农业可持续发展

随着中国经济发展进入新常态，中国农业发展面临着十分严峻的资源环境问题。从耕地资源来看，我国人均耕地占有量仅为1.4亩，不到世界平均水平的40%；近10年来，我国每年约有1.5亿亩耕地受到污染，每年减少的耕地约有3000多平方公里；因水土流失、盐渍化等引起的耕地退化已达总面积的40%以上。[①]从水资源来看，我国人均水资源量仅为2100立方米，只有世界平均水平的28%；我国农田灌溉水有效利用系数只有0.51，而发达国家已经达到了0.7～0.8；水分生产率（单位用水的粮食产量）不足1.2公斤/立方米，而世界先进水平为2公斤/立方米左右。[②] 在农业生产中，我国已进入严重缺水期，全国农田灌溉用水缺口达300多亿立方米。[③] 从农业生态环境来看，我国农业面临的自然灾害问题也十分严峻。巨大的受灾、成灾面积造成农作物大量绝收，农业生产面临的风险进一步加大。因此，探索建立新型农业经营体系，集约开发和高效利用资源，保障农业可持续发展成为亟待解决的问题。

2. 切实转变农业发展方式，全面实现农业提质增效

随着工业化、城市化进程的快速推进，我国城乡发展和收入水平差距日益扩大。[④] 农业劳动力老龄化、妇女化、低文化问题愈发严峻（见表1），农业整体经营和管理水平较低。由于农业家庭经营的分散化和细小化，小生产与大市

---

① 顾益康. 中国特色农业现代化道路新探索 [J]. 观察与思考，2012 (2).

② 韩俊. 推进中国特色新型农业现代化若干问题 [J]. 当代农村财经，2014 (9).

③ 韩长赋. 科学把握农业农村发展新形势 [J]. 求是，2013 (7).

④ 2014年国民经济和社会发展统计公报显示：2014年我国城镇居民人均可支配收入28844元，扣除价格因素，比上年实际增长6.8%；农村居民人均可支配收入10489元，扣除价格因素，比上年实际增长9.2%；而全年农村居民人均纯收入为9892元，与城镇居民人均可支配收入相差18952元。参见《人民日报》，2015年2月27日第10版。

场的矛盾广为存在，市场机制对农业生产的调节和导向作用未能得到充分发挥。① 受农业生产力发展水平影响，我国农业专业化、标准化、规模化生产水平较低，土地产出率、劳动生产率、资源利用率不高。农业生产中“谁来种”“种什么”“怎么种”等问题突出。对此，亟须改变农业发展方式，实行专业化、标准化生产，提高科技含量和生产效率，进而提高农民收入水平和生产积极性，保障农产品有效供给。

表1　2014年中国农户家庭劳动力文化状况（单位：人）

文化程度	全国	东部	中部	西部	东北
文盲、半文盲	0.10	0.07	0.09	0.18	0.05
小学	0.44	0.35	0.38	0.56	0.51
初中	1.16	1.10	1.19	1.20	1.14
高中	0.25	0.33	0.24	0.27	0.11
大专及以上	0.10	0.14	0.09	0.10	0.05

资料来源：笔者根据《中国农业发展报告》（2015年）计算得出。

3. 适度扩大农业生产规模，逐步提高农业规模效益

由于人口多、自然资源相对贫乏，我国农业生产规模化水平较低。从耕地规模来看，我国户均耕地面积仅为7～8亩，人均耕地面积仅为2.83亩。② 据测算，如果将农民务农收入与务工收入基本相等作为衡量农业规模化经营的标准，在北方单季地区农民家庭种植面积需要在120亩左右，在南方双季地区需要种植60亩左右。③ 从农业经营组织形式和耕地经营面积看，我国农业组织化程度较低，仍然以农户家庭经营为主（见表2）。从养殖规模来看，我国90%左右的农户肉牛养殖数量不足2头，猪的养殖数量不足10头。④ 这种小规模、分散化的生产状况增加了农业生产的边际成本，导致农业劳动生产率偏低，仅为全社会平均水平的30%。⑤ 从农业发展实践看，规模化生产不仅是现代农业发展的必然趋势，也是解决我国农业“小而全”问题的必由之路，这就需要创新农业经营方式，有效提高农业生产规模化、组织化水平，进而提高生产效率和经营效益。

---

① 孙中华. 加快构建新型农业经营体系［J］. 农村经营管理，2013（1）.
② 李秉龙，薛兴利. 农业经济学［M］. 2版，北京：中国农业大学出版社，2009：137.
③ 韩俊. 推进中国特色新型农业现代化若干问题［J］. 当代农村财经，2014（9）.
④ 刘大新. 构建新型农业经营体系问题探析［J］. 生产力研究，2014（2）.
⑤ 叶兴庆. 农业经营体制创新的前世今生［J］. 中国发展观察，2013（3）.

表 2　2014 年中国行政村级耕地经营规模情况（单位：公顷）

经营主体	全国	东部	中部	西部	东北
农户	196.20	120.10	128.10	164.70	566.60
村集体	3.20	3.70	3.20	1.20	6.50
企业	2.00	2.20	3.60	0.50	2.00
专业合作社	2.20	3.40	0.80	1.60	3.20
其他	4.30	6.40	1.40	5.30	1.70

资料来源：笔者根据农业部农村经济研究中心的数据整理得出。

4. 提升农业社会服务水平，有效增强农业竞争实力

在小规模、分散化家庭经营的背景下，我国农业生产成本居高不下，农产品生产者价格水平长期处于高位（见表 3）。在这种情况下，为了节约生产费用，增强农业竞争实力，更加需要加强农业社会化服务，以推动传统农业转型升级，使其步入现代农业发展轨道。而我国农业社会化服务体系发展滞后，服务水平较低，服务主体较少，服务内容有限，服务成本较高，难以有效满足现代农业发展的需求。① 因此，通过健全农业社会化服务体系，为农业生产经营提供便利化、低成本、高层次、全方位的社会化服务，成为提高农业科技含量、促进农业生产规模化和市场化、提升农业整体竞争力的重要环节。

表 3　2005—2014 年中国主要农产品生产者价格水平（单位：元/吨）

品种	年份									
	2005 年	2006 年	2007 年	2008 年	2009 年	2010 年	2011 年	2012 年	2013 年	2014 年
小麦	1380.20	1432.20	1511.60	1665.20	1848.20	1980.20	2079.00	2166.20	2356.20	2411.80
稻谷	1553.20	1612.80	1704.20	1902.20	1981.60	2360.00	2690.60	2761.40	2730.40	2812.60
玉米	1110.60	1267.80	1495.20	1449.60	1640.20	1872.40	2121.40	2222.60	2176.20	2237.00
大豆	2567.40	2515.20	4141.00	3685.20	3683.40	3872.20	4083.40	4727.80	4687.20	4388.20
棉花	13070.80	12130.80	13104.20	10450.60	13294.00	24765.20	18051.00	18242.20	18672.40	13327.80
生猪	7537.20	7828.60	13182.60	13959.40	11133.80	11808.20	17146.80	15005.80	14911.80	13545.00
糖料	262.70	264.30	271.80	294.20	311.10	409.90	484.70	486.70	474.20	454.60

① 田志宏，刘艺卓. 大力培育新型农业生产经营主体　积极推进农业现代化建设［M］//中国国际经济交流中心. 中国经济分析与展望（2012—2013）. 北京：社会科学文献出版社，2013：210－217.

续表3

品种	年份									
	2005年	2006年	2007年	2008年	2009年	2010年	2011年	2012年	2013年	2014年
烤烟	10379.60	10004.80	11026.00	13738.60	14390.00	14641.20	17650.40	21831.20	24100.40	25402.20

资料来源：笔者根据历年《全国农产品成本收益资料汇编》《中国农产品价格调查年鉴》整理得出。

5. 有效调控农产品价格，增强农业抗风险能力

近年来，我国农产品消费需求呈刚性增长，而农产品供给弹性却较低，农产品供求面临着紧平衡和结构性失衡态势。从国际市场看，近年来国际市场大宗农产品价格持续走低，国内外农产品价格倒挂现象十分严峻（见表4）。[①] 2014年，我国粮棉油糖等农产品国内价格均高于国外产品配额内进口到岸税后价格。WTO“黄箱”补贴政策规定，我国直接影响农产品价格的补贴不能超过8.5%，而目前已接近这一界限。[②] 农产品价格作为“百价之基”，不仅对农业发展、农民收入具有重要作用，而且对消费者支出结构、物价水平等也具有广泛影响。农产品市场面临的竞争愈激烈，愈需创新农业经营方式，提高农业竞争实力。

表4 部分农产品国内外市场价格比较（单位：元/吨）

年份	水稻		小麦		玉米		大豆	
	国内价格	国际价格	国内价格	国际价格	国内价格	国际价格	国内价格	国际价格
2010	3344.10	3520.40	1988.90	1630.20	1918.30	1249.70	3887.00	2767.60
2011	3938.40	3657.70	2079.00	2132.40	2188.90	1888.30	4128.30	3277.20
2012	4110.30	3725.40	2140.90	2064.60	2299.60	1882.30	4278.80	3577.80
2013	4152.70	3297.40	2442.60	1995.70	2265.40	1634.80	4800.80	3399.50
2014	4216.30	2104.20	2510.40	1878.20	2332.00	1178.90	4687.80	3004.90

资料来源：笔者根据历年《中国农业发展报告》整理得出。

① 表中国内价格为全国主要粮食批发市场交易平均价格，其中水稻价格为早籼米（标一）、晚籼米（标一）和粳米（标一）平均批发价格，小麦为白小麦（三等）批发价格，玉米为二等批发价格，大豆为三等批发价格。国际价格中，水稻（100%B级）为泰国曼谷FOB价格，小麦（2号硬冬麦）、玉米（2号黄玉米）和大豆（1号黄大豆）为美国海湾离岸价格，各年数值根据当年人民币官方汇率换算。

② 秾言．农产品价格改革要统筹兼顾［N］．经济日报，2015－10－28（9）．

（二）新型农业经营体系的科学内涵

关于新型农业经营体系的具体含义，目前并未形成统一看法。[①②③]但纵观学术界对该问题的研究，仍然可以从组织形式、基本特征、构建原则、动力机制、战略举措等方面把握新型农业经营体系的科学内涵。

1. 新型农业经营体系的组织形式和基本特征

与传统家庭经营相比较，新型农业经营体系的组织形式在经营规模、利益协调、市场运作、管理方式等方面都存在较大差异，后者更加注重以市场为导向、以利益为联结、以规模化经营为重点，将传统分散经营的农户联结起来，实现农业前向、后向一体化经营，从而提高农业经营的组织化和规模化水平，降低市场交易费用。具体而言，新型农业经营体系的组织形式包括各类专业大户、家庭农场、农民合作社、农民协会、产业化龙头企业，以及各类农业社会化服务组织等，这些组织在农业经营过程中相互补充、相互协调，共同致力现代农业的发展。

与传统家庭经营相比较，新型农业经营体系的基本特征主要体现在农业经营的集约化、专业化、组织化、社会化四个方面。“所谓集约化耕作，无非是指资本集中在同一块土地上，而不是分散在若干毗连的土地上。”[④]通过集约化经营，有效提高土地产出率、劳动生产率和资源利用率。专业化是通过加大科技投入和提高农业经营管理水平，实现科技化、标准化生产，推进安全、高效、生态农业发展。组织化是通过把小规模经营的家庭农户组织起来，扩大生产规模和市场议价能力，降低交易成本，提高边际效益和规模效益。社会化是通过对农业生产经营提供物资供应、技术指导、气象预告、市场信息等社会化服务，以提高农业抗风险能力和整体发展水平。

2. 新型农业经营体系的构建原则及动力机制

在发展模式上，由于我国各地经济发展水平、资源禀赋条件等差异较大，发展新型农业经营体系应坚持因地制宜原则，根据当地自然条件、人口转移、市场环境等具体情况选择发展模式。同时，由于农业本身的特殊性和我国小农

---

① 张鸣鸣．新型农业经营体系和农业现代化：“新型农业经营体系和农业现代化研究会暨第九届全国农经网络大会”综述［J］．中国农村经济，2013（12）．

② 赵海．新型农业经营体系的涵义及其构建［J］．中国乡村发现，2013（1）．

③ 黄祖辉．建构新型农业经营体系［J］．农村经营管理，2014（3）．

④ 马克思．资本论：第3卷［M］．中共中央马克思恩格斯列宁斯大林著作编译局，译．北京：人民出版社，2004：760．

经济的现实性，家庭经营的基础性地位不应该也不可能在短时间内发生大的改变，农业发展的外部宏观环境若没有条件作出重大的政策调整，就应该继续坚持农村的基本制度。[①] 在发展规模上，应采取适度规模原则。农业的自然生产过程在整个生产过程中所占的时间比较长，不具有采取非农产业大规模生产的条件。另外，科学合理的生产规模具有一定限度，超过最佳生产规模将导致生产的边际效益下降，因为“生产过程可能扩大的比例不是任意规定的，而是技术上规定的”[②]。在农业内部的产业结构方面，应加快发展生态农业、循环农业等现代农业新业态，推动农村一、二、三产业融合发展。

新型农业经营体系作为传统农业经营方式的创新，需从三个方面注入发展动力。一是充分发挥市场机制的决定性作用。以价值规律为基础的市场机制对资源配置的高效性是其他资源配置方式难以企及的，发展新型农业经营体系，应通过强化市场的信息传递、价格形成、激发竞争等功能，使农业发展更加适应市场环境，不断增强自我发展能力。二是加强政府的导向和支持作用。由于农业的弱质性、多功能性、外部性等特点，农业作为公共产品的属性被世界各国所认同，对农业发展的引导和支持也成为各国政府的重要职责。中国正处在传统农业向现代农业转型的关键时期，更应加大支持和保护力度。[③] 三是深化体制改革，强化制度的规范作用。完善的制度体系对规范经营行为、引导市场预期、界定权责关系等具有重要作用，应继续深化农村体制改革，推动农村资源变资产，为现代农业发展提供持久动力。

3. 构建新型农业经营体系的战略举措

构建新型农业经营体系的战略举措主要有三个方面。一是培育新型农业经营主体。新型农业经营主体是新型农业经营体系的核心载体，从我国现实情况看，由于家庭经营的基础性地位必须继续巩固，通过培育家庭农场，可以将家庭经营的优势与现代农业经营的要求有机结合起来，促进农业的转型升级。二是加强农业经营要素保障。当前我国农业发展在资金、人才、科技等方面的投入力度不够，亟须创新投入方式，吸引现代生产要素投入农业。三是加强农业经营社会化服务。农业社会化服务可以为新型农业经营主体集中优势开展生产经营提供有力支撑，应加强政府和专业组织提供农业社会化服务能力建设。

---

① 温铁军. 我国为什么不能实行农村土地私有化 [J]. 红旗文稿，2009 (2)：15-17.

② 马克思. 资本论：第2卷 [M]. 中共中央马克思恩格斯列宁斯大林著作编译局，译. 北京：人民出版社，2004：91.

③ 高云才. 我国农业农村发展再上台阶（辉煌“十二五”）[N]. 人民日报，2015-10-11 (8).

综上所述，新型农业经营体系是对我国农业基本经营制度的坚持和完善，是由专业大户、家庭农场、农业合作社、产业化龙头企业、农业社会化服务组织等现代农业经营主体构成的有机整体。新型农业经营体系是在新的历史条件下我国农业经营体制的创新，它以发展新型农业经营主体为核心，以市场化为导向，通过开展集约化、专业化、组织化、社会化生产经营，实现提高农业经营效益、推动农业持续发展、保障农产品有效供给和促进农民持续增收的战略目标。

二、构建新型农业经营体系的历史进程和面临的主要问题

（一）构建新型农业经营体系的历史进程

农业是国民经济的基础，新中国成立后，我国农业发展经历了“一大二公”的集体化经营和以家庭经营为基础、统分结合的双层经营模式，这些经营模式在特定的历史时期发挥过重要作用，但也出现了一系列新的问题。对此，党的十八大报告提出，要发展新型农业经营主体，构建新型农业经营体系，并对新型农业经营体系的基本特征做了概括。党的十八届三中全会强调，要继续坚持和完善农村基本经济制度，创新农业经营方式，并对新型农业经营体系的组织形式和基本原则做了要求。2014 年中央一号文件从发展多种形式规模经营、扶持发展新型农业经营主体、健全农业社会化服务体系、加快供销合作社改革发展等方面，对如何构建新型农业经营体系做出了战略部署。① 2015 年中央一号文件从创新土地流转和规模经营方式，发展规模化经营主体，提高农民组织化、服务社会化程度，引导工商资本经营农业等方面，进一步对如何发展新型农业经营体系做出了明确指示。② 2015 年 7 月 30 日出台的《国务院办公厅关于加快转变农业发展方式的意见》，从创新农业经营方式和延伸农业产业链的高度，强调要逐步扩大新型农业经营主体承担农业综合开发、中央基建投资等涉农项目规模，并强调要从基础设施、用地政策、金融服务、农业保险等

---

① 《关于全面深化农村改革加快推进农业现代化的若干意见》，《人民日报》2014 年 1 月 20 日。

② 中共中央国务院. 中共中央国务院关于加大改革创新力度加快农业现代化建设的若干意见［EB—OL］. (2015—02—01)［2016—01—15］. http：//www.gov.cn/zhengce/2015—02/01/content_2813034.html.

方面着手，培育和壮大新型农业经营主体。[①] 上述党和国家的相关文件对新型农业经营体系的基本特征、战略重点、组织形式等作出的指示，是构建新型农业经营体系的基本宗旨，标志着我国农业发展方式的改革创新进入了新的历史时期。

纵观我国农业经营体制的变革，其发展脉络体现了继承与创新、历史与逻辑的统一，而新型农业经营体系的提出则是对过去 30 多年我国农业经营体制变革过程的延续，是对我国农业基本经营制度的坚持和完善。当前，各类新型农业经营主体发展较为迅速，截至 2015 年 6 月，全国家庭农场超过 87 万家，农民合作社达到 140 万家，农业产业化龙头企业超过 12 万家。[②] 这些经营主体已逐步成为我国现代农业发展的重要力量，标志着我国新型农业经营体系的发展取得了一定成效。

（二）构建新型农业经营体系面临的主要问题

为了在实践中考察新型农业经营体系的发展状况，笔者对四川省部分区县的新型农业经营主体及农业主管部门进行了实地调研。[③] 调研发现，当前新型农业经营体系呈现出五大特征：一是经营主体结构单一。在各类新型农业经营主体中，专业合作社占比为 62.07％，龙头企业为 17.24％，专业大户为 13.79％，其他经营主体为 6.90％。二是产业布局趋于同化。新型农业经营主体主营产品首先是蔬菜水果，其次是生猪畜禽，而粮食、花卉苗木、水产养殖、作业服务等所占比例较低。从单个经营主体来看，经营种类较为单一，通常为 2～3 种产品类型；从总体来看，主要以蔬菜水果、生猪畜禽等传统农产品为主。三是经营效益差异较大。最近 3 年净利润达 10 万元以上的经营主体中，专业合作社占 57.14％，其他类型占 42.86％。这表明，专业合作社总体发展形势好于其他经营主体。四是整体经营规模较小。以最近 3 年的经营净利润为例，70.60％受访对象的净利润在 10 万元以上，15.30％在 5 万元～10 万元之间，14.10％在 5 万元以下。五是经营时间普遍较短。持续经营时间在 5

① 中共中央国务院办公厅．国务院办公厅关于加快转变农业发展方式的意见［EB/OL］．（2015－08－07）［2016－01－15］．http：//www.gov.cn/zhengce/content/2015－08/07/content _ 10057.htm.

② 高云才．我国农业农村发展再上台阶（辉煌“十二五”）［N］．人民日报，2015－10－11（8）．

③ 调研的区县包括成都市金堂县、新津县、新都区、乐山市夹江县、德阳市旌阳区、绵阳市涪城区、雅安市雨城区、巴中市平昌县等；调研对象包括典型家庭农场、专业大户、农民专业合作社、产业化龙头企业、农业生产性社会服务组织等新型农业经营主体以及地方政府农业主管部门；调研时间 2013 年 8 月至 2015 年 9 月。

年以上的经营主体占比不足20%，未能形成标准化、规模化的生产格局。具体而言，当前新型农业经营体系主要存在以下问题。

1. 制度保障体系不健全

第一，法律法规有待完善。虽然农业一直居于我国基础产业地位，但其发展仍带有较强的自发性，而新型农业经营体系更加缺乏系统性的法律法规对其进行规范和引导。第二，配套政策有待完善。当前新型农业经营普遍缺乏资金支持政策、土地流转支持政策、人才引进和培训支持政策、农业保险政策，而这些政策却是发展新型农业经营体系的制度基础。第三，利益联结机制有待完善。新型农业经营体系的构建和完善需要农民、投资者、政府等各相关主体密切配合，建立起紧密的利益共享和协调机制，而当前在一些地方，利益分享机制仍未真正惠及相关利益主体。

2. 要素市场不完善

第一，融资体系有待完善。新型农业经营主体投入土地所形成的资产一般得不到有效的产权保障，在融资方面往往因缺乏有效的信贷抵押物而难以获得有力支持，而金融机构也会因农业经营的低效性和高风险性采取惜贷政策。第二，土地市场有待完善。农村土地流转市场不完善，缺乏有效指导和规范，土地确权登记颁证工作有待进一步加强。第三，农业经营人才十分缺乏。城乡二元经济结构下，农业对人才的吸引力较弱，缺乏高素质的经营和管理人才。受发展空间制约，人才“引进来、留不住”现象普遍存在。第四，农业用工缺口较大。农业比较效益偏低，农村社会保障体系不健全，越来越多的农民不再从事农业生产，而是选择进城务工或从事其他行业，农村劳动力日益减少。

3. 生产条件亟待改善

第一，农业机械化水平较低。在大型农业机械投入成本较高、购买手续烦琐、制度不够透明的情况下，农民难以承受巨额购置成本。农业机械闲置时间较长，自然损耗较大，价值补偿周期较长，导致其使用效率不高。第二，基础设施建设有待加强。由于农业的弱质性和投资的长期性，一些地方部门对农业重视不够，基础设施投入力度较小，资金和技术等投入机制不完善。受劳动力和资金所限，一些重要的基础设施得不到长期有效的维护和修缮，陈旧老化现象较为严重。第三，科技服务有待加强。新型农业经营应是科技含量和科技贡献率较高的农业经营方式，但一些地方农业经营科技投入力度和服务水平较低，科技服务对农业的支撑作用未能得到有效发挥。

4. 流通体系仍未健全

第一，储藏设施不足。一些地方政府担心基本农田受到挤占，对加工及仓储用地审批控制十分严格，农产品储藏设施和建设用地难以获得有效满足。农产品储藏设施等固定资产往往耗资巨大，在农业资金运转本身已十分困难的情况下，经营主体难以腾出充足的资金用于储藏设施建设。第二，市场流通体系不完善。市场流通硬件设施不完善，农产品批发市场和零售市场体系不健全，流通中间环节较多，增加了市场交易费用，削弱了产品竞争能力。销售服务平台软件设施不完善，缺乏农产品市场需求信息平台，信息化服务和市场机制对农业生产的导向作用有待进一步提高。第三，市场监管体系不完善。农产品市场质量监管体系、市场准入和退出机制、产品认证体系不完善，品牌保护力度不强。

5. 社会化服务水平较低

第一，经营管理培训不足。经营管理者在科技创新、现代管理等方面缺乏必要的培训，制度性、规范性经营和管理仍然十分缺乏。第二，发展战略缺乏创新。农业经营主体在经营理念方面的创新仍显不足，致使农业经营仍以生产为导向，市场化和组织化程度较低，资源未能得到合理配置和充分利用。第三，组织架构不尽合理。政策协调和资源整合缺乏统一组织和领导，部门之间缺乏有效协作，导致管理成本增加，管理成效不显著。

三、完善新型农业经营体系的关键在于创新体制机制

新制度经济学家康芒斯认为，体制机制是“有机的”，在其现在的事件中，具有过去的、现在的实现和未来的生命。[①] 现存的经济事实中孕育着新的制度需求，而新的制度需求则意味着旧有体制的转型。新型农业经营体系是传统农业经营制度的转型，而转型的实质则是制度变迁或制度创新。[②] 通过创新农业经营体制机制，可以有效提高要素生产率，使“制度红利”的潜力得到进一步发挥。从我国具体情况看，应将新型农业经营主体之间的利益联结机制作为建立新型农业经营体系的核心机制，并围绕核心机制建立人、财、物等要素在内的支持机制，使其对核心机制发挥支撑作用；通过建立和完善农产品市场流

① 康芒斯. 制度经济学［M］. 赵睿，译. 北京：华夏出版社，2013：661.
② 卢现祥，朱巧玲. 新制度经济学［M］. 北京：北京大学出版社，2007：9.

通、农业保险、社会化服务等保障机制，为支持机制提供重要保障。

（一）构建新型农业经营体系核心机制

在现代农业经营中，严格合同管理是促进土地依法、有序、灵活流转，促进土地承包经营权规范化管理与服务的有效手段。① 因此，应明确新型农业经营主体权、责、利关系，科学拟订生产经营合同条款，完善合同签订程序，规范经营主体合同管理，保障各类经营主体依法开展生产经营活动。合理引导各类资本开展新型农业经营，厘清各利益相关方权责边界，规范各自经营行为。完善各类生产要素分配机制，健全兼顾国家、集体、个人的土地增值收益分配机制。完善土地市场，规范征地程序，健全被征地农民社会保障机制。健全财务管理制度，加强成本利润核算工作，完善入股分红规章制度。建立经营主体利益协调和仲裁机制，依法保护各类经营行为。建立清晰的权利分配方案，形成对各方有效的激励和约束机制。② 建立农业经营利益动态调整长效机制，促进利润分配适当向农民倾斜。建立利益纠纷处置机制，及时化解新型农业经营主体各种利益矛盾。

（二）构建新型农业经营体系支持机制

1. 构建融资支持机制

支持产品开发。继续改革和完善信贷政策，健全农村金融体系，引导和支持各类涉农金融机构开发层次多样、时间灵活、普遍适用的支农惠农产品，提高各类金融机构农业放贷积极性。

完善抵押机制。健全农村产权制度，加大土地确权赋能工作力度，建立健全农民对集体资产的占有、收益、有偿退出机制，完善农民承包土地抵押、担保、继承等权能。③ 构建新型农业经营主体财产管理登记制度，完善经营主体抵押贷款融资机制，创新金融服务方式，完善授信体制。

拓宽资金来源。整合支农惠农投入资金，完善投资环境，有序引入社会资本投资农业领域，参与构建新型农业经营体系。完善农业项目立项机制，引进项目战略投资，拓宽项目资金来源。规范发展民间借贷，降低新型农业经营主

---

① 陈叶军. 孔祥智：四化同步、推进农业现代化［J］. 中国合作经济，2013（2）.

② 秦愚. 组织成本视角下的农业合作社基本制度分析［J］. 农业经济问题，2014（8）.

③ 高云才. 中央通过有关农民股份合作和农村集体资产股份权能改革试点方案：农民将获更多财产权利［N］. 人民日报，2014－10－19.

体融资风险。

2. 构建人才支持机制

制定人才引进政策。制定新型农业经营体系人才引进总体规划和人才引进财政支持政策，完善人才引进工作机制，推动城乡人才市场健康发展。

建立人才培训机制。建立新型农业经营主体人才培训机构，完善新型农业经营管理者培训制度，探索农村经纪人和职业农民培训考核机制，培育各类农业经营管理专业人才，支持社会力量举办农村经营管理人员教育培训机构。加大务农培训力度，提高农民经营管理、市场开拓、科技创新等能力。

完善用工制度环境。加快推进城乡基本公共服务均等化进程，拓宽农村社会保障覆盖面和待遇水平，有序推进户籍制度改革。制定并完善新型农业经营主体带动就业补偿机制，使其降低用工成本，缩小用工缺口。

3. 构建设施支持机制

完善公共基础设施。明确政府负责农村公共基础设施投入主体责任，建立基础设施财政支持政策。加大农村道路、电网、灌溉等公共基础设施投入力度，完善基础设施建设补偿机制，加大农资综合补贴力度。

加强重点基础设施建设。涉及农用地以及直接用于或服务于农业生产的生产设施、附属设施和配套设施用地，一律按农用地管理。[①] 加大对仓储、冷藏、大棚等重点基础设施建设的资金和用地支持力度，完善设施农业发展规划，推进加工和仓储用地审批制度改革。

加大农业设施维护力度。建立农业基础设施管护长效机制，保障基础设施管护资金到位、责任到人，确保新型农业经营主体所需生产设施持续有效运行。

4. 构建科技支持机制

完善农业科技研发机制。加大农业科技研发投入力度，制定农业科技扶持振兴规划，发挥农业科技财政专项资金引领作用，引导社会资本参与农业科技研发，科学规划资金使用领域。

完善农业科技市场体系。加快建立和完善农业科技市场体系，提高农业科技服务市场化水平，保障农业科技服务有效供给，推动农业科技研发和应用，实现良性互动。

---

① 高云才. 我国取消设施农用地审核配套设施纳入设施农用地管理［N］. 人民日报，2014－10－18 (3).

完善农业科技推广和应用机制。重点开发和推广优质高产高效技术、加工保鲜储运技术、农业降耗增效技术。加大农业科技推广资金支持力度，建立和完善各级农业科技推广服务机构。加强科技推广队伍建设，增加服务内容，完善人员编制，加大培训力度，提高待遇水平。

（三）构建新型农业经营体系保障机制

1. 构建主体合作保障机制

创新生产和销售合作机制。各类新型农业经营主体要建立横向联合机制，夯实合作基础，加强互利共赢合作生产经营方式。推动各类经营主体建立品牌创新合作机制，完善地理标志品牌建设，争创名、优、特、新产品认证。共同开发销售市场，拓宽产品销售渠道。建立联合采购制度，提高要素市场议价能力，降低要素采购成本。同时创新产业发展合作机制，以项目合作为抓手，加强项目申报合作，提高项目合作管理水平。各级职能部门要为构建农业科技园区、产业园区等合作机制创造条件，促进各类经营主体优势互补，提高整体经营效益。

2. 构建市场流通保障机制

完善农资供给机制。加大农资补贴力度，简化补贴手续，完善农业生产资料供给市场，有效降低新型农业经营主体生产成本。对储藏设施建设与基础设施建设给予同等优惠待遇，保障农产品储藏设施建设需求。

整合产品流通环节。制定产品流通规划，缩短产品流通环节，促进各级销售市场资源整合，有效提高产品流通速度。建立并完善产品市场准入机制，规范市场交易行为，保障产品质量安全。加大物流体系建设力度，搭建产品销售服务平台，提高产品流通和资金周转速度。

创新产品销售模式。建立农产品销售信息平台，探索建立农产品网上直销模式，规范发展“农超对接、农社对接”等新型流通业态。

3. 构建农业保险保障机制

增加产品供给。细化农业保险条例，建立农业巨灾风险分散体系。[①] 支持和鼓励商业保险机构开发层次多样、针对性强、保障有力的农业保险产品。加大资金投入力度，构建政策性农业保险产品，重点加强风险高、周期长、需求大的农业保险供给，降低农业经营风险，提高经营效益。扩大农业政策性保险

① 吕晓英，李先德. 美国农业政策支持水平及改革走向［J］. 农业经济问题，2014（2）.

覆盖面、提高保费补贴标准，积极发展商业性、合作性农业保险，提高风险管理水平。[①]

提高理赔标准。加大资金扶持力度，提高对农业保险产品供需双方的资金补贴力度，鼓励经营主体购买保障水平较高的农业保险产品。支持保险机构提高保额水平，提高保险理赔标准，有效降低农业经营风险。

简化理赔程序。建立农业保险保费补贴资金监管机制，加大道德风险管控力度，完善理赔审核程序，有效发挥农业保险降低经营风险、稳定收入预期的功能。

4. 构建社会服务保障机制

建立信息服务平台。建立农业生产信息服务平台，为生产者提供培训、咨询等社会服务，提高农民生产技能和专业水平。建立价格、库存、供求等市场信息服务平台，为生产经营提供必要条件。[②] 建立农业生产气象信息发布平台，有效降低农业生产风险，提高农业生产防灾减灾能力。同时建立信息交流合作平台，促进农业规模化生产，提高农业产业化经营水平。

发展集约化耕作，在农村土地所有权、承包权与经营权“三权分置”的基础上，进一步加强农村土地流转服务平台建设，提升土地承包流转服务中心、土地托管中心、土地仲裁委员会服务水平，建设综合性的农村土地承包经营权流转市场。[③]

构建公益性农机作业服务机构，加大补贴力度，改进服务方式。支持建立经营性耕种、收割、运输等农业服务组织，提高服务效率。建立农业机械化项目扶持标准体系，重点选择科技含量高、带动效应大、经济效益佳、社会效益好的经营项目和经营主体作为扶持对象，通过典型示范、以点带面的方式充分发挥各类经营主体的示范和带动作用。

5. 构建市场监管保障机制

加强资金监管。建立健全扶持资金审批制度，加强资金用途管理，构建资金使用效果反馈机制，建立支农惠农资金动态调整机制。科学选择资金扶持对象，规范项目资金扶持管理，有效提高资金使用效率。

强化准入管理。营造良好投资环境，加强负面清单管理，建立社会资本进

---

① 李克强. 以改革创新为动力加快推进农业现代化 [J]. 求是，2015 (4).

② 陈锡文. 适应经济发展新常态加快转变农业发展方式——学习贯彻习近平总书记在中央经济工作会议上的重要讲话精神 [J]. 求是，2015 (6).

③ 陈叶军，孔祥智. 四化同步、推进农业现代化 [J]. 中国合作经济，2013 (2).

入农业领域资质审批制度，科学评估工商资本开展农业经营对生态环境及农民收入的综合影响，提高工商资本农业经营社会效益。完善农业投资管理机制，规范经营行为，确保各类主体经营行为符合农业整体发展规划。

加强市场监管。完善农业生产要素及农产品质量认证规章制度，健全市场监管机制，规范市场交易行为，保障各类市场主体平等有序参与市场竞争。建立产品生产产地追溯机制，加大产品生产要素质量监管力度，保障生产要素质量安全。加大品牌保护力度，严厉打击各类制假售假违法行为，保障市场竞争有序进行。

6. 构建领导组织保障机制

按照集中领导、分工负责的组织原则建立新型农业经营体系领导工作机制，强化领导责任，确保工作落实。加大部门合作力度，提高部门协作能力。

加强总体规划和顶层设计，全面谋划新型农业经营体系发展思路，统一制定发展战略，合理布局产业发展，提高科学发展水平。

制定并完善注册登记制度，健全注册登记标准和市场准入制度。完善《农民专业合作社法》，制定并出台《家庭农场法》，完善工商资本进入农村开展新型农业经营法律法规。健全基层政府与村级组织和其他社会组织的关系，改善乡村治理机制。构建部门联席会议制度及部门协作机制，完善政策制定程序，提高决策民主化、科学化水平。

四、结论

随着我国经济发展进入新常态，加强供给侧结构性改革成为促进经济持续发展的强大动力。建立新型农业经营体系是农业供给侧结构性改革的重要举措，对转换农业发展方式、提高农业生产能力具有重要意义。构建新型农业经营体系的关键在于完善相关体制机制，核心问题在于建立各类新型农业经营主体之间的利益联结机制，通过完善利益联结机制，建立起组织严密、运行高效的利益共同体，为提高经营水平和经济效益奠定基础。围绕利益联结机制，需要在资金、人才、设施、科技等方面建立新型农业经营体系支持机制，为开展集约化、专业化、组织化、社会化的生产经营提供要素支持。在支持机制的基础上，建立完善的主体合作、市场流通、农业保险、社会服务、市场监管、领导组织等保障机制，全面提高新型农业经营体系的协调能力和运行效率，有效解决农业“谁来种”“种什么”“如何种”等现实问题。

城乡建设用地增减挂钩中土地权属调整研究*

韩立达　王艳西①

摘　要： 本文通过分析增减挂钩政策中土地权属调整面临的困境探讨权属调整途径，立足于保障集体和农民合法权益提出创新和完善增减挂钩政策的建议。本文主要采用政策分析法，得出的研究结果是：集体土地所有权权属调整面临缺乏法律依据、空间约束性强、集中居住区土地性质模糊等困境；集体土地使用权权属调整面临实践与法律脱节，集中居住区土地及房屋产权界定困难等困境。本文最后的研究结论是：在法律层面为集体土地所有权流转正名并保障集体土地和国有土地"同权同价，同等入市"以及建立新型集体经营制度；实践中土地所有权向村集体集中并依法流转，农地使用权以"确权确股不确地"的方式交由集体经营，扩大集体经营性建设用地入市交易规模等。

关键词： 土地经济；城乡建设用地增减挂钩；土地权属调整；集体经营性建设用地；新型集体经济组织

农村土地权属指农村集体土地的所有权、使用权及他项权利的归属，具体包括所有权、使用权、承包经营权、抵押权、租赁权等各种权利束。城乡建设用地增减挂钩（以下简称增减挂钩）中的土地权属调整即指项目区集体土地的所有权、使用权及他项权利的归属主体以及相关权利的重新界定与分配。通过知网全文搜索，笔者仅发现一篇文献对增减挂钩土地权属调整进行研究。杨园

* 基金项目：2015 年国家社科基金项目"农村集体经营性建设用地入市的体制机制研究"(15BJY089)。

① 作者简介：韩立达，四川大学经济学院教授、博士生导师，研究领域为区域经济发展、资源环境与经济发展、土地经济与房地产经济、农村经济等。

王艳西，四川大学经济学院硕士研究生，专业方向为土地经济管理。

园等阐述了增减挂钩拆旧区和建新区的土地权属调整方案并总结相关程序。①但其存在两点不足：一是没有将增减挂钩土地权属调整置于我国现行土地制度框架内考虑，忽视了土地权属调整面临的制度困境和实践困境；二是在其权属调整方案中将建新区土地直接归于国有土地，这直接忽略了建新区土地在集体建设用地范畴内进行调整的可能性。为了进一步丰富学界关于此方面现有研究之不足，探讨土地权属调整的途径，进而保障集体和农民的合法权益，本文以增减挂钩项目中拆旧区和建新区（主要指农民集中居住区）土地权属调整为研究对象，重点分析农村集体土地所有权、使用权及房屋产权在增减挂钩项目中调整时面临的困境，并据此提出相应的对策建议。

一、增减挂钩中集体土地所有权权属调整面临的困境

在实践中当增减挂钩项目遇到以下几种情况时会面临土地所有权的调整：一是项目涉及多个村民小组或者集中居住区跨村民小组建设时，如 A 村民小组农民被安置在同村 B 村民小组的土地上，或者集中居住区同时占用 A 村民小组和 B 村民小组的土地；二是增减挂钩项目农民集中居住区跨村或跨乡镇建设，这时必然会需要对跨村或者跨镇所占土地进行补偿以及对相应权属进行调整，首先涉及的就是集体土地所有权在占地集体和被占地集体之间进行权属调整，并由此引出交换、转移、补偿等问题。

（一）集体土地所有权调整缺乏法律依据

法律禁止土地所有权转让。在我国现行制度下，法律确认的农村集体土地所有权流转渠道只有土地征收这一种途径，不允许集体土地所有权自由转让。《中华人民共和国宪法》第十条和《中华人民共和国土地管理法》（以下简称《土地管理法》）第二条规定“任何组织或者个人不得侵占、买卖或者以其他形式非法转让土地”，“任何组织和个人不得侵占、买卖或者以其他形式非法转让土地”，这就从根本上否定了增减挂钩中农民集体之间转移土地所有权的合法性。

不同农民集体间转让土地所有权缺乏依据。《土地管理法》规定农村集体

① 杨园园，王冬艳，栗振岗，等. 城乡建设用地增减挂钩中土地权属调整的研究 [J]. 中国农学通报，2011，27 (32)：133-137.

土地所有权主体有三类，组农民集体、村农民集体和乡镇农民集体①，一般来说，农村土地所有权的归属沿袭历史现状。但是在拆旧区、建新区涉及以下情况时可能会发生所有权的调整和变更：一是集体土地置换。例如，邛崃市平乐镇在农民集中居住新区建设时，遵照“带地入建”的原则，根据本集体经济组织搬迁入住新区的建房户的综合占地面积调出同等地类、面积，补划给被占地集体经济组织，确保被占地集体经济组织土地面积不减少，但土地所有权的调整也无章可循。二是通过货币补偿。例如，成都市青白江区福洪镇先锋村选择跨村建设农民集中安置区，并对跨村被占土地的农户采取年付租金或一次性货币补偿的方式对被占村土地使用权进行补偿，但这也涉及不同村组之间的土地所有权调整问题，由于地随房走，通过货币化补偿获得土地使用权以后，其所有权也必须进行调整或者变更。目前，在一些村范围内的增减挂钩试点通过“撵地”（置换）方式来避免所有权调整。但当跨村建设农民集中居住新区时，通过“撵地”就根本不能实现上述土地所有权调整。

（二）集体土地所有权权属调整实践中难以操作

集体土地所有权市场价格缺失。在现有土地管理制度下，农村集体土地所有权是不能流转的，实践中也不存在正常的农村土地所有权市场，农村集体土地所有权只能通过土地征收等有限途径转变为国有土地所有权，只存在土地征收价格（涉及所有权的只有土地补偿费）。不同组（村、镇）之间土地所有权调整不管是价值补偿还是实物补偿，都需要基于土地的市场价格，在市场机制无效的情况下，为快速推进增减挂钩项目，集体经济组织或者地方政府部门必然会强势介入，完全忽视了农村土地所有权的补偿。

土地用途差异导致土地所有权标准难以确定。增减挂钩项目农民集中居住区占地类型复杂，既包括被占村集体的宅基地、农用地、乡镇企业用地、乡（镇）村公共设施和公益事业用地，还有可能包括未利用地等。不同用途土地的价值差异悬殊，建设集中居住区后统一变为建设用地，那么涉及村范围内或者乡镇范围内的土地所有权调整时，究竟以哪种土地用途为基准进行调整或补偿就成为决定权属调整成败的重要因素。实践中的很多做法仅仅是对土地使用权的补偿，由于集体土地所有权价格的缺失、被调整土地类别及其用途的复杂

---

① 《土地管理法》第十一条规定：“农民集体所有的土地依法属于村农民集体所有的，由村集体经济组织或者村民委员会经营、管理；已经分别属于村内两个以上农村集体经济组织的农民集体所有的，由村内各该农村集体经济组织或者村民小组经营、管理；已经属于乡（镇）农民集体所有的，由乡（镇）农村集体经济组织经营、管理。”

性等，集体经济组织之间根本无法确定土地所有权的补偿标准。

集体土地所有权调整受空间约束性强。合理的耕作半径是科学布局农村居民点的关键，也是影响农业耕作效果的重要影响因素。① 即使拆旧区土地所有权法律上可以调整，土地所有权互换（通过“撵地”方式）在邻近村民小组还可以实行，一旦不同主体间距离超过耕作半径，那么土地所有权互换这种方式就难以有效，价值补偿的方式在缺乏市场的情况下也难以规范有效进行。一方面容易形成“飞地”“插花地”等，不利于土地集中规模经营，集约节约利用拆旧区复垦耕地，发挥规模经济；另一方面价值补偿方式在缺乏科学评估理论和技术的情况下也存在较大的交易成本。

农民集中居住新区土地所有权处于模糊和维持现状的窘境。实践中跨村的农民集中居住新区安置多个村（组）农民时，在“地随房走”原则下土地所有权事实上已经转移，对这种权属变动进行法律确认就成为保护集体经济组织权益的需要。但是，各地增减挂钩项目实施中无论是地方政府还是农民集体经济组织都不愿意或者无法确定农民集中居住新区土地所有权的归属，这种模糊和维持现状的做法导致了集体经济组织之间土地权属混乱和损害了集体经济组织的利益。一方面《土地管理法》等法律规定只有出于公共利益目的才能对集体所有的土地进行征收，且国家严控城镇新增建设用地规模；另一方面增减挂钩政策是中央政府和地方政府复杂博弈的结果②，因此政府主导下的增减挂钩治理结构就成为一种层级制的治理结构。③ 在这种治理结构下增减挂钩项目的重要目的就是获得建设用地指标，从而开辟一个独立于年度计划指标严控体系以外的指标来源④，故地方政府很难会以征地这种方式来清晰确认农民集中居住新区土地的所有权权属。另一方面，从各地实践的做法来看，一般都是把农民集中居住新区确定为集体建设用地，但这只是对农民集中居住新区土地使用权的界定，并不涉及土地所有权权属的调整。

---

① 唐丽静，王冬艳，王霖琳. 基于耕作半径合理布局居民点研究——以山东省沂源县城乡建设用地增减挂钩项目区为例 [J]. 中国人口·资源与环境，2014，24 (5)：59－64.

② 李元珍. 央地关系视阈下的软政策执行——基于成都市 L 区土地增减挂钩试点政策的实践分析 [J]. 公共管理学报，2013，28 (9)：14－21，137－138.

③ 顾汉龙，冯淑怡，曲福田. 重庆市两类城乡建设用地增减挂钩模式的比较 [J]. 中国土地科学，2014，28 (9)：11－16，24.

④ 谭明智. 严控与激励并存：土地增减挂钩的政策脉络及地方实施 [J]. 中国社会科学，2014，(7)：125－142，207.

二、增减挂钩中土地使用权权属调整面临的困境

现行农村集体土地的所有权和使用权是二元的，在家庭承包经营制度下农用地虽归集体所有但由农户承包经营；宅基地虽也属于集体所有但农户享有使用权。因此，使用权权属调整亦是增减挂钩中土地权属调整的重要内容，也是现实矛盾的集中点和敏感区。

（一）权属调整缺乏法律依据

拆旧区宅基地经过复垦成为耕地后的权属调整缺乏法律依据。由于宅基地和农用地（耕地）的使用权配置方式在现有农村土地管理制度中是两种截然不同的路径。因此一旦宅基地复垦为耕地后，就必须对其使用权进行权属调整。但目前法律仅是鼓励将闲置或低效利用宅基地复垦为耕地，对随之而来的使用权权属如何调整却未规定。《土地管理法》对此仅表述为“国家鼓励土地整理。县、乡（镇）人民政府应当组织农村集体经济组织，按照土地利用总体规划，对田、水、路、林、村综合整治，提高耕地质量，增加有效耕地面积，改善农业生产条件和生态环境”，并未规定对复垦后的耕地使用权权属如何调整。土地用途是土地所有权及其他各项权利的重要内容，是决定土地经济效益的重要因素。若复垦后耕地使用权性质及归属未得到法律确认，其实际使用者会自行寻求土地最佳使用方式，有可能违背土地用途管制制度，出现诸如农地非农化等问题。

农民集中居住新区所占土地使用权权属调整缺乏法律依据。最为突出的表现是当农民集中居住新区所占土地为承包地时，按照《中华人民共和国农村土地承包法》（以下简称《农村土地承包法》）的规定，农户只能在法定承包经营权剩余期限内流转土地。就第二轮承包而言，剩余期限普遍只剩十余年，一旦承包地流转用于修建农民集中居住新区，事实上已经类似于永久性流转，目前法律对于这种情况并未做出规定，这种法律与实践的矛盾就成为增减挂钩政策的一个制度隐患。一个可预见的后果就是，事实上永久流转承包地的农户在第三轮土地承包时仍然可以依据《农村土地承包法》重新向集体经济组织申请获得承包地，导致个人侵占集体利益，或者说集体土地成为个人牟利工具等问题的出现。

集中居住新区房屋及土地使用权权属调整与现行法律脱节。增减挂钩项目实施的一个主要目的就是通过农民集中居住，减少农村建设用地面积。因此实

践中集中居住新区多为联排或多层住宅，多户共占一块地基，即出现了“多户一宅”现象。此时出现了以下困境：一是传统“一户一宅”的土地管理制度已不能得到遵行，那对于今后农户新增人口或者分户时是否可以继续在集中居住新区分到相应的房屋？二是如果不能在集中居住新区分配到房屋，对于以后符合分户条件的农民是否继续实施“一户一宅”制度，若继续允许农户新增人口或者分户时仍可依法申请新的宅基地，势必重新扩大农村建设用地规模，与增减挂钩政策初衷背道而驰。同时，国家又明确禁止城镇居民购置农村宅基地，导致新区土地及房屋在产权层面不能与国有土地及房屋同权，导致了集中居住区土地及房屋性质不清，产权不明，不少农民将新区房屋出租、买卖，即出现了小产权房现象。

集中居住区经营性建设用地法律性质模糊。近来，国家在政策上逐步允许集体经营性建设用地入市，积极谋划建立城乡统一的建设用地市场。同时，在增减挂钩项目实施过程中，一般也允许集体经济组织预留结余建设用地指标的一定比例（如成都市规定不低于5%）用于发展集体经济，这部分土地一般来说是属于集体经营性建设用地的范畴。但在目前法律制度下，这部分土地的性质却未得到法律的认同。《土地管理法》第四十三条、第六十条和第六十三条严格限制集体建设用地的用途以及利用方式，尤其是集体建设用地用于经营性用途更是受到极大限制，一方面采用联营、入股等方式需经政府批准，另一方面又明令禁止通过出让、转让和出租方式用于非农建设。与《国家新型城镇化规划（2014—2020年）》等政策中的“在符合规划和用途管制的前提下，允许农村集体经营性建设用地出让、租赁、入股，实行与国有土地同等入市、同权同价”相矛盾。实践中也有相当部分集体是通过出让、转让和出租集体建设用地使用权的方式来利用集体建设用地的。因为这种做法为法律所禁止，所以导致这部分集体经营性建设用地的法律性质模糊。这便导致了一些集体经济组织无法真正利用这部分集体经营性建设用地或者即使开发利用这部分土地发展集体经济也因为土地性质模糊无法实现其应有价值，这样既影响当地农村经济的发展，也是造成增减挂钩项目资金瓶颈的一个重要原因。例如，邛崃市平乐镇项目预留5%集体建设用地指标用于发展集体经济，但因该镇作为旅游古镇，对建设用地的需求量比较大，指标无法满足需求，限制了当地的发展。

（二）拆旧区土地使用权权属调整面临的困境

如何对拆旧区复垦新增耕地的权属调整在实践中也颇有争议，实践中既有让原农户继续耕种的，也有收归集体的，更有私下进行置换的。[1] 在复垦前，土地使用性质为宅基地，所有权属于集体，农户享有使用权；在复垦为耕地以后，土地所有权仍为集体，但困难在于使用权如何调整和配置。

如果将复垦后新增耕地的使用权分配给本村农民，除了法律规定的缺失，还存在以下问题：一是涉及本组的农户众多，其协商、发包的成本高；二是如果继续以承包的方式分配势必加重农村土地的细碎化，难以发挥规模效益；三是在农业人口非农化、兼业化背景下[2]，家庭经营易导致土地粗放经营甚至撂荒；四是由于宅基地复垦后要达到同类耕地质量，需要较长时间，同时也为集中居住区的农户“返家”（回归传统生产生活方式）提供可能，导致农地非农化。

如果将耕地使用权划归集体，也存在以下两方面的困境。一是由于现实中集体无法进行发包。由于权属无法确定，现实中往往形式上是耕地，实际上集体无法发包。二是划归集体也存在两难困境。首先是改变了原来农户宅基地使用权的权属关系，在一定程度上侵害了原宅基地农户的权益；其次是收归集体可能会出现内部人控制以及村干部寻租等问题。各地虽然探索了一系列制度安排如村民议事会等，但在传统能人治理体制和村民议事会的法律责任和义务缺失下，村民议事会往往流于形式。

三、创新和完善增减挂钩中土地权属调整方式的对策建议

（一）创新和完善农村土地权属调整的法律法规

在《土地管理法》中为集体土地所有权流转正名。我国土地所有权制度分为国家所有和农民集体所有，国家作为土地所有权主体具有唯一性，但农民集体作为土地所有权主体并不具有唯一性，因此在逻辑上就存在土地所有权在不同农民集体之间流转的可能性，并且在实践中不同农民集体之间流转土地所有权的现象也是客观存在的，如农村土地综合整治中不同农民集体通过置换（“撵地”）、价值补偿等方式调整土地权属。《土地管理法》作为我国土地管理的专项法律，对此种情况却未做任何规定。因此建议补充修改《土地管理法》

① 韩立达，王静. 创新和规范城乡建设用地增减挂钩政策研究——以成都市为例［J］. 农村经济，2014（10）：22－26.

② 贺雪峰. 城乡统筹路径研究——以成都城乡统筹实践调查为基础［J］. 学习与实践，2013（2）：74－86.

第二章之内容，增加关于集体土地所有权流转相关条款，具体内容为："经村民会议三分之二以上成员或者三分之二以上村民代表的同意，并报乡（镇）人民政府和县级人民政府农业行政主管部门批准后，可将本集体土地所有权通过出让、转让、置换等方式调整给县级行政区域内其他农民集体。"

建立农用地使用权、建设用地使用权互相转变的法律途径。基于我国严格的土地用途管制制度，我国农村土地使用权流转以不改变用途为前提。但随着一系列农村土地制度改革措施的出台，农村土地流转伴随着用途转变成为常态，如增减挂钩中占用农用地修建集中居住区、宅基地复垦为耕地后的流转等。《土地管理法》对于宅基地流转有明文规定，《农村土地承包法》对承包土地流转进行了详细规定；但二者都未对宅基地复垦为耕地后使用权如何调整、农用地流转为建设用地如何操作进行规定。法律的缺位必然导致这些土地产权模糊，并由此带来一系列问题与矛盾。因此，建议修改《土地管理法》，明确规定通过土地综合整治等手段复垦宅基地的，复垦后土地使用权调归集体，或是重新发包或是由集体统一经营；修改《农村土地承包法》，增加关于农用地流转为建设用地的条款，即"当承包土地在符合规划和用途管制前提下需要流转成为建设用地时，可先将承包地调为建设用地，同时将建设用地使用权（或者宅基地使用权）赋予承包权人，而后再允许原承包权人将自己获得的建设用地使用权流转给所需地方"。

赋权还能，允许集体土地、国有土地"同权同价，同等入市"。《土地管理法》第四十三条、第六十条和第六十三条对集体建设用地的使用范围做出了严格的限制，使得增减挂钩项目区集体经营性建设用地和农户住宅无法充分发挥其资本属性，严重制约了增减挂钩项目的实践，导致集体建设用地与国有建设用地在产权上不对等①，增减挂钩项目区集体建设用地产权归属难以有效界定以及不利于农用地流转。建议按照党的十八届三中全会关于"在符合规划和用途管制前提下，允许农村集体经营性建设用地出让、租赁、入股，实行与国有土地同等入市、同权同价"的精神修改《土地管理法》，允许集体建设用地在符合规划和用途管制的前提下与国有土地同等入市交易。

改革农村土地承包经营制度，建立新型集体经营制度。《农村土地承包法》第三条、第四条、第二十六条和第二十七条等规定了农村土地采取实物发包、家庭经营的方式，并严格限制调整承包关系。这就严格限制了农村土地使用权

① 谭静．城乡建设用地增减挂钩中的集体土地权益保护［J］．中国土地科学，2012，26（2）：79—83.

权属关系的调整、赋予土地过多的社会保障功能，严重制约了增减挂钩中通过调整复垦耕地权属关系发挥规模效益、提高农民的收入。因此，建议修改《农村土地承包法》相关规定，允许农用地有条件地实行集体经营，即经营权收归集体，农户承包权转为集体经济组织股权，并补充关于按照股份制建立集体经济组织的相关规定。

（二）建立合理的土地权属调整方式

土地所有权由组向村集中，村集体之间可进行土地所有权的依法流转。一方面增减挂钩项目中土地所有权进行流转具有现实的必要性，另一方面现实中农村土地所有权以组农民集体所有为主，所有权流转易导致集体土地所有权的零碎化。因此，建议在增减挂钩项目实施过程中，若项目仅涉及同一村农民集体，建议采取将土地所有权收归村集体的方式；当项目涉及不同村农民集体时，建议在土地所有权收归村集体的基础之上进行村集体之间土地所有权的权属调整，尽量减少土地所有权零碎化现象的发生。

农用地使用权向集体集中，探索建立新型集体经济组织。中共中央办公厅、国务院办公厅2014年印发的《关于引导农村土地经营权有序流转发展农业适度规模经营的意见》指出要“坚持农村土地集体所有权，稳定农户承包权，放活土地经营权，以家庭承包经营为基础，推进家庭经营、集体经营、合作经营、企业经营等多种经营方式共同发展”。同时也指出土地承包经营权“在尊重农民意愿的前提下，也可以确权确股不确地”。建议按照这一思路推进增减挂钩项目区耕地的土地使用权权属调整，具体做法为：统一采取“确权确股不确地”的方式将耕地折算成相应股份平均分配给本集体有资格享有承包经营权的成员；按照股份制公司的方式建立新型集体经济组织。通过这种方式，承包地由农户个体经营转化为集体经营，从而在一定程度上也坐实了村农民集体或组农民集体的土地集体所有权主体地位。[①②]

住宅建设用地使用权向农户分散，允许房屋及其相应土地使用权有条件流转。对于农民集中居住区土地权属调整来说，建议参照城镇国有土地住宅权属划分做法，土地所有权归集体，但是农户应享有与其房屋相对应的建设用地使用权，应像向国有土地房屋颁发国有建设用地使用权证一样给集中居住区农户

① 张世勇．村级组织的农地调整实践——对成都市ZQ村建设用地增减挂钩项目实施过程的考察［J］．贵州社会科学，2013（4）：119－125．

② 汪文雄，钱圣，杨钢桥．PPP模式下农地整理项目前期阶段效率影响机理研究［J］．资源科学，2013，35（2）：341－352．

颁发集体建设用地使用权证，并同时允许集中居住区农户在符合规划和相关政策的前提下，有条件买卖和出租自有房屋，如当农户拥有两处及两处以上房屋时，可选择将不居住的房屋租售，并以此为契机积极探索农村宅基地退出机制①，使农民由“土地发展权的一个名义主体”② 转变为真正的权利主体。

以集体经营性建设用地入市作为破解权属调整成本困境的重要途径。高昂的补偿安置成本成为阻碍增减挂钩中土地权属调整的一个重要因素，破解成本困境的一个重要途径就是拓宽项目收入来源，农村集体经营性建设用地入市交易不失为一个重要途径，尤其是对于一些条件比较好的地区，增减挂钩项目实施以后，当地自然、经济等条件大幅改善，土地增值潜力巨大，若充分开发利用这部分土地，必定会带来巨大收益。因此，建议在实施增减挂钩项目时，符合条件的地区应允许农民集体在节余的建设用地指标中加大用于发展集体经济的部分。

① 陈美球，马文娜. 城乡建设用地增减挂钩中农民利益保障对策研究——基于江西省《“增减挂钩”试点农民利益保障》专题调研［J］. 中国土地科学，2012，26（10）：9—14.

② 顾汉龙，冯淑怡，张志林，等. 我国城乡建设用地增减挂钩政策与美国土地发展权转移政策的比较研究［J］. 经济地理，2015，35（6）：143—148，183.

中国农民收入影响因素的实证分析*

贾　立①

摘　要：本文采用1978—2013年的相关数据，运用因子分析法从多个影响因素中提炼出了三个公共影响因子：农业基础面因素、农村金融与资本面因素和农村科技面因素。本文通过对这三个公共影响因子与农民收入增长关系进行实证分析，发现农业基础面因素和农村科技面因素对我国农民收入增长具有正向促进作用，而农村金融与资本面因素对我国农民收入增长具有负向效应；我国农民收入对农业基础面因素和农村科技面因素的正向冲击呈现正向效应，然而农村金融与资本面因素的正向冲击抑制了我国农民收入的增长，在一定的时滞后，农民收入才得到改善；农业基础面因素对农民收入增长具有的作用显著大于另外两个公共影响因子。基于此，本文提出应重点关注农业基础面因素的改革，积极推动现代化农业建设；注重农村金融政策的稳定性与长期性；应加强农业科技创新与推广，发挥农业科技的优势力量等政策建议。

关键词：农民收入；因子分析法；VAR模型

一、引言

农民收入状况是反映农村经济发展水平的重要指标，同时增加农民收入也是解决“三农”问题的关键。自1978年改革开放以来，随着农村经济的发展，农村居民家庭收入有了显著提高。到2013年，我国农村居民家庭人均纯收入为8895.90元，较1978年的133.60元增长了近67倍，平均增长率达12.4%。但是与此同时，即使不考虑实际存在的巨大的公共服务差距，城乡居民收入差距仍然不断拉大。1978年的城乡居民收入差距为2.57∶1，2013年则升至

---

* 基金项目：国家社会科学基金重点项目“农村新型金融组织创新研究”（11BJY083）。

① 作者简介：贾立，四川大学经济学院副教授，研究领域为普惠金融、农村金融、公司金融。

3.03∶1。另外，扣除价格影响因素后，农村居民人均纯收入年均增长7.4%，明显落后于国内生产总值（GDP）的年均增长速度9.8%。从农村贫困人口来看，截至2014年仍然高达7017万人。由此可见，农村问题依然突出，农民收入问题依然严峻，那么深入分析农民收入的影响因素显得尤为重要。

国外学者对农民收入影响因素的研究主要集中在政府政策、人力资本、农业发展模式创新、自然与气候条件、金融发展等方面。布赖恩·C·布里格曼（Brian C. Briggeman）等认为农民收入很大程度上依赖于政府政策，政府的补贴对提高农场收益具有促进作用。[①] 伊多·坎、阿亚尔·金米和兹维·莱马（Iddo Kan，Ayal Kinmhi &Zvi Lerma）等研究表明农民受教育程度与非农收入具有显著的正相关关系。[②] 卡希瓦·千叶（Kashiwa Chiba）则发现参加农民田间学校培训的农民收入大约每年增加60～160美元。[③] 郑继辽和刘慧卿（Zheng & Liu）研究发现，利用先进的现代化循环农业生产可以促进农民的农业收入和非农业收入增长。[④] 门德尔松（Mendelsohn）认为，农民收入与气候存在显著的关系，而且气候是通过影响农业生产率，进而影响农村的人均收入。[⑤] 吉恩伍德、约万诺维奇（Geenwood & Jovan ovic）[⑥]、加洛尔、泽拉（Galor & Zeira）[⑦]、班纳吉、纽曼（Banerjee & Newman）[⑧] 基于金融发展与收入差距的关系研究，间接地揭示了金融发展与农民收入增长的关系。奥登、吉恩、汤森德、维克里（Orden & X. Gine，R. Townsend，J. Vickery）分

---

① BRIAN C，BRIGGEMAN，ALLAN W，et al. A New U. S. Farm Household Typology：Implications for Agricultural Policy [J]. Review of Agricultural Economics，2007，29 (4)：765-782.

② KAN I，KIMHI A，LERMAN Z. Farm Output，Non-farm Income and Commercialization in Rural Georgia [J]. Agricultural and Development Economic，2006 (3) ：276-286.

③ KASHIWA，CHIBA. Impact of Farmer Field Schools on Agricultural Income and Skills [J]. Journal of International Development，2013，25 (3)：362-381.

④ Jiliao ZHENG，Huiqing LIU . Increased Farmer Income Evidenced by a New Multifunctional Actor Network in China [J]. Agronomy for Sustainable Development，2014，34 (2)：515-523.

⑤ MENDELSOHN R. Climate and Rural Income [J]. Climatic Change，2007，81 (1)：101-118.

⑥ GREENWOOD J，JOVANOVIC B. Financial Development，Growth and the Distribution of Income [J]. Journal of Political Economy，1990，98 (5)：1076-1107.

⑦ GALOR O，ZEIRA J. Income Distribution and Macroeconomics [J]. Review of Economic Studies，1993，60 (1)：35-52.

⑧ ABHIJIT V. BANERJEE，ANDREW F，et. al. Occupational Choice and the Process of Development [J]. Journal of Political Economy，1993，101 (2)：274-298.

析发现，购买保险有助于增加农户的财富水平。[①][②]

基于我国特有的农村经济社会体制和独有的历史背景，国内关于中国农民收入影响因素的研究主要集中于财政支农、人力资本、农村金融、农业科技和农业投资等方面。朱湖根、万伦来构建计量模型，实证证明了财政支持农业产业化经营项目对农民收入增长的影响显著。[③] 辛岭、王艳华认为，中国农民受教育水平是农民收入变动的格兰杰（Granger）原因，农民收入和农民受教育水平之间存在着长期稳定的均衡关系。[④] 温涛、冉光和、熊德平研究认为，我国金融的发展对农民收入增加有显著的负效应，原因主要是金融体制和金融资源错配。[⑤] 余新平、熊德平通过协整理论与误差修正模型发现我国农村金融资金的低效率配置是阻碍农民增收的重要原因。[⑥] 周稳海、赵桂玲、尹成远构建动态面板系统 GMM 模型，研究发现农业保险灾前效应和灾后效应相反；农业保险总效应对农民收入具有显著的正向影响，但是作用力度较小。[⑦] 陆文聪、余新平实证检验了中国"七五"至"十一五"期间农业科技进步与农业收入和非农收入增长的关系，发现农业科技进步在长期内对农业收入增长存在显著的正向效应。[⑧] 涂维亮、杨学文采用灰色关联理论，发现农业投入与农民收入之间具有极强的相关性。[⑨] 朱红恒通过协整分析和格兰杰因果检验证明，加速农村居民的非农就业才是提高农村居民收入的有效途径。[⑩]

然而，纵观既有研究不难发现：学者对于农民收入影响因素的探讨都是基于单一指标且各有侧重，缺乏影响因素的横向对比，导致结论不可比；衡量指

---

① ORDEN D. Should There Be a Federal Income Safety Net? [D]. Paper presented at the Agricultural Outlook Forum 2001. Washington, DC: February22, 2001.

② GINE X, TOWNSEND R, VICKERY J. Patterns of Rainfall Insurance Participation in Rural India [J]. The World Bank Economic Review, 2008 (4): 165-174.

③ 朱湖根，万伦来. 中国财政支持农业产业化经营项目对农民收入增长影响的实证分析 [J]. 中国农村经济，2007 (12).

④ 辛岭，王艳华. 农民受教育水平与农民收入关系的实证研究 [J]. 中国农村经济，2007 (4).

⑤ 温涛，冉光和，熊德平. 中国金融发展和农民收入增长 [J]. 经济研究，2005 (9).

⑥ 余新平，熊德平. 中国农村金融发展与农民收入增长 [J]. 中国农村经济，2010 (6).

⑦ 周稳海，赵桂玲，尹成远. 农业保险发展对农民收入影响的动态研究 [J]. 保险研究，2014 (5).

⑧ 陆文聪，余新平. 中国农业科技进步与农民收入增长 [J]. 浙江大学学报，2013 (4).

⑨ 涂维亮，杨学文. 农业投资于农民收入相关性研究 [J]. 农业技术经济，2000 (5).

⑩ 朱红恒. 农业生产、非农就业对农村居民收入影响的实证分析 [J]. 农业技术经济，2008 (5).

标、样本数据等选取的差异性，导致不同的研究得出相悖结论①②；现有研究大多集中在某几个角度分析，并提出农民增收建议，而缺乏对众多影响因素进行主次区分。因此，对中国农民收入影响因素的探讨需要更加全面、系统。鉴于此，本文在已有研究基础上，主要从以下几个方面做拓展：指标选取上，结合中国农村实际情况和现有文献，基于数据可得性和系统性，从各个角度选取多个影响农民收入的代表性指标；考虑中国农民收入影响因素的多重性和相互干扰性，采用因子分析法，提炼出影响农民收入的公共因子，筛选出关键的影响因素；构建公共因子与农民收入的VAR模型，分析公共影响因子与农民收入的深层关系。

本文首先介绍研究所涉及的计量模型及其原理，说明数据来源及分析方法，对所选取的指标进行详细设计；其次，运用因子分析在多个影响因素中提出公共影响因子，再结合协整检验、格兰杰因果检验、脉冲响应和方差分解就公共影响因子对农民收入增长关系进行实证分析。最后，文章将进一步解释和说明实证分析结果，探索其政策含义，并针对结论提出相关建议。

二、模型设计、数据来源与研究方法

（一）模型构建

在实际经济生活中，中国农民的收入是由多因素共同决定的，考虑多重共线性问题，对多因素模型进行简化成为必要。因子分析的一个重要作用就是降维，能够从一些具有高度相关性的变量中筛选出少数几个重要因子。

假设有N个样品，每个样品有P个观测量，而这P个观测量有较强的相关性。为保证数据统一性，将观测数据进行标准化处理，用 $X=(x_1,x_2,\cdots,x_p)'$ 表示，用 F_1，F_2，…，F_m（$m<p$）表示标准化后的公共因子。如果：

（1）X是可观测的随机向量，而且均值向量 $E(X)=0$，协方差矩阵

① 余新平、熊德平采用实证证明农村存款等金融指标与农民收入增长呈现正向关系。参见余新平，熊德平. 中国农村金融发展与农民收入增长［J］. 中国农村经济，2010（6）.

② 刘玉春、修长柏同样认为我国农村金融发展促进农民收入。参见刘玉春，修长柏. 农村金融发展、农业科技进步与农民收入增长［J］. 农业技术经济，2013（9）.

然而，温涛、朱德莉等的研究实证结果却显示中国金融发展对农民收入增长具有显著的负效应。参见温涛，冉光和，熊德平. 中国金融发展和农民收入增长［J］. 经济研究，2005（9）. 朱德莉. 我国农村金融发展对农民收入增长的影响研究［J］. 农村经济，2014（11）.

$Cov(X) = \sum$ 与相关矩阵 $\boldsymbol{R}$ 相等；

$F = (F_1, F_2, \cdots, F_m)'(m < p)$，为不可观测的向量，其均值向量 $E(F) = 0$，协方差矩阵 Cov(F) 为单位矩阵 $\boldsymbol{I}$，此时向量 $\boldsymbol{F}$ 的各分量是相互独立的；

$\varepsilon = (\varepsilon_1, \varepsilon_2, \cdots, \varepsilon_m)'$ 与 $\boldsymbol{F}$ 相互独立，且 $E(\varepsilon) = 0$，ε 的协方差矩阵是对角阵，则 ε 的各分量也是相互独立的，则模型

$$\begin{cases} X_1 = a_{11}F_1 + a_{12}F_2 + \cdots + a_{1m}F_m + \varepsilon_1 \\ X_2 = a_{21}F_1 + a_{22}F_2 + \cdots + a_{2m}F_m + \varepsilon_2 \\ \cdots\cdots \\ X_p = a_{p1}F_1 + a_{p2}F_2 + \cdots + a_{pm}F_m + \varepsilon_p \end{cases}$$

称为因子模型，其矩阵形式：$X = AF + \varepsilon$。其中，

$$A = \begin{bmatrix} a_{11} & a_{12} & \cdots & a_{1m} \\ a_{21} & a_{22} & \cdots & a_{2m} \\ \cdots & \cdots & & \cdots \\ a_{m1} & a_{m2} & \cdots & a_{mp} \end{bmatrix}$$

因子模型中的 F_1，F_2，…，F_m 即为公共因子。矩阵 $\boldsymbol{A}$ 中的各个元素称为因子载荷，矩阵 $\boldsymbol{A}$ 称为因子载荷矩阵。a_{ij} 的绝对值越大，则表明 F_j 对 X_i 的载荷量越大。

通过上述因子分析可以得出中国农民收入影响因素的几个公共影响因子，然后借鉴温涛等构建的生产函数拓展模型，检验农民收入与公共影响因子时间序列值间的关系，设定如下向量自回归模型予以实证分析：

$$FR_t = \beta_0^* + \sum_{i=1}^{n}\beta_{1i}^* F1_{t-i} + \sum_{i=1}^{n}\beta_{2i}^* F2_{t-i} + \cdots\cdots + \sum_{i=1}^{n}\beta_{mi}^* Fm_{t-i} + \sum_{i=1}^{n}\beta_{(m+1)i}^* FR_{t-i} + \mu_i^*$$

其中，i 为滞后阶数，FR 为农民收入，Fm 为公共影响因子。

（二）影响因素指标设计

基于现有研究成果，考虑到指标选取的全面性和数据可获得性，本文将从以下几个角度设计指标。

1. 制度因素

代表制度因素的指标主要有农村产业结构和城镇化率。产业结构的优化将会使产业重心由第一产业向第二、三产业转移，农村剩余劳动力也将跟着转移，非农渠道与报酬增加，从而提高农村收入水平。因此，第一产业生产总值占农村 GDP 总值越低，农民收入越高。从城镇化指标来看，一方面城镇化建设将加大对农村地区的基础设施投入，优化农村地区的交通、商业及通信等，从而降低农业生产和交易成本，进而提升农民收入；另一方面，随着城镇化进程，农村人口转为城镇人口，那么农村劳动力要素报酬将会因其稀缺性变得更高，从而提高农村居民收入水平。因此，城镇化率越高，农民人均收入越高，该指标与农民人均收入呈正向关系。

2. 科技因素

目前，研究文献中常常使用农业科技进步贡献率来衡量农业科技进步。这一指标既包括自然科学技术进步的贡献，也包括国家政策、农业经营管理和服务等社会科学技术的进步。本文在计算我国农业科技进步贡献率时也采用此法。[①] 农业科技进步不仅会促进农民农业收入增长，还能促进农民非农收入增长，即农业科技进步贡献率与农民收入呈正向关系。同时，农业科研经费投入强度是农业科学进步的重要反映部分，它能间接地体现农民收入增长。农业科研经费投入越多，农业科技创新可能性越大，农民收入水平越有可能提高。

3. 人力因素

人力状况主要通过农村劳动者中从事农业活动的人数及农村劳动者受教育、培训等情况来衡量。农村就业人数中第一产业就业人员越多，农业竞争越激烈，农业收入将越少，与农民人均收入呈负向关系。劳动者受教育程度越高，将获得更多的知识和技能的积累，提高劳动生产效率与产出水平，降低劳动成本，提高农村居民收入，与农民人均收入呈正向关系。

4. 生产因素

农业生产整体状况主要是通过农村 GDP 这一指标来衡量。[②] 农村 GDP 不但反映农业增加值，还反映了乡镇企业增加值。同时，农业机械总动力和农产

---

① 从 1997 年开始，农业部把朱希刚采用索洛余值法计算的农业科技贡献率作为农业科技进步的规范指标。参见朱希刚．我国农业科技进步贡献率估算方法［M］．北京：中国农业出版社，1997.

② 朱红恒．农业生产、非农就业对农村居民收入影响的实证分析［J］．农业技术经济，2008（5）.

品生产价格指数可以从侧面反映农业生产因素。农业机械总动力越大，可从农业生产源头提升劳动生产效率与产出量；农产品生产价格可从销售渠道上提升农村居民收入。从理论上看，这两个指标与农民人均收入呈正向关系。

5. 金融因素

衡量金融发展水平国际上通常使用戈氏指标和麦氏指标，但是中国农村金融统计数据相对缺乏，无法直接获得这两个指标。故而，本文借鉴目前关于中国金融发展与农民收入增长关系的研究成果，选取农村居民储蓄比率、农村金融机构信贷比率及农村金融相关比率三个指标来衡量。同时，考虑农业保险在农村农民生活中的地位日益显著，再选取农业保险人均保费、人均赔付款及农保发展三个指标作为补充。① 理论上看，农村金融发展程度越高，农民人均收入应该越高，这些指标应该与农民人均收入呈正向关系。

6. 投资因素

从农业投资主体角度来看，我国已形成了由政府为主导，集体经济合作、金融机构、农户等多种投资主体相结合的新格局。同时，农业资金的投资领域已实现了从单一到多元的转型。故而，本文选取国家财政支农的支出、农村社会固定资产投资及农户固定资产投资三个指标来衡量我国的农业投资情况对农民收入的影响。这些指标数值越大，表明资本要素投入越多，理论上应该与农民收入呈正向关系。

具体的各项指标及计算方法如表 1 所示。

表 1　农民收入影响因素指标体系

一级指标	二级指标	计算方法
制度因素	农村产业结构（X1）	第一生产总值/总产值
	城镇化率（X2）	城镇常住人口/总人口
科技因素	农业科技贡献率（X3）	—
	农业科研经费投入强度（X4）	农业科研投入/农村 GDP
人力因素	每百个劳动人员初中以上学历（X5）	—
	第一产业人员占乡村就业人员比重（X6）	—

① 周稳海，赵桂玲，尹成远．农业保险发展对农民收入影响的动态研究［J］．保险研究，2014（5）．

续表1

一级指标	二级指标	计算方法
生产因素	农业机械总动力（X7）	—
	农产品生产价格指数（X8）	—
	农村国内生产总值（X9）	农业国内生产总值＋乡镇企业增加值
金融因素	农村居民储蓄比率（X10）	农村存款/农村总产出
	农村金融机构信贷比率（X11）	农村贷款/农村总产出
	农村金融相关比率（X12）	农村金融总资产/农村国内生产总值
	农业保险人均保费（X13）	农业保险保费/农村人口
	人均保险赔付额（X14）	农业保险赔付额/农村人口
	农保发展（X15）	人均保费＋人均保险赔付额
投资因素	国家财政支持农业的支出（X16）	—
	农村社会固定资产投资（X17）	—
	农户固定资产投资（X18）	—

注：农业机械总动力的单位为万千瓦，农村国内生产总值（GDP）的单位为亿元。

（三）数据来源

本文涉及的数据来源于《中国统计年鉴》（1981—2013）、《中国农村统计年鉴》（1985—2013）、《中国金融统计年鉴》（1986—2013）、《中国保险统计年鉴》（1981—2013）、《中国乡镇企业统计年鉴》（1978—2013）、《新中国六十年统计资料汇编》①、《农村经济绿皮书》② 等图书，中国银监会网站、中国人民银行网站、国泰安数据库、中经网、Wind资讯等网络资源，以及《中国农村金融服务报告》③、《中国区域金融运行报告》④ 等国内外公开发表的研究报告、学术论文。为了准确反应农民收入影响因素的变化趋势，本文选取的数据其时间跨度

① 国家统计局国民经济综合统计司．新中国六十年统计资料汇编［M］．北京：中国统计出版社，2010.

② 中国社会科学院农村发展研究所，国家统计局农村社会经济调查司．农村经济绿皮书（1992）［M］．北京：社会科学文献出版社，1992—2013.

③ 中国人民银行农村金融服务研究小组．中国农村金融服务报告［M］．北京：中国金融出版社，2008—2014.

④ 中国人民银行货币政策分析小组：《中国区域金融运行报告》，北京：中国金融出版社，2003年—2014年。

为 1978—2013 年。经过相关技术处理和计算，我们得到原始的指标数据。[①] 因子分析前，为了消除量纲影响，我们需要对实证数据进行标准化处理。具体标准化公式为：$Z_{ij} = (X_{ij} - X_{i})/\delta_{i}$ 。采用 SPSS20.0 软件对数据进行预处理。

（四）实证分析方法

本研究首先通过因子分析法对影响中国农民收入的 18 个指标实现降维，提炼几个公共影响因子，将原始数据代入公共影响因子主成分模型中，得出公共影响因子的时间序列。其次，利用迪基（Dickey）和费勒（Fuller）提出的单位根检验，检验农村居民家庭人均纯收入和公共影响因子时间序列的平稳性。如果变量出现非平稳，则对其采用差分处理使之变成平稳序列。如果变量是单整的，本文将通过 Johansen 协整检验确定农民收入增长与公共影响因子之间是否存在长期均衡关系。如果变量间存在协整关系，再构造误差修正模型（ECM）对短期关系进行详细分析；为了深入探讨各变量的关系，本文将采用格兰杰因果检验法进行检验，如果变量之间存在因果关系，再构建向量自回归 VAR 模型，进行脉冲响应和方差分解。

三、实证检验结果与分析

（一）因子分析

1. 检验

根据 KMO 检验与 Bartlett 球形检验样本是否适合做因子分析。一般认为，KMO 值（小于 1）越大表示数据越适合做因子分析，KMO 值小于 0.5 时表示数据不太适合做因子分析。Bartlett 球形检验中的卡方统计量越大，则说明变量间的相关性越强，显著性值小于 0.05，则可适合做因子分析。采用 SPSS20.0 得到该样本分析结果，KMO 值为 0.866，且 Bartlett 检验值为 1220.89，Sig 值为 0.00，所以样本比较适合做因子分析，且实证效果较好。

2. 主成分分析

本文按照特征值大于 1 来选取公共因子。由 SPSS20.0 软件得到结果见

---

① 由于统计方面的原因，少量指标数据残缺不全。对指标体系中缺失的数据，本文采用热卡填充法、线性回归法和金融时间序列 ARMA 模型预测法等对数据进行填补计算。由于文章篇幅限制，在此不一一列出原始数据，若读者需要可向笔者索取。

表 2。结果显示：第一变量的特征值为 13.827，贡献率为 76.816%；第二个变量的特征值为 1.849，贡献率为 10.270%；第三个变量的特征值为 1.249，贡献率为 6.937%。同时，前三个变量的累计贡献率达到了 94.023%，大于 85%的水平。因此，通过主成分分析法，在 18 个影响因素中成功提取出 3 个主成分因子，这 3 个主成分因子提供了原始数据表达 94.023%的信息。

表 2　相关矩阵的特征值和贡献率

成分	初始特征值			提取平方和载入			放置平方和载入		
	合计	方差的%	累积%	合计	方差的%	累积%	合计	方差的%	累积%
1	13.827	76.816	76.816	13.827	76.816	76.816	7.949	44.163	44.163
2	1.849	10.270	87.086	1.849	10.270	87.086	6.822	37.900	82.062
3	1.249	6.937	94.023	1.249	6.937	94.023	2.153	11.961	94.023

注：表中仅列出了选取的三个主成分数据，其他略。

本文采取具有凯泽（Kaiser）标准化的正交旋转法对因子载荷矩阵进行旋转。从旋转后的因子载荷矩阵（见表 3）可以看出：主成分 1 在指标 X1，X2，X5，X6，X7，X8，X9，X11 上有较高的载荷值；主成分 2 在指标 X10，X12，X13，X14，X15，X16，X17，X18 上有较高的载荷值；主成分 3 在指标 X3，X4 上有较高的载荷值。

表 3　因子旋转后的载荷矩阵

指标	主成分 1	主成分 2	主成分 3	指标	主成分 1	主成分 2	主成分 3
ZX1	−0.944	−0.205	−0.164	ZX10	0.682	0.59	0.122
ZX2	0.828	0.467	0.28	ZX11	0.752	0.46	−0.382
ZX3	0.485	0.148	0.691	ZX12	0.709	0.607	−0.15
ZX4	−0.009	−0.489	−0.791	ZX13	0.306	0.923	0.192
ZX5	−0.91	−0.318	−0.091	ZX14	0.301	0.924	0.176
ZX6	0.917	0.22	0.295	ZX15	0.304	0.925	0.186
ZX7	0.781	0.534	0.304	ZX16	0.462	0.832	0.295
ZX8	0.777	0.531	0.226	ZX17	0.494	0.814	0.293
ZX9	0.766	0.482	0.408	ZX18	0.633	0.711	0.284

注：表中的 ZX 是标准化处理后的数据。

采用旋转后的因子载荷矩阵中的数据除以对应特征值的平方根便可得到三个主成分中每个指标的系数。此时主成分 1、主成分 2 和主成分 3 与原始变量的关系线性表达式为:

$$F1 = -0.2541ZX1 + 0.2228ZX2 + 0.1305ZX3 - 0.0024ZX4 - 0.2449ZX5 + 0.2468ZX6 + 0.2102ZX7 + 0.2091ZX8 + 0.2061ZX9 + 0.1835ZX10 + 0.2024ZX11 + 0.1908ZX12 + 0.0824ZX13 + 0.081ZX14 + 0.0818ZX15 + 0.1243ZX16 + 0.1329ZX17 + 0.1704ZX18 \quad (1)$$

$$F2 = -0.1508ZX1 + 0.3434ZX2 + 0.1088ZX3 - 0.3596ZX4 - 0.2339ZX5 + 0.1618ZX6 + 0.3927ZX7 + 0.3905ZX8 + 0.3545ZX9 + 0.4339ZX10 + 0.3383ZX11 + 0.4464ZX12 + 0.6788ZX13 + 0.6795ZX14 + 0.6803ZX15 + 0.6119ZX16 + 0.5986ZX17 + 0.5229ZX18 \quad (2)$$

$$F3 = -0.1467ZX1 + 0.2505ZX2 + 0.6183ZX3 - 0.7078ZX4 - 0.0814ZX5 + 0.2640ZX6 + 0.2720ZX7 + 0.2022ZX8 + 0.3651ZX9 + 0.1092ZX10 - 0.3418ZX11 - 0.1342ZX12 + 0.1718ZX13 + 0.1575ZX14 + 0.1664ZX15 + 0.2640ZX16 + 0.2622ZX17 + 0.2541ZX18 \quad (3)$$

根据表达式（1）可以看出，主成分 1 中指标 X1，X2，X5，X6，X7，X8，X9，X11 前的系数绝对值最大，这几个指标主要反映的是影响农民增收的农业生产基础等因素，可以命名为农业基础面因子；根据表达式（2）可以看出，主成分 2 中指标 X10，X12，X13，X14，X15，X16，X17，X18 前的系数绝对值最大，这几个指标主要反映的是影响农民增收的农村金融与资本等因素，可以命名为农村金融与资本面因子；根据表达式（3）可以看出，主成分 3 中指标 X3，X4 前的系数绝对值最大，这几个指标主要反映的是影响农民增收的科技等因素，可以命名为农村科技面因子。

再将 1978—2013 年各个影响因素标准化处理后的数据代入上述三个表达式中，可以达到三个主成分因子的得分时间序列值（见表 4）

表 4　主成分得分时间序列

年份	F1	F2	F3	年份	F1	F2	F3	年份	F1	F2	F3
1978	−3.7016	−6.6188	−1.1301	1990	−1.8188	−4.1074	−4.8603	2002	0.7479	−0.0753	0.3293
1979	−3.6345	−6.5261	−1.4620	1991	−1.0737	−3.1655	−3.4037	2003	1.0905	0.6348	0.8460
1980	−3.5406	−6.4822	−2.7253	1992	−0.8382	−2.7712	−3.5483	2004	1.2657	1.1428	1.6621
1981	−3.3711	−5.8087	−1.6397	1993	−0.7178	−2.7882	−3.0023	2005	1.4749	1.7248	2.0984
1982	−3.0269	−5.9566	−1.5427	1994	−0.9083	−3.2208	−1.8116	2006	1.8260	2.4093	3.2897
1983	−2.7972	−5.6926	−1.4970	1995	−0.5570	−2.5383	−1.4990	2007	2.6741	5.1851	3.3783
1984	−2.6020	−5.5366	−2.5429	1996	−0.3204	−2.1460	−0.8202	2008	3.1000	7.5320	4.4499
1985	−2.4531	−4.9468	−2.6567	1997	0.0669	−1.5930	−0.3676	2009	3.7677	10.0510	4.6782
1986	−1.9016	−3.8868	−3.1039	1998	0.3942	−0.9641	0.2809	2010	4.2963	11.4212	5.5665
1987	−1.8864	−4.0130	−3.2031	1999	0.3974	−0.9900	−0.0645	2011	4.9640	13.1229	6.5813
1988	−1.7801	−4.0041	−3.2353	2000	0.2859	−1.0171	−0.8450	2012	5.4578	14.1326	7.0498
1989	−1.5602	−3.8206	−3.1787	2001	0.5493	−0.5467	−0.0617	2013	6.1309	15.8602	7.9913

（二）VAR 模型分析

为了更好地探讨因子分析提炼出的三个公共因子（农业基础面因子、农村金融与资本面因子、农村科技面因子）对农民收入影响的情况，采用 VAR 模型进行深入分析。数据取自上文计算得到的三个公共因子（F1，F2，F3）时间序列和农村居民家庭人均纯收入（FR）标准化后的时间序列。[①]

（1）ADF 单位根检验。

为了确定变量的平稳性，常见的检验方法有 DF 检验、ADF 检验和 PP 检验。本文涉及的各变量的时间序列，均采用 ADF 进行单位根检验。通过 Eviews7.1 软件计算，检验结果同见表 5。结果表明：在 5%的显著性水平下，变量 F1、F2、F3 及 FR 为非平稳变量。然而，进一步对经过一阶逐期差分后的序列进行单位根检验，它们均显示平稳。综上可知，4 个变量均是 I（1）变量，满足协整检验的条件。因此，为了探讨它们之间是否存在长期均衡关系有必要进行协整检验。

① 为了减轻数据的波动幅度，本文首先对农村居民家庭人均纯收入取对数，然后再进行标准化处理。

表5 单位根检验结果

变量	检验形式	ADF统计量	10%临界值	5%临界值	1%临界值	P值	结论
F1	(c, t, 0)	1.0248	−3.0247	−3.5443	−4.2436	0.9998	不平稳
ΔF1	(c, t, 1)	−5.4827***	−3.2071	−3.5484	−4.2529	0.0004	平稳
F2	(0, 0, 1)	0.5483	−1.6109	−1.9510	−2.6347	0.8296	不平稳
ΔF2	(c, t, 1)	−3.6196**	−3.2071	−3.5485	−4.2529	0.0429	平稳
F3	(c, t, 1)	−1.2074	−3.2047	−3.5443	−4.2436	0.8934	不平稳
ΔF3	(c, t, 1)	−7.5967***	−3.2071	−3.5484	−4.2529	0.000	平稳
FR	(c, t, 1)	−3.0535	−3.2071	−3.5485	−4.2529	0.1334	不平稳
ΔFR	(c, 0, 2)	−3.4085***	−2.6174	−2.9571	−3.4085	0.0181	平稳

注：上标**、***表示在5%、1%的显著性水平下拒绝有单位根的原假设。

(2) 协整检验。

两变量的协整关系检验一般采用Engle-Granger检验，而多个变量之间的协整关系则采用Johansen检验。Johansen检验是对多变量中全部的独立协整关系做全面分析。协整检验前，需要确定最优滞后阶数。然而此最优滞后阶数又取决于VAR模型的最优滞后阶数。最优滞后期的确定既要考虑模型的动态变化，还要考虑模型的自由度。需要注意的是不同的准则或者检验的统计量选择的滞后期可能会有所不同。因此，本文根据多数原则来确定最优滞后期，最终确定VAR模型的最优滞后阶数为2，所以Johansen协整检验的最优滞后阶数为1。① 具体的实证结果见表6。

表6 Johansen协整检验结果

零假设：协整向量个数	特征值	迹统计量	5%临界值	P值	结论
0***	0.6321	72.8632	47.8561	0.0001	拒绝
至多1个**	0.5248	38.8630	29.7971	0.0035	拒绝
至多2个	0.1930	13.5618	15.4947	0.0958	接受
至多3个	0.0667	2.1395	3.8415	0.1435	接受

注：上标**、***表示在5%的显著水平拒绝零假设。

表6的结果表明：在0.05的显著性水平下，F1、F2、F3及FR之间可能存在多个协整关系。进一步的实证结果可以得出协整关系下的一个标准化协整

① Johansen协整检验的最优滞后阶数是VAR模型的最优滞后阶数P−1。

方程：

$$FR = -0.1720 + 2.3324F1 - 0.84201F2 + 0.1590F3 + \mu \quad (4)$$
$$(0.2419) \quad (0.1188) \quad (0.1083)$$

检验结果表明，上述协整方程的残差项平稳，因此，1978—2013 年农村家庭居民人均纯收入与三个公因子之间存在长期均衡的关系。从长期来看，农业基础面因素和农村科技面因素与我国农村居民家庭人均纯收入之间存在正向的作用关系；而农村金融与资本面因素与我国农村居民家庭人均纯收入之间存在负相关关系。这说明农业基础面因素的发展和农业科技进步对于促进农民收入增长具有积极作用。改革开放以来，中国农村发生了翻天覆地的变化，农村经济体制不断优化，社会结构日趋合理，农村劳动者素质不断提高、农业科技不断进步，农民也变得越来越富裕。然而，农村金融与投资因素在 1978—2013 年间反而阻碍了农民收入增长，这与现有部分研究成果的结论是一致的。① 造成这种局面的原因可能有：一方面，中国经济的“二元结构”在金融上反映较为明显，中国金融已经分为农村与城市两个较独立的个体。② 这种结构形式使得中国金融在其发展过程表现为农村金融抑制而城市金融深化的局面。③ 具体来看，改革开放以来中国农村金融规模虽然大幅增加，然而这种总量的增加主要体现在农村金融存款上，而农村金融机构在信贷上常常将资源由农村转移到城市，以农村金融抑制为代价达到城市金融深化的目的。显然，这使得农村金融与资本很难与农村经济相匹配，自然谈不上增加农民收入。另一方面，农村正规金融具有“嫌贫爱富”的特性，而非正规金融又长期受到压制，市场秩序混乱。农村金融信贷结构不合理，农村贷款集中在乡镇企业，而真正能促进农民收入增长的份额较少。可见，农户在农村金融获取中处于弱势

---

① 温涛等的实证表明：中国金融发展对农民收入增长具有显著负效应. 参见：温涛，冉光和，熊德平. 中国金融发展和农民收入增长 [J]. 经济研究，2005 (9).

谭燕芝从 1978—2007 年数据分析发现：农村金融相关比率阻碍了农村人均纯收入的增长，农村金融并没有真正服务于农民。参见谭燕芝. 农村金融发展与农民收入增长之关系的实证分析：1978—2007 [J]. 上海经济研究，2009 (4).

贾立、王红明研究发现西部地区农村金融效率对农民收入具有抑制作用。参见贾立，王红明. 西部地区农村金融发展与农民收入增长关系的实证分析 [J]. 农业技术经济，2010 (10).

张宏彦等认为中国农村金融发展对抑制农民收入增长、拉大城乡差距的影响是显著的。参见张宏彦，何清，余谦. 中国农村金融发展对城乡收入差距影响的实证研究 [J]. 中南财经政法大学学报，2013 (1).

② 张杰. 中国农村金融制度：结构、变迁与政策 [M]. 北京：中国人民大学出版社，2003.

③ 熊德平. 农村金融与农村经济协调发展研究 [M]. 北京：社会科学文献出版社，2009.

地位，最终便体现为对农民收入增长的负向关系。

（3）向量误差修正模型的估计。

向量误差修正模型（VEC）可以进一步探讨变量的长期均衡和短期波动的关系。基于原有的协整方程，构建 VEC 模型深入研究。假设原有协整方程中的残差 X_{ij} 的非均衡误差项为 ecm，并且运用最小二乘法（OLS）估计误差修正系数。通过 Eviews7.1 软件计算，得出误差修正模型如下。

$$\underset{}{\Delta FR_t} = \underset{(0.0085)}{-0.0086ecm_{t-1}} + \underset{(0.1525)}{0.5684\Delta FR_{t-1}} + \underset{(0.0528)}{0.0198\Delta FR1_{t-1}} - \underset{(0.0164)}{0.0084\Delta FR2_{t-1}} + \underset{(0.0123)}{0.0190\Delta FR3_{t-1}} + \underset{(0.0190)}{0.0366} \tag{5}$$

其中，误差修正项 ecm 的表达式如下：

$$ecm = FR - 2.3324F1 + 0.84201F2 - 0.1590F3 + 0.1720 \tag{6}$$

人们普遍认为，误差修正模型是对 VAR 模型施加了协整约束条件的模型。从短期来看，ΔFR_t 既包含稳定的长期趋势，还包括短期波动；从长期来看，协整关系式体现了短期波动出现非均衡状态时，调整到长期均衡状态时的力度。式（5）表明，农业基础面因素和农村科技基础面因素的短期变动对中国农村居民家庭人均纯收入具有正向影响，而农村金融和资本面因素的短期变动具有负向影响。同时，误差修正项 ecm 系数为负，符合反向修复机制，且在 5% 的水平下显著。当短期内公共影响因素偏离长期均衡时，通过(−0.0086)的调整力度使其向长期均衡状态调整。

（4）格兰杰因果检验。

为了更好地了解中国农村居民家庭人均纯收入与三个公共影响因子之间的内在联系，进一步检验变量间是否存在因果关系。本文采用格兰杰因果检验进行分析，实证结果见表 7。

表 7　农民收入增长与公共影响因素的 Granger 因果检验

变量	零假设	最优滞后期	样本数	F 统计值	P 值
F1	F1 不是 FR 的格兰杰原因	1	35	3.9344	0.0559
	FR 不是 F1 的格兰杰原因	1	35	0.2576	0.6153
F2	F2 不是 FR 的格兰杰原因	1	35	3.3622	0.0710
	FR 不是 F2 的格兰杰原因	1	35	0.1112	0.7410
F3	F3 不是 FR 的格兰杰原因	1	35	6.6019	0.0151
	FR 不是 F3 的格兰杰原因	1	35	2.0683	0.1601

由表 7 可知，在 1978—2013 年的样本区间内，农村科技面因素在 5%的置信水平下是中国农民收入增长的格兰杰原因，农业基础面因素和农村金融与资本面因素在 10%的置信水平下是中国农民收入增长的格兰杰原因，但是金融与资本面因素 P 值较大，反映其对农民收入增长的因果关系较弱。另外，中国农民收入增长在 5%、10%的置信水平下均不是三个公共影响因素的格兰杰原因。检验结果表明，1978—2013 年，中国农民收入与三个公共影响因素存在单向的因果关系。

(5) 脉冲响应函数和方差分解分析。

格兰杰因果检验表明农业基础面因素、金融与资本面因素以及科技面因素是促进中国农民收入增长的格兰杰原因。因此，有必要通过向量自回归(VAR) 模型继续探讨。

三个公共影响因素的随机扰动对农民收入的动态影响。VAR 模型中的脉冲响应函数可以较好地衡量随机扰动项一个单位的冲击对目标项当期值或者未来值的影响。然而，脉冲响应函数对于变量顺序十分敏感，为了规避这种依赖性，本文通过建立变量间的 VAR 模型进行一般冲击（见图 1)。

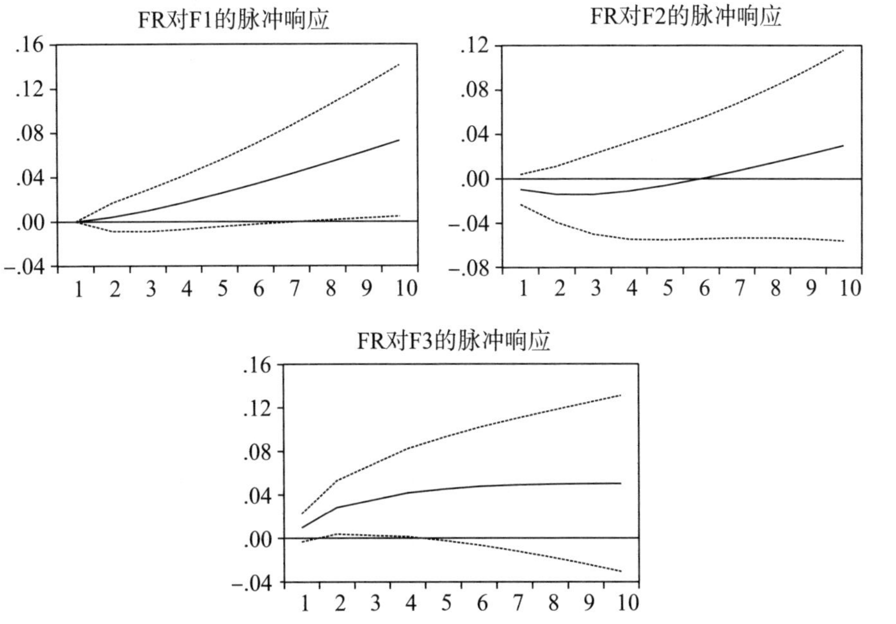

图 1　FR 对 F1、F2、F3 相关冲击的动态反应

图 1 显示的是农村居民家庭人均纯收入分别对三个公共影响因子的单一冲击的标准差动态反应。从图 1 可以发现：①中国农村居民家庭人均纯收入对来

自农业基础面因素的正向冲击一直呈现正向效应，并且随着滞后时期的延长其正向效应越来越明显。②农村金融与资本因素的正向冲击短期内会使中国农村居民家庭人均纯收入出现恶化，这种负面效应在滞后三期达到顶点，滞后六期过后，这种冲击响应变为正向效应，农民收入得到改善。[①] 农村科技面因素的正向冲击对中国农村居民家庭人均纯收入一直表现为正向效应。VAR 模型的分析结果说明，农业基础面因素和农村科技面因素都对农民收入的提高起到了重要的促进作用，而且这种促进效果随着时间推移会越来越明显。另外，农村金融与资本因素在一定时期内表现为抑制农民收入的增长，促进农民增收的效应存在一定的滞后性。这一结论间接地揭示了农村金融与投资因素对促进农民收入的效果在短期内难以实现的事实，同时也表明农村金融与投资因素需要稳健和持续的刺激，才能有效地促进农民收入的增长。

和脉冲响应函数相对应，方差分解是通过评价不同结构冲击重要程度的一种方法。

图 2 给出了农村基础面因素、金融与资本因素以及科技因素对中国农民收入的方差分解图。由图可知：①FR 自身的贡献率随着滞后期的延长逐年递减，最后在滞后 10 期的时候降到 20%左右；②F1 对 FR 的贡献率逐年递增，在滞后 10 期时达到最大值 72.6%；③F2、F3 对 FR 的贡献度较弱，最大未超过 10%。

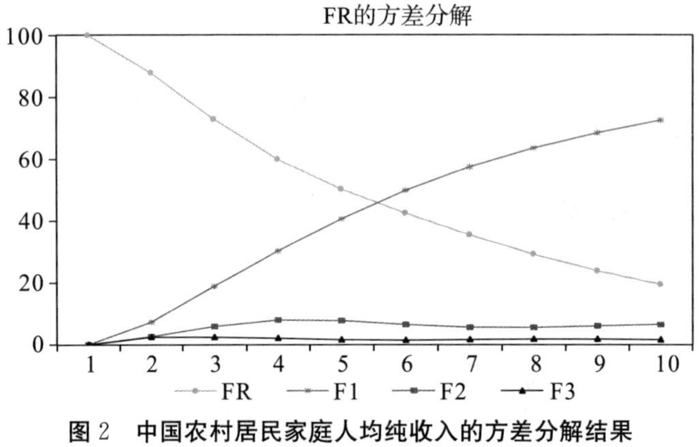

图 2　中国农村居民家庭人均纯收入的方差分解结果

注：图中横轴表示滞后期数（单位：年度），纵轴表示 FR、F1、F2、F3 对 FR 的贡献度（单位：%）。

① 余新平、熊德平的研究表明农业贷款比率的正向冲击短期内会使农村居民收入恶化，这种负面效应在滞后三期到达顶点，滞后六期过后，这种冲击会使得农村居民收入得以改善；乡镇企业贷款比率的正向冲击对农民收入一直表现为负面效应。参见：余新平，熊德平. 中国农村金融发展与农民收入增长 [J]. 中国农村经济，2010 (6).

四、结论与政策建议

实证结果清晰地显示：1978—2013年，影响中国农民收入增长的多个因素具有高度相关性，通过因子分析法可以提炼出农业基础面因素、农村金融与资本面因素以及农村科技面因素这三个公共影响因子。再通过对这三个公共影响因子与农民收入增长关系的实证分析发现，从长期来看，农业基础面因素和农村科技面因素对中国农民收入增长具有正向促进作用，而农村金融与资本对中国农民收入增长具有负向效应；从短期来看，各公共影响因子可以通过反向修复机制达到长期均衡。三个公共影响因素均是农民收入增长的格兰杰原因，脉冲响应分析表明中国农民收入对农业基础面因素和农村科技面因素的正向冲击呈现正向效应，然而农村金融与资本因素的正向冲击却使得中国农民收入出现恶化，在一定时期的时滞后，农民收入才得到改善。最后，从因子分析过程和方差贡献分析均可以看出，农业基础面因素对农民收入增长具有的作用显著大于另外两个公共影响因素。上述实证结果并未支持农村金融与投资的发展促进农民收入增长的相关理论，同时实证分析揭示了现行农村金融与投资在发展过程中与农民收入增长之间存在不协调的事实。

中国农民收入增长既是中国农村经济发展的重要目标，也是“三农”问题的核心点，积极促进农民增收实为必要。具体而言，应该加强以下几个方面的工作：①重点关注农业基础面改革，积极推动现代化农业建设。要加强农业基础设施建设，提升农业生产效率；要加强对农村劳动力的素质培养；要合理指导农产品价格和劳动力报酬的波动，保障农民收入稳定。②虽然现行农村金融与投资在发展过程中与农民收入增长之间存在不协调，但是这并非质疑农村金融与资本因素的重要性，而是在发展过程中更应该注重农村人均收入增长这一终极目标，坚持改进农村金融制度、优化金融结构、提升金融服务，注重农村金融政策的稳定性与长期性。③加强农业科技创新与推广，发挥农业科技的优势力量。既要关注对农业生产全过程的科研投入，即贯穿生产前期、中期及后期；还要农业科技创新，提高农业产业的综合效益；同时还要加大对农业科技的宣传，积极推广先进的农业技术，努力将科技成果转化为现实生产力。

创新驱动对资源型城市转型效率的影响研究*

邓国营　龚勤林①

摘　要：理论上，本文基于马克思创新思想，归纳出技术创新是资源型城市转型的内在驱动力，从“量”和“质”两方面推动资源型城市可持续发展，同时基于新制度经济学派的制度创新和制度变迁理论，识别制度创新对城市转型的外部动力作用机制。实证方面，本文从宏观和微观两个层面检验了创新驱动对资源型城市转型效率的影响，结果显示，创新对资源型城市整体的转型效率尤其是对规模以上企业的转型效率都存在显著的正向影响作用，但由于目前资源型城市中主导产业仍是以资源开采、加工为主的第二产业，第三产业发展相对滞后，创新水平提升空间仍然较大，产业结构升级优化是资源型城市转型仍需长期努力的方向。

关键词：创新驱动；资源型城市；转型效率

一、引言

资源型城市是以矿产和森林等资源综合利用为主导产业的城市类型，我国按照可持续发展能力和资源保障能力将资源型城市划分为成长型资源型城市、成熟型资源型城市、衰退型资源型城市和再生型资源型城市。长期以来，资源型城市在我国工业化和城市化过程中占有重要地位，是国家经济建设所需能源和原材料的供应基地，经济增长和资源型城市发展相互促进和推动，同时该过程也伴随一系列现代城市问题的产生，严重阻碍两者的协调发展，城市资源的

---

* 基金项目：泸州市社科联、泸州市社科院2017年度重大社科课题资助项目“泸州市建设成渝城市群南部区域中心城市研究”（17LZD002）。

① 作者简介：邓国营，四川大学经济学院教授、博士生导师，研究领域为房地产经济与金融、城市经济、劳动经济。

龚勤林，四川大学经济学院教授、博士生导师，研究领域为区域经济发展、区域与城乡规划、区域产业链分析。

不可再生性、产业结构固化单一、经济效益下滑严重、竞争力弱、社会责任负担沉重和生态破坏等问题不断突显。20 世纪 90 年代我国资源型城市开始转变经济增长方式，但改革步伐较慢，2013 年国务院印发《全国资源型城市可持续发展规划（2013—2020 年）》，明确提出坚持把经济结构转型升级作为加快资源型城市可持续发展的主攻方向，众多资源型城市加快了转型升级的步伐。

格拉伯赫（Grabher）对德国鲁尔区成功转型的系列研究指出，转型成功的关键在于区域功能定位和技术创新，应该正确发挥国家在资源型城市中的功能，突破对资源的单一配置[①]；宋冬林在对我国东北资源型基地研究的基础上，提出要从结构调整、制度创新、人力资源重组和技术改造四个方面着手综合转型[②]；张米尔和孔令伟立足比较优势，提出了资源型城市转型应培养优势特色产业，选择合适的接续产业，具体提出资源型产业链延伸模式、产业更新模式和复合模式三种产业转型模式。[③] 资源型城市转型路径颇多，但其内在转型动力人们难以达成共识。

由于资源型城市间的异质性及转型方式多样化，使得各资源型城市转型效率具有很大差异，文献中关于资源型城市转型效率评价的文章颇多，大多采用偏离-份额分析法、生态足迹法、因子分析法、数据包络分析（DEA）法或 SBM 法等建立效率评价体系，缺乏对何为转型动力源的实证研究。例如，段永峰、罗海霞运用 DEA 模型对内蒙古 10 个资源型城市转型效率进行评价的结果表明，目前内蒙古自治区各地级市发展低碳经济的总体状况较好，但部分工业或重工业城市的资源效率不高，存在投入冗余[④]；郭存芝、罗琳琳和叶明借助因子分析法建立测评体系，计算出 33 个资源型城市的生态效率，进而通过实证检验经济发展水平、产业结构、科技进步等因素对资源型城市生态效率的影响[⑤]；王学军、侯睿、王玲将 TOPSIS 模型运用到资源型城市低碳转型评

---

① GRABHER G. The Weakness of Strong Ties: The Lock-in of Regional Development in the Ruhr Area [C]. The Embedded Firm: On the Socioeconomics of Industrial Networks. London: Routledge, 1993: 255—277.

② 宋冬林. 关于东北老工业基地调整改造的主要问题和思路 [J]. 吉林大学社会科学学报，2004 (1): 5—13.

③ 张米尔，孔令伟. 资源型城市产业转型的模式选择 [J]. 西安交通大学学报（社会科学版），2003 (1): 29—31, 39.

④ 段永峰，罗海霞. 基于 DEA 的资源型城市低碳经济发展的效率评价——以内蒙古地级资源型城市为例 [J]. 科技管理研究，2014 (1): 234—238.

⑤ 郭存芝，罗琳琳，叶明. 资源型城市可持续发展影响因素的实证分析 [J]. 中国人口·资源与环境，2014 (8): 81—89.

价之中，得到各评价对象与正理想解的贴近度[①]。

但以上研究对资源型城市转型内在动力和转型效率尚缺乏将理论结合实证进行检验。王重润、孔兵采用数据包络分析（DEA）方法中的BCC模型从平台指标、标的指标和风险指标三个维度建立效率评价体系，测量P2P行业融资效率，进一步建立Tobit模型实证分析融资效率的影响因素和程度[②]，本文将借鉴该研究方法来进一步分析创新对资源型城市转型效率的驱动能力。本文不同之处在于：①采用DEA交叉效率模型计算各资源型城市转型效率，交叉效率评价方法避免原CCR模型[③]当效率值为1时无法对决策进行排序的情况，将基于CCR模型计算出的交叉效率值作为实证模型中的被解释变量；②根据《全国资源型城市可持续发展规划（2013－2020年）》罗列的资源型城市，随机抽取了103个资源型城市，样本数据量大，可以减少模型偏误；③基于理论总结创新对资源型城市转型的作用机制。本文根据马克思创新思想和熊彼特创新理论归纳出技术创新对资源型城市转型的作用机制，技术创新是其转型的内在推动力，通过“量”和“质”的推动，实现资源型城市转型的可持续发展。根据新制度经济学派中制度创新和制度升级理论推理出，制度创新是资源型城市转型的外在推动力，它从国家、产业和企业三个角度作用于各城市转型过程，是其外在实现条件。同时，本文旨在识别创新驱动对资源型城市转型效率的影响，从宏观和微观两个层面，将实证回归模型和理论结合起来。在宏观层面运用科教投入和科研投入占财政支出的比重分别作为创新的代理变量，可剔除模型中各资源型城市部分不可观测因素对转型效率的影响；微观层面则采用科研投入作为企业创新能力的代理变量进行实证考察。

---

① 王学军，侯睿，王玲. 基于TOPSIS法的资源型城市低碳转型评价体系研究——以焦作市为例[J]. 生态经济，2015（11）：42－46.

② 王重润，孔兵. P2P网络借贷平台融资效率及其影响因素分析——基于DEA－Tobit方法[J]. 河北经贸大学学报，2017（5）：54－60.

③ 查恩斯（Charnes）、库珀（Cooper）和罗兹（Rhodes）于1978年提出DEA方法，其中第一个模型CCR是以他们名字中的首字母缩写命名的。CCR模型是DEA方法的基本模型之一，从生产函数的角度看，这一模型是用来研究具有多个输入，特别是具有多个输出的“生产部门”同时为“规模有效”与“技术有效”的十分理想且卓有成效的方法。其中的交叉效率评价方法是塞克斯汀（Sextion）等学者对CCR模型的发展和完善。

二、理论基础与文献综述

（一）创新理论渊源

熊彼特是创新理论的重要代表性人物，他于 1912 年在《经济发展理论》一书中认为经济发展的动力即是创新，首次提出创新理论的基本观点，分析技术创新和制度创新在经济发展的作用是他创新理论的核心部分。但我们认为，早期创新思想起源于马克思，根据对熊彼特创新理论的分析，他的首要观点是用生产技术和生产方法的变革来解释资本主义经济发展，这与马克思在《资本论》中研究资本主义经济发展思想高度一致，同时熊彼特本人在《经济发展理论》一书写道："我的结构只包括他的研究领域的一部分。"马克思在《资本论》中早已阐述技术与经济增长之间的关系，他指出："资产阶级除非使生产工具……不断地革命化，否则就不能生存下去。"在熊彼特的创新理论研究出现后，创新理论开始分别形成以索罗、弗里曼等为代表的技术创新学派和以道格拉斯·诺斯、拉坦等为代表的制度创新学派。索罗将技术要素纳入宏观经济生产函数发现，技术进步如果存在，技术水平不断提高可以克服资本累积的报酬递减，经济能实现可持续增长；诺斯是新制度学派的主要代表人物，认为制度创新是使创新者获得追加利益的现存制度安排的一种变革，在制度学派的基础上，将制度变迁和制度创新引入经济发展中。

（二）创新对资源型城市转型影响的文献综述

创新与资源型城市转型的文献主要包括资源型城市创新能力评价和创新在资源型城市转型中的作用机制。关于资源型城市创新能力评价，白雪洁等人基于 SBM 模型测量出 24 个资源型城市转型效率值，同时采用面板模型验证科教支出在资源型城市转型中的效果，但由于数据的可获得性问题，采用的科教支出变量不包括企业对科技的支出①；李优树等采用熵权 TOPSIS 方法从创新驱动和转型发展两方面测算攀枝花创新驱动转型能力，将创新从投入和支出指标定量化，再将其纳入攀枝花市创新能力评价体系，结果显示创新驱动提升了攀

① 白雪洁，汪海凤，闫文凯．资源衰退、科教支持与城市转型——基于坏产出动态 SBM 模型的资源型城市转型效率研究［J］．中国工业经济，2014（11）：30－43.

枝花市的转型效果[①]；万立军等运用网络层次分析法，构建资源型城市技术创新生态系统评价指标体系，对黑龙江省 8 个资源型城市测评[②]；王红梅和孟影通过构建河北省唐山市主导产业选择指标体系，测量出高新技术产业在唐山低碳经济发展中具有广阔发展前景，实现高耗能产业的转型，通过多方配合实现相关技术的引进及创新是关键[③]。关于创新在资源型城市转型中的作用机制，朱铁臻认为，城市转型就是经济增长方式的转变和经济结构的调整，其核心是寻找新的经济增长点和城市多元化发展的过程，创新是城市转型中的核心动力[④]；宗刚和高瑀基于内生增长理论，构建联立方程模型发现技术创新对区域经济增长作用存在“倒 U”形关系，区域经济增长对技术创新水平呈现“倒 J”型关系[⑤]；姚平和姜曰木等人从技术创新和制度创新两方面阐述创新如何驱动资源型城市转型升级，技术创新是资源型城市产业转型的内在驱动力[⑥]，根据熊彼特的创新理论，技术创新一方面增加产品的科技含量和附加值，将属于产业链低端的资源开采和初级加工制造引向产业链高端，另一面利用高新技术研发新材料和新产品，实现废物再利用的循环经济，从而实现资源型城市的可持续发展；制度创新是资源型城市产业转型的外在拉力，人才是创新的主体，通过制度创新可以改善资源型城市人才流失和人才培育问题，同时合理的制度安排，可以妥善解决政府在资源型城市中的作用。

创新在资源型城市转型中的作用得到大多数学者的肯定，创新对经济转型升级的理论也相对成熟，但在实证部分，验证创新要素对资源型转型升级影响的文献较少，少数文章通过实证模型检验在资源型城市转型中的影响因素，但都是众多因素的同时检验，关于具体要素对资源型城市转型的影响研究较少。同时，部分文章涉及创新对资源型城市转型的评价，并没通过实证深入分析创新对资源型城市转型的影响程度。

---

① 李优树，蔡晶欣，庄鑫康．创新驱动发展与资源型城市转型——以四川省攀枝花为例［J］．国土资源科技管理，2017（5）：8－18．

② 万立军，罗廷，于天军，等．资源型城市技术创新生态系统评价研究［J］．科学管理研究，2016（3）：72－75．

③ 王红梅，孟影．资源型重工业城市主导产业选择研究——以河北省唐山市为例［J］．河北经贸大学学报，2014（2）：89－92．

④ 朱铁臻．城市转型与创新［J］．城市，2006（6）：3－5．

⑤ 宗刚，高瑀．区域经济增长与技术创新内生性研究——基于 2003－2014 年中国省域面板数据分析［J］．河北经贸大学学报，2017（2）：101－105．

⑥ 姚平，姜曰木．资源型城市产业转型与实现路径分析——基于技术创新和制度创新协同驱动机理［J］．经济体制改革，2013（2）：56－59．

（三）创新对资源型城市经济增长的作用机制

综合上述理论和已有文献，创新在经济发展中的作用得到理论上的检验。据我国政府发布的发展规划可知，资源型城市转型的核心在于产业结构升级，从产业经济学的视角，创新是结构升级的关键驱动力，因此创新对资源型城市转型有重大作用。我们认为，创新对资源型城市转型有直接效应和间接效应，直接效应主要体现在技术创新，间接效应主要体现在制度创新。

技术创新是资源型城市转型的内在推动力。一方面是“量”的推动，技术创新实质是一种技术进步。根据马克思的经济学思想，技术进步提升生产部门劳动生产率，降低其个别劳动时间，获得高于市场的平均利润，在利润驱动下，吸引更多厂商进入该部门，创新刺激了投资；在竞争驱动下，利润恢复到平均水平，但会促使技术群集，引发同一产业或相关产业进行新的技术创新活动，推动新一轮经济增长。技术创新不断优化产品种类和产品总量，可以优化资源型城市产业总量结构，积极化解过剩产能，改变资源型城市以行政为主导的落后产能淘汰方式，更多发挥市场的作用，理顺环境和资源等要素价格，使企业外部成本内部化，使落后产能无利可图。另一方面是“质”的推动，技术创新增加产品的科技含量和附加值，通过技术扩散作用，使生产要素集聚在具有技术优势部门，促使资源型城市主导产业由初级加工产业向高附加价值产业转变，优化资源配置。资源型城市结构单一化、产业单一化、就业单一化等问题十分突出，随着三期叠加效应的不断扩大，资源型产业节节衰退，失业率大幅上升、生态不断恶化等问题凸显。技术创新可以从质的方面内生驱动企业加大创新投入和创新人才培养，改善或解决资源型产业结构升级问题。同时，技术创新研发新产品、新工艺，创新活动与生态相联系，以生态为导向，可以实现资源型城市可持续发展的需要。

制度创新是资源型城市转型的外在推动力。首先，从企业角度来讲，由于长期对资源的简单依赖及挤出效应明显，资源型企业普遍存在人力资本投资不足和创新人才流失严重的情况，制度创新可以完善企业内部组织结构，建立和完善现代企业制度，提升管理效率，从而可以为资源型企业吸引创新关键要素人才。同时，制度创新为国有资源型企业改革指引方向，回归企业本质。其次，从产业角度来讲，资源型城市产业转型需耗费成本，资源型城市产业转型的成本主要包括资源型产业的退出成本、资源型产业的升级成本、资源型国有企业的改革成本、资源型边际产业的转移成本、接续替代产业的培育成本等。这些成本的发生与否、支付时限、数量多寡等都直接关系到资源型城市转型发展的成败和质量。制度创新使所有制、分配制度明确，产权清晰，权、责、利相匹配，从而降低交易费用，使得资源型城市从成本上减轻资源型城市转型。最后，从国家角度来讲，资源型城市转型发展离不开政府支持和政策护航，2013 年出台《全国资源型城市可持续发展规划（2013—2020 年）》、2016 年已出台《中共中央国务院关于全面振兴东北地区等老工业基地的若干意见》等政策性文件，制度创新可以有效发挥政府在资源型城市转型中的职能，同时促使政府正确处理与市场的关系。

通过以上理论和创新的作用机理可知，创新是资源型城市进行结构转型升级的最为重要的动力。但多数过往研究对资源型城市转型效率或能力的研究，侧重于将创新要素纳入资源型城市转型评价体系，关于创新要素对资源型城市转型的驱动能力实证研究较少。因此，本文在现有的基础上，采用 Tobit 模型实证分析创新对资源型城市转型效率的驱动能力，以及运用面板数据模型检验创新对资源型城市规模以上企业转型升级的驱动能力，对其转型效率的创新驱动问题及成因进行分析，进而提出政策建议。

三、资源型城市转型效率评价

（一）DEA 评价模型

本文基于 DEA 方法中交叉效率评价方法测量资源型城市转型效率。DEA 是一种被广泛运用于评价事件效率的分析方法，本文采用在 CCR 模型基础上改进的交叉效率评价方法从投入与产出视角对资源型城市转型效率进行评价。DEA 方法选取决策单位（DMU）多项投入、产出数据，利用数学规划模型求解得到效率边界线的点，构成所谓的数据包络线，凡是落在边界上的 DMU 则被认为具有最有效的投入产出组合，效率值标定为 1，而不在边界上的 DMU 则被认定为无效率，并给予一个相对的效率值指标（大于 0 而小于 1），是一种评价“相对效率”的方法[①]，计算原理如下。

第一步：决策单元。模型中有 n 个决策单元 DMU_i，每个决策单元有输入 $x_i = [x_{1i}, x_{2i}, \cdots, x_{mi}]^T$ 和 $y_i = [y_{1i}, y_{2i}, \cdots, y_{si}]^T$ 。

第二步：指标权重计算。记 $v = [v_1, v_2, \cdots, v_m]^T$ 和 $u = [u_1, u_2, \cdots, u_s]^T$

① 邓洪波，陆林. 基于 DEA 模型的安徽省城市旅游效率研究［J］. 自然资源学报，2014（2）：313—323.

分别为输入和输出的权重。

第三步：效率评价指数。

$$E_{\mathrm{II}} = \frac{O_i}{I_i} = \frac{y_i^T u}{x_i^T v} \tag{1}$$

第四步：交叉评价值。而实际中一般都能得到最大的效率均为 1，不能起到评价的效果，为此引入交叉评价值。

$$E_{ik} = \frac{y_k^T u_i}{x_k^T v_i} \tag{2}$$

其模型为：

$$\begin{cases} \min y_k^T u \\ \mathrm{s.\,t.}\ y_j^T u \leqslant x_j^T v, y_i^T u = E_{\mathrm{II}} x_i^T v, x_k^T v = 1, u \geqslant 0, v \geqslant 0 \end{cases} \tag{3}$$

第五步：计算交叉效率评价中最优效率单元。

$$e = \frac{1}{n} \sum_{k=1}^{n} E_{ki} \tag{4}$$

（二）数据来源及评价指标

根据 2013 年国务院印发的《全国资源型城市可持续发展规划（2013－2020 年）》，本文按照行政区域划分，选取 103 个地级资源型城市作为我们观测的样本城市，大样本选取可以降低模型偏误，使结果更具合理性，同时 103 个资源型城市包括全部资源型城市类型，这样可以改善由于资源型城市异质性造成转型效率差异的因素。本文资源型城市相关数据均来源于《中国城市统计年鉴》，由于某些年份数据缺失，时间跨度选择为 2007 年到 2013 年，且该时间段是我国多数资源型城市转型时期，因此采用此时间段进行研究更具有现实的参考价值。

根据投入产出理论，在 DEA 评价模型中将指标分为投入指标和产出指标两类，基于资源型城市可持续发展的要求，将经济和环境指标融入评价指标体系。本文认为，资源型城市转型效率评价指标应包括：①要反映资源型城市经济发展状况或规模；②资源型城市资源使用或处理情况，尤其是资源型企业生产所使用的油气和水电资源；③经济系统状况直接作用社会系统，要反映资源型城市人民生活水平，主要体现在就业水平；④产出结果必然包括期望结果和非期望结果，资源型城市转型的非期望结果集中表现为环境污染方面。根据数据可得性，从以上经济、社会、资源和环境 4 个方面构建资源型城市转型效率评价指标体系，一共包括 6 个指标。

投入指标：包括期末从业人员总数、固定资产投资完成额、全社会用电量、液化石油气供气总量。它反映资源型城市劳动投入、资本投入和资源投入，其中期末从业人员数反映社会系统中整个就业基本情况，一定程度上折射出人民生活水平和经济发展程度。采用固定资产投资完成额比固定资产投资更贴切资源型城市资本投入。在筛选指标中，主要借鉴白雪洁等人①的已有研究成果，DEA 模型采取过多的投入指标会影响结果的收敛，因此本文采取 4 个投入指标。

产出指标：包括工业总产值、污染排放指标。工业总产值表明资源型城市经济产出效益的高低；污染排放指标是通过熵值法将工业废水排放量和工业烟（粉）尘排放量赋权重，然后加总求和等于污染排放指标。

表 1　资源型城市转型效率评价指标

投入指标	产出指标
期末从业人员总数	工业总产值
固定资产投资完成额	工业废水排放量
全社会用电量	工业烟（粉）尘排放量
液化石油气供气量	

四、创新驱动对资源型城市转型效率的实证分析

为保证分析的全面性，本文研究创新驱动对资源型城市转型效率的影响分别从宏观层面和微观层面加以实证分析。一方面，将 103 个资源型城市为分析对象，其交叉效率值作为被解释变量，研究代理变量科教投入和科教投入占财政支出比重对转型效率的影响；另一方面，将资源型城市中规模以上企业作为分析对象，企业的转型升级是被解释变量，研究创新在资源型城市中的企业转型升级过程中的作用。

① 白雪洁，汪海凤，闫文凯．资源衰退、科教支持与城市转型——基于坏产出动态 SBM 模型的资源型城市转型效率研究［J］．中国工业经济，2014（11）：30－43.

（一）创新对资源型城市转型的影响

1. Tobit 模型

本文采用 Tobit 模型回归创新驱动对资源型城市转型效率的影响。Tobit 模型也称受限因变量模型，是因变量满足某些约束条件下取值的计量模型。由于本文被解释变量取值为 0 至 1 之间，属于部分连续分布，那么普通最小二乘法就不再适用估计回归系数，而采用最大似然法的 Tobit 模型就成为本文较好的选择。Tobit 模型的形式为：

$$y* = x_i\beta + \sigma u_i \tag{5}$$

其中，σ 是比例系数；y^* 是潜变量。被观察的数据 y 与变量 y^* 的关系如下：

$$y_i = \begin{cases} \underline{c}_i \text{ if } y_i^* \leqslant \underline{c}_i \\ y_i^* \text{ if } \underline{c}_i \leqslant y_i^* < \bar{c}_i \\ \bar{c}_i \text{ if } \bar{c}_i \leqslant y_i^* \end{cases} \tag{6}$$

其中，c_i 和 $\bar{c}_i$ 代表截取点，分别表示为 1 和 0。

2. 实证模型及变量说明

基于以上原理，我们可以建立起创新对资源型城市转型效率影响的计量模型，本文采用如下模型来识别创新对各城市转型效率的影响：

$$EFFIC_i = \beta_0 + \beta_1 INNOV_i + \beta^{\mathrm{T}} X_i + u_i \tag{7}$$

$$EFFIC_i = \beta_0 + \beta_1 INNOVPRO_i + \beta^{\mathrm{T}} X_i + u_i \tag{8}$$

其中，$i=[1、2、3\cdots]$，β_0 是常数项，$EFFIC_i$ 是资源型城市 i 的转型交叉效率评价值，$INNOV_i$ 是资源型城市 i 科教投入，$INNOVPRO_i$ 是资源型城市 i 科教投入占财政投入的比重，X_i 是系列控制变量，包括人均 GDP、第二产业占 GDP 比重、采矿和制造业从业人员比重、当年实际使用外资金额占 GDP 比重，随机扰动项 $u_i \sim N(0,\sigma^2)$ 。

由于“创新”是抽象概念，无法进行实际观测，但可以从投入角度将创新量化，从白雪洁、李优树、万立军等已有研究文献中可知，创新的关键要素是资金和人才的投入，因此，科教投入 $INNOV_i$ 是将创新量化的可行代理变量。$INNOVPRO_i$ 是资源型城市 i 科教投入占财政投入的比重，剔除因各城市财政投入基数不同而造成创新对资源型城市转型效率影响效果存在的差异的情况。本文控制了人均GDP，人均GDP能度量城市劳动生产率，高劳动生产率意味着经济效益好、转型效率高。控制第二产业占GDP比重、采矿和制造业从业人员比重，可以识别产业结构的变化对转型效率影响的高低。控制当年实际使用外资金额占GDP比重，可以控制各城市开放程度和市场化水平可能对转型效率带来的影响。

3. 实证结果

对公式（7）进行回归，模型1只有解释变量科教投入，模型2解释变量包括科技投入和控制变量人均GDP，模型3解释变量包括科技投入、人均GDP、采矿和制造业从业人员比重，模型4解释变量包括科技投入、人均GDP、第二产业占GDP比重，模型5解释变量包括科技投入、人均GDP、第二产业占GDP比重、采矿和制造业从业人员比重和当年实际使用外资金额占GDP比重（见表2）。

表2　科教投入对资源型城市转型效率影响的面板Tobit模型估计结果

变量	模型1	模型2	模型3	模型4	模型5
科教投入	0.0603***	0.0468***	0.0549***	0.0516***	0.0534***
	(0.0100)	(0.0102)	(0.0105)	(0.00986)	(0.0105)
人均GDP		0.0505***	0.0283**	0.00259	−0.0210
		(0.0102)	(0.0125)	(0.0122)	(0.0148)
第二产业占比				0.220***	0.294***
				(0.0334)	(0.0432)
采矿和制造业人员			0.0547***		−0.0446**
			(0.0181)		(0.0221)
外资占比					0.0254***
					(0.00631)
常数项	−0.300**	−0.643***	−0.451***	−1.084***	−1.040***
	(0.123)	(0.139)	(0.152)	(0.150)	(0.194)
观测数	568	566	561	566	523

注：上标**、***分别表示在5%、1%统计水平上显著。

由表2可以得出2007—2013年各因素对103个资源型城市转型效率的影响，得出基本结论如下。

（1）科技投入量对转型效率影响在1%的水平下显著，且与最初预期一致。科技投入量会显著提高转型效率，说明创新是资源型城市转型的内在驱动力。但从数值的大小可以发现，创新的提升空间仍较大。

（2）第二产业占 GDP 比重对转型效率的影响显著为正。第二产业占 GDP 比重每提高 1 个单位，资源型城市转型效率就会提高 0.294 个单位，与我们预期并不相符合。这可能是因为目前资源型城市主导产业长期是以资源开采、加工为主的第二产业，第三产业所占比重较低，发展也相对滞后，因此第三产业对资源型城市转型效率提升能力有限。同时，也可能源于传统产业的技术革新在一定程度上促进了转型效率的提升。

（3）同时采矿和制造业从业人员比重在模型 3 中是在 1%水平对转型效率有正影响，在模型 5 中对转型效率有负面影响。按照我们一般预期，采矿和制造业从业人员比重与资源型城市转型效率应是负相关，这可能是因为在模型 3 中我们并没有控制第二产业占 GDP 的比重，采矿和制造业从业人员比重则反映了资源型城市中第二产业对经济转型的影响，模型 5 在加入第二产业所占比重时，采矿和制造业从业人员估计值在 5%水平下显著为负数。

（4）当年实际使用外资金额占 GDP 比重对资源型城市转型效率显著为正，说明资源型城市对外开放程度和市场化水平越高，转型效率越好。

进一步，我们怀疑创新对资源型城市转型效率的影响为正，可能是由于其他未能观测到的因素导致的。因此，本文将解释变量科教投入量换为科技投入占财政投入的比重，这可以在一定程度上减少由于各资源型城市间异质性造成科技投入估计值的偏误，剔除了各城市财政投入不同的影响。对公式（8）进行回归，由回归结果表 3 可知，创新对资源型城市转型效率的影响在 1%显著水平下仍为正，相比表 2 中科技投入量的估计量，表 3 中科技投入占财政投入的比重的估计结果更小，说明在考虑了各城市异质性后，其估计结果更为精准。

表 3　科教投入占比对资源型城市转型效率影响的面板 Tobit 模型估计结果

变量	模型 1	模型 2	模型 3	模型 4	模型 5
科教投入占财政投入的比重	−0.000686	0.0247**	0.0306***	0.0255***	0.0353***
	(0.00930)	(0.00973)	(0.0100)	(0.00942)	(0.0103)
人均 GDP		0.0735***	0.0596***	0.0297**	0.0159
		(0.0108)	(0.0122)	(0.0127)	(0.0147)
第二产业占比				0.208***	0.298***
				(0.0339)	(0.0439)

续表3

变量	模型 1	模型 2	模型 3	模型 4	模型 5
采矿和制造业人员比重			0.0446**		−0.0568**
			(0.0183)		(0.0221)
外资占比					0.0307***
					(0.00660)
常数项	0.436***	−0.290***	−0.0922	−0.667***	−0.732***
	(0.00878)	(0.107)	(0.133)	(0.121)	(0.187)
观测数	568	566	561	566	523

注：上标**、***分别表示在5%、1%统计水平上显著。

（二）创新对资源型城市规模以上企业转型升级的影响

1. 数据及计量模型

该计量模型所使用的数据来源于中国工业企业数据库，基于数据可获得性，时间跨度为2005年至2007年。

基于前述理论，本文微观层面的计量模型如下：

$$Y_{ij} = \alpha_0 + \alpha_1 X_{ij} + e_i \tag{9}$$

其中，Y_{ij} 是资源型城市 i 中企业 j 的转型升级，α_0 是常数项，X_{ij} 是系列影响资源型城市 i 中企业 j 转型升级的因素，e_i 是误差项。

被解释变量：本文参考任志成、戴翔①等人相关文献，采用新产品销售额在企业总销售额中所占比重作为企业的转型升级的代理变量，因此，被解释变量是新产品销售额在企业总销售额中所占比重。

解释变量：同宏观层面一样，创新是抽象概念，借助科研投入作为衡量创新的代理变量。同时，控制企业运营年数、平均工资、资本密集度、存货、企业利润和企业员工数量等变量。其中，平均工资代表当地人民的收入水平，折射出经济发展水平；固定资产总额除以员工数量作为资本密集度的替代变量。

2. 实证结果

对公式（9）进行回归，回归结果如下。

---

① 任志成，戴翔. 劳动力成本上升对出口企业转型升级的倒逼作用——基于中国工业企业数据的实证研究［J］. 中国人口科学，2015（1）：48−58.

由表4可知，观测各因素在资源型城市规模以上企业转型升级过程中的影响，可以得出以下结论。

（1）企业科研投入均在显著水平1%水平下对企业转型升级影响为正，说明创新对资源型城市规模以上企业转型升级具有正向驱动作用。

（2）资本密集度、企业员工数量与企业转型升级显著正相关，与我们的预期一致。资本密集度越高意味着企业转型升级的资金支撑越足，企业员工数量越多，一般意义上而言代表着企业规模，相比规模较小企业，较大规模企业转型升级优势更大。

（3）企业运营年数和企业利润与规模以上企业呈显著负相关，这可能是因为我国资源型城市规模以上企业的特殊性造成的。由于我国战略需要，我国资源型城市中，多数规模以上企业是国有企业，运营年数较长，规模较大，但可能源于企业内部缺乏竞争活力，同时社会负担相对较重，相比新成立企业缺乏转型活力。

表4　创新对资源型城市规模以上企业转型升级的估计结果

变量	混合回归	随机效应	固定效应
科研投入	0.267** (0.104)	0.119*** (0.0449)	0.533*** (0.102)
企业运营年数	−0.456*** (0.0446)	−0.573*** (0.0577)	−0.622*** (0.0611)
平均工资	4.243 (6.153)	3.364 (6.344)	−1.952 (9.924)
企业利润	−0.337*** (0.0663)	−0.279*** (0.0870)	−0.441*** (0.125)
资本密集度	0.359*** (0.0299)	0.333*** (0.0358)	0.370*** (0.0449)
存货	0.276*** (0.0452)	0.309*** (0.0603)	0.211*** (0.0593)
企业员工数	0.668*** (0.0376)	0.581*** (0.0544)	0.657*** (0.0535)
常数项	−0.00998*** (0.00246)	−0.00179 (0.00333)	−0.00421 (0.00375)
观测数	151,054	151,054	151,054
R^2	0.005		0.006

注：上标**、***分别表示在5%、1%统计水平上显著。

五、结论与政策建议

本文先采用DEA交叉效率模型对103个资源型城市构建了转型效率评价体系，运用交叉效率评价方法测量出各城市转型交叉效率值，并将此值作为宏观层面实证Tobit模型的被解释变量，识别创新对资源型城市转型的影响，再通过面板数据模型实证分析创新对各资源型城市规模以上企业转型升级的影响。我们核心关注点是创新驱动对各资源型城市转型效率的影响，为了分析的全面性，从宏观和微观两个层面识别创新对资源型城市转型效率的影响，两种回归结果显示如下：①创新在1%显著水平下对资源型城市转型效率影响为正，说明增强城市的创新能力和科技水平，提高对科技和教育的投入，可促进资源型城市转型效率，但从创新的估计结果来看，各资源型城市创新水平提升空间较大，导致其对转型效率的驱动能力有限；②经济发展水平与资源型城市转型效率显著正相关，但目前资源型城市中主导产业仍以资源开采、加工为主的第二产业，第三产业发展相对滞后，产业结构升级优化是资源型城市转型长期仍需努力的方向；③对外开放程度越高和较高市场化水平可以提升各城市转型效率；④资本密集度越高，企业转型升级效果越明显。

针对上述实证结果，结合国外发展经验和我国实际，我们认为我国资源型城市实现可持续发展应着重把握好以下几个大方向。

(1) 国家层面。政府支持和政策护航是资源型城市转型的实现条件，政府是科教投入的主体之一。其一，政府不越位，政府应正确处理与市场之间的关系，让市场在资源配置中起决定作用，政府的作用是指导、监督和引导，具体表现在完善宏观调控政策，加强市场监管，保证市场公平竞争，避免直接干预市场，以提高资源型城市市场化水平；其二，政府不缺位，要发挥因势利导作用，完善制度建设；其三，政府不错位，强化经济政策的引导作用，用税收优惠减小环境友好型资源型企业负担，加大对成长型资源型城市的科教财政支出，激活城市创新活力，取消对落后产能企业的税收优惠和财政补贴，向发展绿色经济的企业提供稳定的优惠贷款，重点支持具有先进技术研发能力但缺乏资金的民营企业和中小企业。

(2) 区域层面。区域经济发展是国家经济发展的前提，资源型城市经济发展水平离不开区域间合作，且对外开放水平的提高，首先就得实现国家内部各区域之间的开放。其一，创新政府区域合作机制，在保持各地方政府独立自主的前提下，以合作契约达成共识，让渡部分权利，打造跨区域行政边界的联合政府，打破政府为发展地方经济建立的壁垒；其二，构建区域多层次交通体系，健全交通体系是区域经济发展的硬件设施，是打破行政界线的必要条件之一，同时建立完善的交通体系有利于降低各企业的交易成本，提高经济效率。

第三，产业层面。目前，我国多数资源型城市产业仍以资源开发、加工为主的第二产业为主导产业，第三产业发展相对滞后，同时企业创新能力提升空间较大，各城市转型迫切需要产业结构转型升级①。其一，企业是产业的构成主体，企业发展是产业发展的关键，因此发挥企业自主创新主体地位，增强企业自主创新活力，鼓励企业加大科研基础经费投入，完善科技人才培养制度；其二，产业结构升级优化，提高资源型城市第三产业数量和质量，根据城市要素禀赋结构重新定位比较优势，产业进行多元化发展，打造新的经济增长极；其三，转变企业经营观念，利润非企业运营唯一目标，资源型城市衰竭的原因之一是单纯追求经济效益，忽略生态效益，造成资源枯竭，在资源型城市转型过程中，企业要正确处理经济和环境之间关系，有效发挥科技进步对实现可持续发展的杠杆作用；其四，提高资源城市开放水平，发展多元化战略，同时发挥“引进来”和“走出去”的作用，要合理调整出口产品结构，且控制国外高污染、低产值产业向国内转移。

---

① 赵常恒. 资源型城市应如何转型？——基于要素流动视角的考察［J］. 云南财经大学学报，2018（2）：81－90.

货币供给、资产价格波动与实体经济增长

——基于2001—2015年月度数据的实证分析*

张红伟　冉　芳[①]

摘　要：本文基于我国2001—2015年的实际月度数据，采用时间序列计量经济模型，以股票价格和房地产价格作为资产价格的代理变量，对我国货币供给、资产价格与经济增长之间的关系进行了实证分析。实证表明：我国货币供给冲击对资产价格尤其是房地产价格作用明显，房地产价格的持续上涨分流了大量的货币供给量；我国货币供给与房地产价格相互影响，货币供给和股票价格波动的相互作用较小；资产价格上涨对实体经济增长的作用甚微；房地产价格与股票价格存在明显的互动效应。因此，强化实体经济盈利能力，货币政策关注资产价格变化，推进金融体制改革，利用大数据建立信息平台，建立资金流量监测系统等措施是引导货币资金回归实体经济的重要选择。

关键词：货币供给；资产价格；实体经济

一、引言

纵观全球经济发展和金融市场，伴随着金融发展和金融创新，货币供给对金融资产价格的影响，金融资产价格对金融市场和实体经济的影响均十分显著。历史上的每一次经济危机都伴有资产价格的巨幅波动和金融机构经营恶化，进而传递到实体经济引发经济衰退和萧条，而且随着经济一体化和全球化的发展，各国货币政策实施、资产价格变动、金融风险扩散对实体经济影响的深度和广度都在不断扩展。在我国，随着金融市场发展和对外开放的深入，以

* 基金项目：四川省社会科学规划重大项目“金融与实体经济协调发展研究”（SC14ZD02）。

① 作者简介：张红伟，四川大学经济学院教授、博士生导师，研究领域为宏观经济、金融理论、高等教育及管理。

冉芳，四川大学经济学院博士研究生，专业方向为宏观经济。

房地产和股票为代表的金融资产在居民财富配置中占据重要地位，其价格波动也逐渐成为经济发展关注的焦点。就房地产价格而言，过去十多年我国房地产市场经历了快速发展，房地产价格的膨胀和波动成为经济发展的重要关注点。就股票价格而言，自我国股市成立以来其剧烈波动特征明显，尤其是 2014 年到 2015 年期间，股票价格在杠杆资金的推动和实体经济下行周期中快速上涨，而 2015 年 6 月中下旬开始则在去杠杆和去泡沫过程中急速下跌，股票市场的剧烈波动对金融体系和实体经济的发展均产生了重要影响。

当前阶段我国金融和实体经济领域出现了很多新的现象，金融风险突显、经济复苏压力增大，货币供给、资产价格波动和实体经济增长之间的影响和相互作用也更为错综复杂。因此，厘清货币供给对实体经济和资产价格的不同作用，挖掘金融和实体经济非协调发展的内在机制，寻找货币政策、金融体系、实体经济协调发展的解决路径，对避免发生系统性区域性金融风险和促进经济复苏意义重大。本文选择房地产价格和股票价格二者作为资产价格的代表，实证检验货币供给、资产价格波动和实体经济增长之间的关系。

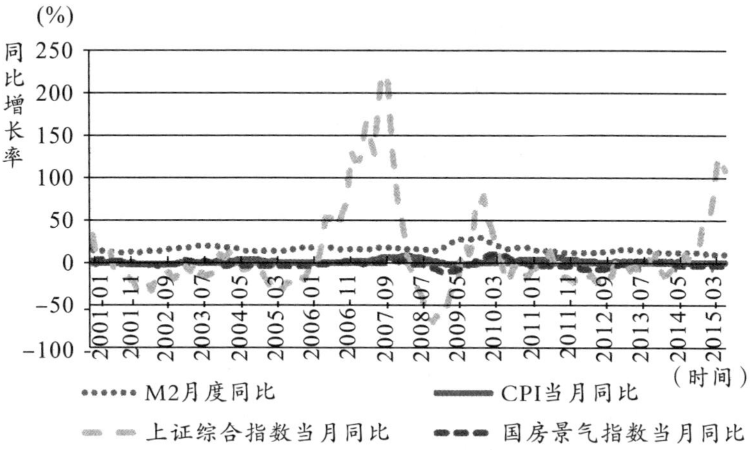

图 1　M2、CPI、股票价格、房地产价格同比增长率对比图

数据来源：Wind 资讯数据库。

二、理论基础和文献综述

（一）货币政策的资产价格传导渠道理论基础

以货币主义为代表的经济学家在思考货币政策对宏观经济总量的影响中开

始考虑股票和房地产等非货币资产的价格，并研究其在货币政策传导机制中的作用，提出货币政策的资产价格效应。由于房地产、股票等均为非货币资产，因此货币政策传导的资产价格机制在房地产和股票中同等适用。其典型理论有托宾Q效应、财富效应、企业资产负债表效应和挤出效应。托宾Q理论是托宾提出的货币供给量通过股票价格影响实体经济的运行机制，认为货币政策通过股票价格影响微观经济主体的消费和投资行为，并最终对宏观经济产生影响。托宾对q的定义是：企业的市场价值/资本的重置成本。当$q>1$时，企业的重置成本小于市场价值，企业愿意通过扩大投资以获得更大的收益；反之$q<1$时，企业则不愿意扩大投资。托宾的货币政策股票价格传导渠道具体的传导路径可以表示为（以扩张的货币政策为例）：

$$M\uparrow \Rightarrow P_S\uparrow \Rightarrow q\uparrow \Rightarrow I\uparrow \Rightarrow Y\uparrow$$

其中，M代表货币供给量，P_S代表股票价格，I代表投资支出，Y代表总产出。

根据货币学派代表人物弗里德曼的恒久收入理论和莫迪利安尼的生命周期理论，资产价格的上涨是存在财富效应的，显然股票和房地产价格上升，居民存量财富上升，居民持久性收入即居民整个生命周期里的总收入上升，因此居民会增加消费支出，从而带来整个宏观经济产出的增长。以扩张政策为例，其传导渠道如下：

$$M\uparrow \Rightarrow P\uparrow \Rightarrow W\uparrow \Rightarrow C\uparrow \Rightarrow Y\uparrow$$

其中，P为资产价格，W为家庭部门财富，C为消费支出。

企业资产负债效应指的是企业和银行的资产负债变动对投资的影响。当金融资产的价格上升时，企业和银行的资产负债表情况良好，企业的净资产上升，贷款还款的能力提高，同时银行内部的坏账资产比例下降，债务企业更容易从银行获得借贷资金，企业的外部融资成本也降低，投资支出增加，信贷增加，从而促进实体经济增长。其传导机制如下：

$$M\uparrow \Rightarrow P_S\uparrow \Rightarrow as\downarrow,\ mh\downarrow \Rightarrow BL\uparrow \Rightarrow I\uparrow \Rightarrow Y\uparrow$$

其中，N表示企业净资产，as，mh分别表示逆向选择和道德风险，BL表示银行信贷。

资产价格上涨具有财富效应的同时，不可避免的也会产生挤出效应。一方面，当房地产价格上升促使购房成本上升，居民会选择减少即期消费支出、增加储蓄用来买房；另一方面，资产价格上升，赚钱效应产生，居民进行房地产投机和股市投入增加，当期消费支出减少，影响宏观经济总产出。资产价格对宏观经济的综合影响是通过财富效应和挤出效应等共同作用实现的。

（二）文献综述

西方诸多学者在托宾 Q 理论提出后从货币政策的股票价格传递渠道角度对其进行了深入研究。奥图（Otoo）[①] 从股票价格是宏观经济晴雨表的视角出发，认为股票价格上升预示着人们对未来经济发展的乐观预期，社会各界对就业率的提升和收入的增加充满信心，并在这种乐观预期的推动下增加当期的消费支出；反之，当股票价格下降时，市场对未来的悲观预期则会使得消费支出明显下降，并产生显著的财富再分派效应，他还利用美国 1987 年的股灾进行了分析和说明。凯斯、奎格利和席勒（Case，Quigley & Shiller）[②] 则分析了在货币政策传导过程中股票价格和房地产价格对消费的影响，通过实证研究检验了房地产价格波动和股票价格波动对居民消费的影响，得出房地产价格波动对居民消费的影响更为显著的结论。亚科维耶洛（Iacoviello）[③] 基于美国 1974—2003 年的季度数据，采用 VAR 模型分析了货币政策冲击对房地产价格的影响，得出货币政策冲击对房地产价格作用显著的结论。

国内学者易纲、王召[④]认为，当一国经济体中存在股市时，货币政策具备股市传导机制，货币供给量的增长没有完全体现在一般商品上，其中相当一部分货币进入股市推动股票价格上涨。伍志文[⑤]、伍超明[⑥]、李健[⑦]等认为资本市场的发展会增加货币需求，货币供给的增加不会完全转化为实物商品价格的上升，资产价格上涨是对中国货币“迷失”的重要解释。冯中圣[⑧]提出虚拟经济具有分流和吸纳资金的能力，打破货币供给与实体经济之间的均衡和协调关系。当虚拟经济产生过度分流效应，会造成实体经济吸收资金和货币支撑经济

---

① OTOO，MARIA WARD. Consumer sentiment and the stock market [J]. FEDS Working Paper，1999 (11)：99-60.

② CASE K E，QUIGLEY J M，et al. Comparing wealth effects：the stock market versus the housing market [J]. Advances in macroeconomics，2005，5 (1)：1-32.

③ IACOVIELLO M. House prices，borrowing constraints，and monetary policy in the business cycle [J]. American economic review，2005，95 (3)：739-764.

④ 易纲，王召. 货币政策与金融资产价格 [J]. 经济研究，2002 (3)：13-20+92.

⑤ 伍志文. “中国之谜”：文献综述和一个假说 [J]. 经济学季刊，2003 (1)：39-70.

⑥ 伍超明，“货币流通速度的再认识” [J]. 经济研究，2004 (9)：36-47.

⑦ 李健. 结构变化：“中国货币之谜”的一种新解 [J]. 金融研究，2007 (1)：41-52.

⑧ 冯中圣. 虚拟经济及其两重性——关于虚拟经济的思考之三 [J]. 宏观经济管理，2004 (9)：45-46.

发展的动力不足，同时开放经济条件下虚拟经济易被国际资本冲击，影响国民收入，并带来巨大风险。武康平、胡谍[①]运用金融加速器理论、通过SVAR实证分析了房地产价格波动对宏观经济的“加速器”作用。陈日清[②]实证分析证明我国货币政策对房地产价格的影响具有非对称性，即房地产市场处于“平稳期”时，货币政策对房价调控几乎没有影响，但是当房地产市场处于“上行期”和“下行期”时，货币政策对房地产价格的调控明显，且货币供给量的效果明显大于利率调整的效果。

总而言之，在以往的研究中，单独讨论货币政策房地产传导效应和股票价格传导效应的较多，围绕货币政策调控房地产和股票市场的有效性，对货币供给是否应该关注资产价格的争论较多。现有研究对货币供给、资产价格和通货膨胀，以及货币供给、房地产价格、股票价格互动关系研究的较少，本文试图通过实证检验我国高额货币发行量同实体经济增长、资产价格波动之间的动态变化关系，厘清我国货币供给在实体经济增长和资产价格膨胀之间的关系。

三、实证分析

（一）变量选取与模型选择

本文探讨货币供给对资产价格和实体经济的各自影响及实体经济增长和金融发展间的相互关系，证明货币供给在金融体系内部循环和促进经济增长的不同作用，并从货币政策和资产价格视角分析金融与实体经济非协调发展的原因。由于事前无法确认被分析因素的变量特性（内生或者外生变量），因此在建立模型时对货币政策、实体经济、资产价格的变量同等对待，使用向量自回归模型即VAR模型来分析货币供给与资产价格波动、货币供给与实体经济增长、资产价格波动与实体经济增长的相关性和相互作用，并利用脉冲响应函数分析它们之间的动态关系。

本文分别从货币供给、资产价格和实体经济三个方面选取代表指标，本文的模型中共用5个变量：货币供给代表指标为广义货币供给量（M2），资产价格代表指标为股票价格和房地产价格，实体经济指标为消费价格指数（CPI）

---

① 武康平，胡谍．房地产价格在宏观经济中的加速器作用研究［J］．中国管理科学，2011（1）：29—35.

② 陈日清．中国货币政策对房地产市场的非对称效应［J］．统计研究，2014（6）：33—41.

和工业增加值。变量选取上，本文用广义货币供应量的月度同比增长率来代表货币供给，记为 M2；上证综合指数月度数据的月度同比增长率代表股票价格波动情况，用 SZ 表示；全国房地产开发景气指数（以下简称国房景气指数）的月度同比增长率代表房地产价格波动情况，用 FJ 表示；消费价格指数和工业增加值的月度同比增长率代表实体经济波动，用 CPI 和 GY 表示。这里选择工业增加值而非国内生产总值（GDP）做实体经济代理变量，是其月度数据的可得性和其在国内生产总值中的重要地位。以上变量的原始数据均来自 Wind 资讯数据库，其中上证综合指数和国房景气指数的月度同比增长率根据原始数据计算得来。由于以上数据均是月度同比增长数据，故已经消除季节因素，可以直接使用。数据的样本期间为 2001 年 1 月至 2015 年 6 月。

（二）ADF 检验

在对模型进行分析之前，本文利用 ADP 单位根检验方法先对时间序列的平稳性进行检验，检验的结果见表 1。

表 1　各个变量的单位根检验结果

变量	ADF 值	临界值（1%）	临界值（5%）	临界值（10%）	P 值	检验类型	结论
M2	−2.8279	−3.469	−2.8784	−2.5758	0.0565	（C，0，3）	平稳
CPI	−2.8931	−3.4712	−2.8794	−2.5764	0.0484	（C，0，12）	平稳
GY	−3.7935	−4.0123	−3.4362	−3.1422	0.0191	（C，T，1）	平稳
SZ	−2.1723	−2.5785	−1.9427	−1.6155	0.0291	（0，0，2）	平稳
FJ	−3.1222	−2.5795	−1.9428	−1.6154	0.0020	（0，0，13）	平稳

注：检验类型中（C，T，P），C 和 T 分别表示截距项和趋势项，0 代表不包含截距项或趋势项，P 代表滞后阶数。

根据表 1 的结果，在 10%临界值下 5 个变量 M2、CPI、GY、SZ 和 FJ 原数据构成的数据都是平稳的，后续可以进行 VAR 模型的构建。

（三）滞后期确定

在进行模型构建前，需要确定 VAR 模型的结构，确定滞后期，选择合适的滞后变量个数，以消除误差项中的自相关，建立最为合理的 VAR 模型，其具体输出结果见表 2。

表 2 VAR 模型滞后期确定

滞后期	LogL	LR	AIC	SC	HQ
0	−2595.863	NA	31.3357	31.42944	31.37375
1	−1656.696	1810.444	20.32164	20.88404*	20.54992*
2	−1617.688	72.84512	20.15287*	21.18395	20.57139
3	−1597.597	36.31061	20.21201	21.71176	20.82077
4	−1571.857	44.96583	20.2031	22.17153	21.0021
5	−1548.342	39.66434*	20.22099	22.65809	21.21022
6	−1525.456	37.22449	20.24646	23.15223	21.42593
7	−1509.426	25.10744	20.35453	23.72897	21.72424
8	−1488.181	31.99454	20.39978	24.24289	21.95972

注：表中标有上标*的数据为最小值，经过反复检验和综合论证，确立最佳滞后期为1，建立一阶 VAR 模型较合理。

（四）脉冲响应函数

根据滞后期确定了模型形式为 VAR（1），在此基础上要确定该模型的稳定性，AR 根检验结果显示出本模型中最大根的模的倒数小于 1，所有根模的倒数都在单位圆内。由于该模型通过了 AR 根检验，因此后续分析是有效的。在 VAR 模型通过稳定性检验的基础上，通过脉冲响应函数对几个变量之间的相互影响关系做进一步分析，上证综合指数月度同比增长率、国房景气指数月度同比增长率、工业增加值月度同比增长率和消费价格指数月度同比增长率对各个变量的脉冲响应分别如图 2、图 3、图 4 和图 5 所示，其中实线表示脉冲响应函数，虚线表示正、负两个标准差。

1. 货币供给量、股票价格波动和经济增长关系的分析

由图 2 的第一个图可以看出货币供给量（M2）的一个正向标准差冲击后，股票价格（SZ）当期没有明显响应，第二期出现小幅正向响应，第三期正向响应相对第二期有所增大，第四期开始正向响应逐渐减弱，到第六期的时候响应由正向转为负向并呈现负向响应加大的趋势。股票价格（SZ）短期内对货币供给量（M2）较为敏感，货币供给量（M2）的增长短期内对股票价格（SZ）波动产生正向影响推动股票价格上涨，长期则产生反向影响。由图 2 的第三个图可知在房地产价格（FJ）的一个标准正向冲击后，股票价格（SZ）价格当期没有响应，从第二期开始出现负向响应，响应幅度为−1.03，并且负

向响应呈现逐步扩大的趋势，到第十期达到−6.14。房地产价格（FJ）的上涨对股票价格的上涨具有明显的挤出效应。由图2的第四个图可知在工业增加值（GY）的一个正向标准冲击后，股票价格（SZ）当期没有明显响应，第二期开始出现响应幅度为0.82的正向响应，在第三期扩大为0.93，而后在第四期时响应幅度逐渐减小，最后在第七期时转为反向响应并呈现负面响应加大的趋势。由图2的第五个图可知在消费价格指数（CPI）的一个正向冲击后，股票价格（SZ）当期出现没有响应，从第二期开始出现负向响应且响应幅度不断增大。可见短期内实体经济的发展对股票价格上涨带来正向效应，长期转化为负向效应，股市晴雨表作用不明显；物价指数对股票价格的负向影响较为明显。

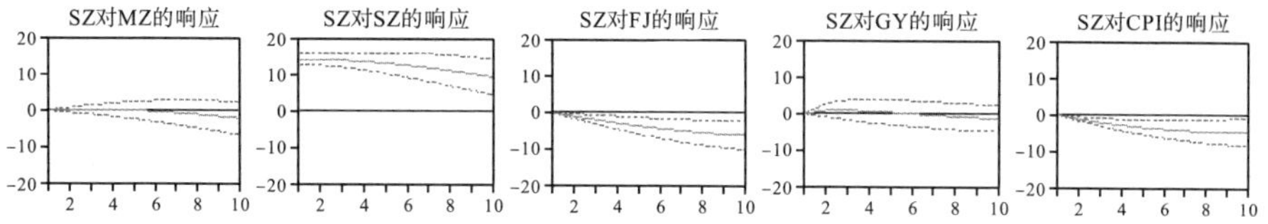

图2　股票价格对各冲击变量的脉冲响应图

2. 货币供给、房地产价格波动和经济增长关系的分析

由图3的第一个图可以看出，货币供给量（M2）的一个标准正向冲击，房地产价格（FJ）当期出现小幅负向响应，但从第二期开始出现正向响应，并呈现响应幅度不断增大的趋势，由第二期的0.03增加到第十期的0.35，显然货币供给量（M2）和房地产价格（FJ）之间存在长期稳定的关系，货币供给量（M2）的增加推动房地产价格（FJ）的上涨。由图3的第二个图可知股票价格（SZ）的一个标准正向冲击后，房地产价格（FJ）从第二期开始出现响应，且响应幅度不断扩大，由第二期的0.06扩大到第八期的0.32。可见股票价格（SZ）和房地产价格（FJ）存在长期稳定的关系，股票价格的上涨推动房地产价格的上涨，股市的赚钱效应促使房地产活跃。由图3的第四个图可知工业增加值（GY）的一个标准正向冲击后，房地产价格（FJ）从第一期开始出现轻微正向响应，响应幅度为0.05，并逐渐增大到第三期的0.11，此后响应幅度又逐渐缩小到第八期转为负向响应，幅度为−0.02，负向响应幅度不断加大，到第十期负向响应幅度为−0.09，经济增长短期内有利于房地产价格的上涨。

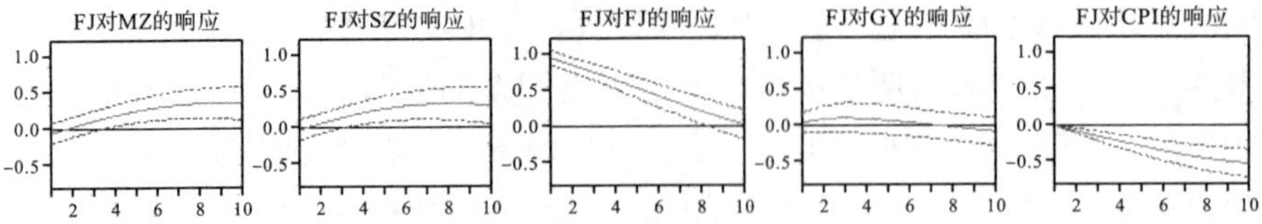

图 3　房地产价格对各冲击变量的脉冲响应图

3. 资产价格波动与实体经济发展的关系分析

先看看工业增加值（GY）对股票价格（SZ）波动的脉冲响应，由图 4 的第二个图可知在股票价格（SZ）的一个标准正向冲击后，工业增加值（GY）第一期出现小幅负向响应，从第二期开始呈现正向响应，响应幅度逐渐变大，第二期的脉冲响应幅度为 0.08，到第十期时脉冲响应幅度为 0.25。由图 4 的第三个图可知房地产价格（FJ）的一个标准正向冲击后，工业增加值（GY）当期没有响应，第二期获得一个正向的脉冲响应，响应幅度为 0.07，正向响应幅度从第三期逐渐缩小，到第六期时转为负向响应，响应幅度为−0.03，并呈现负向响应加大的趋势，到第十期负向响应幅度为−0.20。由图 4 的第一个图可知货币供给量（M2）对工业增加值（GY）的一个标准的正向冲击后，工业增加值（GY）从第一期开始为正向响应，响应幅度呈逐渐加大趋势，由第二期的 0.31 逐渐增加到第六期的 0.45 后相对稳定。可见股票价格上涨对实体经济有正向影响，但是影响幅度很小；房地产价格上涨短期内对实体经济有正向影响，长期出现负向影响；货币供给量的增长一定程度上能够促进经济增长。接下来分析消费价格指数（CDI）对资产价格波动的脉冲响应。由图 5 的第二个图可知，股票价格（SZ）的一个正向冲击后，消费价格指数（CPI）从第一期开始出现正向响应，且响应幅度逐渐扩大。由图 5 的第三个图可知房地产价格（FJ）的一个正向冲击后，消费价格指数（CPI）呈现整体正向响应，响应幅度先增大后减小。整体上看，股票价格对消费价格指数存在较为明显的正向影响；而房地产价格短期内对消费价格指数呈现小幅正向影响。

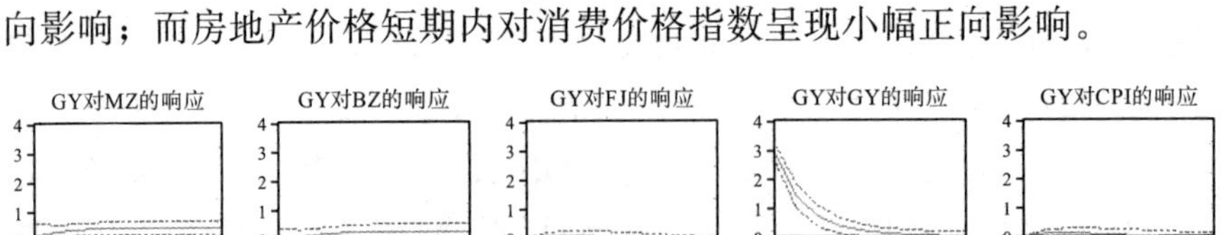

图 4　工业增加值对各冲击变量的脉冲响应图

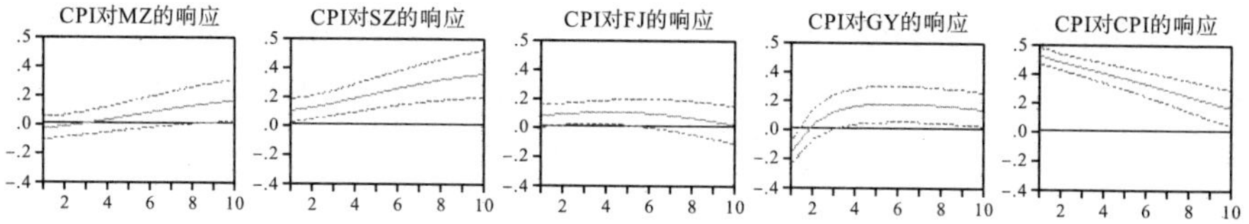

图 5　CPI 对各冲击变量的脉冲响应图

（五）格兰杰因果检验

前文已经证明 M2、SZ、FJ、CPI、GY 几个变量之间存在长期均衡关系，为揭示货币供给与资产价格、资产价格与经济增长、房地产价格与股票价格各变量间是否具备统计上的因果关系，在此进行基于 VAR 模型的格兰杰因果检验，格兰杰因果检验的最佳滞后期即为该 VAR 模型的最佳滞后期，具体检验结果见表 3。

表 3　格兰杰因果关系检验结果

原假设	F 统计量	P 值
SZ 是被解释变量		
FJ 不是 SZ 的格兰杰原因的概率	8.93865	0.0032
M2 不是 SZ 的格兰杰原因的概率	0.27542	0.6004
FJ 是被解释变量		
SZ 不是 FJ 的格兰杰原因的概率	12.6735	0.0005
M2 不是 FJ 的格兰杰原因的概率	29.1109	2.00E−07
GY 是被解释变量		
SZ 不是 GY 的格兰杰原因的概率	4.54395	0.0345
M2 不是 GY 的格兰杰原因的概率	11.2728	0.001
FJ 还是 GY 的格兰杰原因的概率	4.00469	0.047

表 3 显示，当 SZ 作为被解释变量时，房地产价格（FJ）不是股票价格（SZ）的格兰杰原因的 P 值很小，即房地产价格（FJ）是股票价格（SZ）的格兰杰原因；货币供给量（M2）不是股票价格（SZ）的格兰杰原因的概率是 0.6，说明货币供给量对股票价格波动有一定的影响，但是这种影响作用不是十分明显。

当 FJ 作为被解释变量时，拒绝股票价格（SZ）和货币供给量（M2）不是房地产价格（FJ）的格兰杰原因的概率均很小，因此股票价格、货币供应量均为房地产价格的格兰杰原因。

当GY作为被解释变量时，股票价格（SZ）、货币供给量（M2）和房地产价格（FJ）不是工业增加值（GY）的格兰杰原因的概率很小，因此资产价格和货币供给量都是工业增加值的格兰杰原因。

四、结论及政策建议

（一）基本结论

货币供给量对资产价格波动影响明显，货币供给量对房地产价格的影响强于股票价格。以上分析看出，我国货币供给量不仅对物价指数产生影响，而且对资产价格具有正向冲击作用。因此，2000年以来，我国货币供给量不断增长，M2/GDP比值不断攀升，其中重要原因之一，就是房地产市场和股票市场吸纳了较多的货币，资产价格的上涨并没有反映在物价水平之中，因此有了“中国货币之谜”，即中国的货币增长率长期高于实际GDP增长率和通货膨胀率之和，长期高于经济总规模的货币供给量并没有带来价格水平的同比例上升。[①] 这也和部分学者前期的研究结论一致。另外，货币供给量对房地产价格的影响较为稳定和持续，对股票价格的影响更多集中在短期，虽然二者都为资金敏感性行业，但过去十多年我国房地产市场的赚钱效应更为明显，相对股市对资金的吸引力度更大，另一方面也体现出我国股票市场发展的不健全和投融资功能的欠缺。

资产价格波动对实体经济增长的作用甚微。房地产价格波动对实体经济的影响主要体现在财富效应和挤出效应的综合反映上，其对实体经济增长作用较小，可见其财富效应和对相关产业的拉动效用被挤出效应所抵消，房地产价格不断攀升的过程中，居民储蓄向房地产的倾向性投入减少了其他消费品的支出，消费对经济的拉动效应不明显。股票价格对实体经济增长的影响较为有限，我国货币政策股票价格传递渠道不明显，其间接反映出我国股票市场发展不健全，资金流入股票市场催生股票价格上涨并没有带来企业投资规模的扩大。2015年这一轮股市增长中，众多的上市公司重要控制人在股价高峰期大量套现就是最好的证明，企业家在获得足够资金时并没有将资金投入再生产，导致股市对实体经济的支持和服务功能削弱。因此，货币政策资产价格传导机

---

① MCKINNON R I. The order of economic liberalization: Financial control in the transition to a market economy [M]. Baltimore: JHU Press, 1993.

制的低效是近年来我国金融与实体经济非协调发展的重要因素之一。

房地产价格和股票价格呈现互动关系，房地产价格上涨对股票市场发展有抑制作用，股票价格上涨推动房地产价格上涨。过去十多年，我国房地产价格持续上升，房地产赚钱效应明显，但是房地产价格的上涨抑制了股市的发展，相对股市而言，房地产市场赚钱效应更明显；中国股市发展二十几年来，呈现剧烈的波动状态和“牛长熊短”的典型市场特征，一方面是股票市场的不健全，另一方面折射出我国的投资渠道单一、消费需求不足，股市产生短期赚钱效应后货币依然选择流向房地产市场。

（二）政策建议

上述结论表明我国货币供给量的扩张在推动经济增长中发挥了一定作用，但是在我国经济转型发展过程中，由于实体经济结构不均衡和金融市场不完善，大量货币积聚在金融市场尤其是房地产市场中空转，造成了资产价格的膨胀和大幅波动，出现了货币供给“脱实向虚”，大量风险集中于金融系统内部，实体经济发展缺乏新动力，金融和实体经济呈现明显的非协调发展。近年来，房地产价格的快速上涨、股票市场的巨幅波动以及货币政策等宏观调控的有效性引发广泛的争论，房地产和股市的健康发展与我国实体经济持续发展、触底复苏紧密相连。在国际经济环境更为复杂，外部冲击更为激烈的环境下，我国应当从实体经济基础地位出发，建立起金融与实体经济协调发展的长效机制。从本文结论来看，主要可以采取以下措施。

完善货币政策目标体系。在落脚于实体经济发展的基础上，货币政策调控应当关注资产价格变化，尤其是房地产价格变化，将物价、产出和资产价格膨胀纳入统一决策体系。强化货币政策的前瞻性和预期作用，引导企业和居民等微观主体对市场形成合理预期，减少资产价格的巨幅波动。

以创新驱动实体经济的内生增长动力，增强其盈利能力。一国实体经济的长期稳定增长依赖于技术进步、人力资本提升等内生因素，当前我国应当创造有利于企业主体的创新机制，充分激发各类人才的创新动力，加大国家研发强度和提升企业研发能力以突破中国制造的技术瓶颈，增强实体经济内生增长动力和盈利能力，引导资金流向有利于实体经济健康持续发展的行业。

推进金融体制改革。货币政策资产价格传导机制的受阻暴露出我国金融体制中诸多的问题，金融改革极为紧迫。其一要促进股票市场健康发展，引导股市资金支持实体经济，重在通过强化制度约束机制，提升上市公司质量，降低股票市场的投机行为，实现股票市场的投融资功能，完善货币政策的股票价格传导机制；其二要推进债券市场、产业投资基金发展，丰富投融资渠道，缓解我国居民投资对房地产的过度依赖；其三要加快推进银行业混合所有制改革和民营银行发展，打破金融资源行业垄断，引导信贷存量资金合理配置，提高存量资金使用效率。

充分利用大数据建立金融机构与企业的互动信息平台。信息不对称是资金供给方和需求方之间的重大障碍，借助蓬勃发展的互联网和大数据，建立各类信息的披露和交流平台，充分展示金融机构和企业间的信息，既可以促进资金供需双方的高效沟通，又可以实现对资金需求方的有效监督和制约，有利于引导资金流向实体企业，尤其是众多中小企业。

建立资金流向监测系统，尤其是强化对影子银行、民间金融资金流向的监测。重点分析金融资本的重点投向领域，定期分析不同渠道的资金流量规模，及时采取有效措施防止资金大规模进入虚拟经济领域，防止金融风险。

户口身份与工资收入差距：理论和实证分析*

邓　翔　朱海华　路　征①

摘　要：探讨户口身份对工资收入的影响，对推进我国户籍制度改革具有重要意义。本文认为，户口登记地所代表的公共服务权利不平等，会降低农民工的就业稳定性，由此产生的较高工作转换成本，限制了农民工的就业选择和人力资本投资，从而造成农民工在工资收入上处于劣势。基于“反事实”分析思路，本文将“农转非”群体作为干预组，利用我国综合社会调查数据（CGSS2010－2013）和倾向值分析法进行实证分析，发现户口身份转变所带来的工资收入优势仅限于迁移户口的异地“农转非”群体，对就地“农转非”群体没有影响，验证了本文提出的理论观点。这表明，促进农民工跨区域、进城市稳定就业的户籍制度改革才有实质意义。

关键词：户口身份；工资收入；就业稳定性；倾向值分析方法

一、引言

截至 2017 年底，我国已有 2.87 亿农民工进入城市劳动力市场就业②，但农民工的工资收入远低于城镇职工，引起了社会的广泛关注。关于造成这一现象的原因，目前较具代表性的观点有两种：一是基于劳动力市场分割理论，认为城市政府为满足本地居民的利益诉求，以户籍制度为基础，采用一系列非市

* 基金项目：国家自然科学基金项目（项目号 71673194）“中国的人口、人口转变和经济增长”（71673194）。

① 作者简介：邓翔，男，四川大学经济学院教授，博士生导师，研究领域为国民经济学。
朱海华，男，四川大学经济学院博士研究生，专业方向为农村经济。
路征，男，四川大学经济学院副教授，研究领域为区域经济发展、人力资本流动。

② 国家统计局. 2017 年农民工监测调查报告［EB/OL］. （2018－02－08）［2018－05－23］. http：//www.stats.gov.cn/tjsj/zxfb/201804/t20180427_1596389.html.

场制度安排制造农民工进入正规部门就业的障碍，形成针对农业户口的身份歧视[①]；二是基于人力资本理论，认为农民工在受教育程度、技能水平等人力资本层面比城镇职工差，这些特征差异才是导致工资收入差距的主要原因[②③]。但是这两种观点只能解释农民工与城镇职工工资收入差距的一部分，随着劳动力市场环境的变化，其解释力还可能进一步变弱。

一方面，随着我国市场经济改革的深入推进，企业间竞争加剧，倾向于按照劳动力的边际生产率来雇用工人和支付报酬，城市政府直接干预劳动力市场的成本逐渐增大[④]，因而将逐渐减少甚至放弃“制造障碍”。事实上，我国户籍制度已不具备限制农民工跨地区和部门就业的功能，但对跨地区迁移户口有较多管制，尤其是对落户大城市设置了严苛的要求。[⑤] 城市政府根据户口登记地来定义公共服务的可获得性，建立在“农业户口”与“非农户口”基础上的城乡分割，逐步演变成了基于“本地户口”与“非本地户口”的城市区域分割。[⑥] 现有研究大多数把分析的重点放在农民工与城镇职工的户口性质差异上，而对户口登记地缺乏足够关注。

另一方面，国家近年来加大了对农村地区的资源投入，农村居民的受教育水平逐渐上升，但这并没有提升农民工在劳动力市场上的地位，与城镇居民的工资收入差距仍持续扩大[⑦]，表明人力资本理论的解释力还不够强。值得注意的是，职业培训是促进人力资本形成与积累的重要途径，但相当一部分的农民工对职业培训的投资意愿不足，也缺乏外在的实现人力资本投资的途径。[⑧] 现有研究主要采用受教育年限和工作年限来衡量人力资本水平，对职业培训造成的农民工与城镇职工的人力资本差异还缺少分析。

---

① 章莉，李实，WILLIAM A，等．中国劳动力市场上工资收入的户籍歧视［J］．管理世界，2014（11）：35－46．

② 任强，傅强，朱宇姝．基于户籍制度的教育回报差异：对工资歧视的再考察［J］．人口与发展，2008（3）：37－46．

③ 邢春冰，罗楚亮．农民工与城镇职工的收入差距——基于半参数方法的分析［J］．数量经济技术经济研究，2009（10）：74－86．

④ 蔡昉．人口转变、人口红利与刘易斯转折点［J］．经济研究，2010（4）：4－13．

⑤ 姚先国，叶环宝，钱雪亚．人力资本与居住证：新制度下的城乡差异观察［J］．广东社会科学，2016（2）：5－11．

⑥ 张展新．从城乡分割到区域分割——城市外来人口研究新视角［J］．人口研究，2007（6）：16－24．

⑦ 李实．中国收入差距的实证分析［M］．北京：社会科学文献出版社，2014．

⑧ 马建富．新型城镇化进程中农民工人力资本提升的职业教育培训路径［J］．教育发展研究，2014（9）：7－14．

从实证方法来看，现有研究大多以城镇居民和农民工为研究对象，采用多种工资收入差异分解模型分析户口身份对收入的影响①，但这两类群体在成长环境、流动经历等方面差异很大，难以克服遗失关键变量带来的偏误，把人力资本之外的差异都归结于歧视也有较大争议。还有部分研究将“从农业户口转为非农户口”（简称为“农转非”）的城镇居民与农民工作对比，以“反事实”的方式分析“非农户口”身份对工资收入的影响。②③ 另外，也有研究根据“非农户口”获得途径，把“农转非”群体划分成政策性“农转非”和选择性“农转非”两类④⑤，以展现出政府政策安排和“农转非”群体的能力禀赋差异对收入的影响程度。但这种划分没有注意到伴随“农转非”产生的户口迁移对收入的影响，也难以解释农民工在收入上处于劣势的内在机理。

本文提出了一种理解户口身份造成城乡劳动力工资收入差异的新视角：户口登记地所代表的公共服务权利影响农民工的就业稳定性，由此造成的较高的工作转换成本，限制了其就业部门选择和通过职业培训获得的人力资本投资。为验证这一观点，本文根据户口转换机制对户口迁移的影响，把“农转非”群体划分成就地“农转非”和异地“农转非”两类，采用2010—2013年中国综合社会调查（CGSS）的数据和倾向值分析方法，评估这两类群体相比农民工的收入优势。

二、理论分析与假设提出

促进经济增长和提升城市竞争力是城市政府制定政策的主要目标，吸引人才、投资等“核心资源”则是城市经济增长的主要策略。⑥ 城市政府提供的子女教育、医疗服务、社会保障、就业培训等公共服务，可直接满足劳动力的生产、生活和发展需求，也是政府人力资本投资的重要形式。这一类非生产性支

---

① 郭继强，陆利丽．工资差异均值分解的一种新改进［J］．经济学（季刊），2009，8（4）：1257－1280．

② 郑冰岛，吴晓刚．户口、“农转非”与中国城市居民中的收入不平等［J］．社会学研究，2013（1）：160－181．

③ 魏万青．户籍制度改革对流动人口收入的影响研究［J］．社会学研究，2012（1）：152－173．

④ 郑冰岛，吴晓刚．户口、“农转非”与中国城市居民中的收入不平等［J］．社会学研究，2013（1）：160－181．

⑤ 康岚．精英还是平权：对大城市外来人口吸纳原则的讨论［J］．同济大学学报（社会科学版），2014，25（4）：59－66．

⑥ 陆万军，张彬斌．户籍门槛、发展型政府与人口城镇化政策——基于大中城市面板数据的经验研究［J］．南方经济，2016（2）：28－42．

出具有正外部性，对外地劳动力有较强的吸引力，但短期内的支出规模较大，对经济增长的促进作用却需要在较长时期后才能凸显。为此，城市政府需要通过户籍制度来构造一种筛选机制，优先向拥有本地户口的居民提供公共服务，并通过积分申领居住证、落户等方式给予高学历、高技能、高财富的精英群体落户机会，大多数长期为城市发展做贡献的普通农民工却难以获得“非农户口”，被排斥于城市公共服务体制之外。[①] 这样做，可最大限度地把公共服务的正外部性内部化，吸引城市发展所急需的人才和资金，却无须承担普通农民工劳动力再生产和市民化的成本，达到了开源节流的公共资源配置效果。[②] 规模越大的城市所能提供的公共服务和就业机会越多，就越倾向于设置较高的入户门槛。[③] 因此，户籍制度逐渐异化成为一种用来促进城市经济增长的“选择性移民政策”，农村地区承担了农民工大部分的公共服务支出，却难以留住劳动力，在落户政策上农民工也缺乏与城市政府“讨价还价”的话语权。

近年来，部分城市主动降低了对高素质群体的落户门槛，开展“人才争夺战”，以维持人才流动的相对均衡状态。尽管如此，由于农民工属于低学历、低技能、低收入群体，整体规模较大，职业素质较低，也缺乏实现市民化的物质基础，所以依然难以企及城市户口，获得城市公共服务的成本很高。[④] 农民工即使在城市工作多年，也难以落地生根，只能“暂住”在城市里，缺乏对城市生活的适应感和归属感，城市规模越大越是如此。[⑤] 因此，大部分农民工认为自己只是到城市短期打工然后返回故乡，缺少长期在城市的固定就业部门和岗位工作的预期，降低了其就业稳定性。

农民工频繁变换工作的特点，使得其进城务工的主要目的是获得工作机会和工作收入，并尽量降低诸如工作搜寻成本、劳动合同违约金等工作转换成本。因此，农民工需要寻找劳动力需求量大、技能水平要求低、就业形式灵活的工作（如建筑、餐饮、修理等）。这类工作部门劳动时间长、工作强度大，

---

① 李丽梅，陈映芳，李思名. 中国城市户口和居住证制度下的公民身份等级分层［J］. 南京社会科学，2015（2）：52－60.

② 吴开亚，张力. 发展主义政府与城市落户门槛：关于户籍制度改革的反思［J］. 社会学研究，2010（6）：58－85.

③ 王阳. 居住证制度地方实施现状研究——对上海、成都、郑州三市的考察与思考［J］. 人口研究，2014，38（3）：55－66.

④ 袁方，史清华，晋洪涛. 居住证制度会改善农民工福利吗？——以上海为例［J］. 公共管理学报，2016（1）：105－116.

⑤ 国家统计局. 2017年农民工监测调查报告［EB/OL］.（2018－02－08）［2018－05－23］. http：//www. stats. gov. cn/tjsj/zxfb/201804/t20180427_1596389. html.

但工资水平不高，签订正规劳动合同的比例低，职工权益难以保障，被称为非正规就业部门。而正规性比较高的单位和岗位，通常要求员工拥有专用性较强的人力资本。这类人力资本需要员工付出一定的经济成本和机会成本，通过职业培训等途径获得。但离职后，由于缺少类似的工作机会，积累起来的人力资本可能就此被废置[①]，导致人力资本投资收益很低。即使在离职后可继续发挥作用，正规企业由于预期到农民工难以在相应岗位稳定工作直至收回招工和培训成本，也会降低雇用和培训农民工的动力。[②] 这造成农民工难以提升人力资本水平，降低了他们从非正规就业部门转向正规就业部门工作的可能性。

因此，在市场经济条件下，户籍制度形塑的城乡收入不平等，并非来自传统的政府基于本地居民的利益诉求而实行的偏向性就业政策，而是在地方发展主义理念下[③]，城市政府通过户籍制度限制了农民工接近城市公共服务，导致农民工的直接需求难以得到满足，破坏了他们就业的稳定性。而较低的就业稳定性（亦即较高的工作流动性），会促使农民工选择工作转换成本较低的非正规部门就业。同时，由于正规部门工作岗位的人力资本投资专用性较强，导致正规企业和农民工都缺乏对农民工自身进行职业培训的动力，进一步造成了农民工和城镇职工之间的可行能力不平等。

按照这一逻辑思路，农民工在工资收入上处于劣势的主要原因是其外来人口身份被城市政府区别对待而增大了其工作流动性，而不是其“农业户口”身份受到了歧视。如果以“反事实”的方式来思考这个问题，对于通过征地拆迁或者取消农业户口等政策性途径实现“农转非”的群体，通常在改变户口类别时并不会跨行政区域迁移户口，可称为就地“农转非”。这类户籍改革政策具有明显的属地化特点，以特定的行政区域（市、县、乡镇等）内的农村居民为政策实施对象，“赋予”其“非农户口”身份，外地居民则被排除在外。虽然就地“农转非”群体可以有限且有条件地享受到一些本地城镇居民的保障或待遇[④]，但对外出务工的人来说，其“非农户口”并不在当地，仍然难以获得必需的公共服务，也就无助于提升在工作地的就业稳定性。从实际情况来看，我

---

① 陶然，史晨，汪晖，等.“刘易斯转折点悖论”与中国户籍—土地—财税制度联动改革［J］.国际经济评论，2011（3）：120—147.

② 任远.中国户籍制度改革：现实困境和机制重构［J］.南京社会科学，2016（8）：46—52.

③ 王清.从发展型改革到兼顾型改革：户籍制度改革的转型［J］.四川大学学报（哲学社会科学版），2015（4）：19—27.

④ 王瑜，仝志辉.中国户籍制度及改革现状［J］.中国农业大学学报（社会科学版），2016（1）：100—108.

国跨省流动的农民工数量庞大，在2017年达到了7675万人，占所有外出农民工的44.7%。[①] 另外，城市政府的户籍改革动力随着城市人口规模增长而逐渐下降[②]，但农民工偏向于在大城市就业，流向县城及以下小城镇的比例不到10%[③]。因此，给予跨省流动和向大城市流动的农民工当地的“非农户口”身份，才有助于提升大多数农民工的就业稳定性。如果原农业户口持有者在户籍改革行政区域内工作，那就地“农转非”所带来的公共服务会提高其外出就业的机会成本，让他们更倾向于在当地工作，但这样也失去了跨区域、进城市获得更好工作岗位和更高工资收入的机会。由此，我们提出第一个假设。

假设1：通过政策性途径实现就地“农转非”，并不会提升跨区域、进城市就业的稳定性，这类群体的工资收入与农民工没有差异。

与此相对的是，那些通过升学、参军、招工、转干等选拔性途径而获得“非农户口”的群体，其职业身份和工作地域都有较大转变，户口通常也是从农村跨越行政区域迁移到城市，保持与工作地一致。这种异地“农转非”突破了城市政府的户口身份限制，可获得与本地居民无差异的公共服务，在城市就业的稳定性提升，相比农民工就可能具有一定收入优势。由此，我们提出第二个假设。

假设2：通过选择性途径实现异地“农转非”，会提升在工作地就业的稳定性，这类群体的工资收入相比农民工有一定优势。

三、实证方法与数据

“农转非”既是根据自身特征自我选择的过程，也是满足能力筛选要求的管理者选择过程，很可能在个人和工作特征、地域分布等方面与农民工存在系统性差异，产生严重的样本选择偏差。[④] 不少研究采用倾向值分析法对这一问题进行处理，如倾向值匹配法（Propensity Score Matching，PSM）和干预效

---

① 国家统计局. 2017年农民工监测调查报告［EB/OL］.（2018－02－08）［2018－05－23］. http://www.stats.gov.cn/tjsj/zxfb/201804/t20180427_1596389.html.

② 陆万军，张彬斌. 户籍门槛、发展型政府与人口城镇化政策——基于大中城市面板数据的经验研究［J］. 南方经济，2016（2）：28－42.

③ 侯力. 户籍制度改革的新突破与新课题［J］. 人口学刊，2014（6）：22－29.

④ 宁光杰，段乐乐. 流动人口的创业选择与收入——户籍的作用及改革启示［J］. 经济学，2017（2）：771－792.

应模型（Treatment Effects Model）。① 前者可以解决“依可观测变量选择”引起的选择偏差问题，而后者则可以解决“依不可观测变量选择”（比如能力）引起的选择偏差问题。② 就地“农转非”群体的“非农户口”获得通常是独立于农民个体能力的、外生的，但异地“农转非”群体的非农户口获得可能与其突出的、未被观测到的能力禀赋特征相关，倾向值匹配法难以处理这一问题。这可能是魏万青③和郑冰岛、吴晓刚④都采用倾向值匹配法和相近的数据研究“农转非”对收入的影响，却得出了完全相反的结论的原因。综合采用这两种方法可能才是解决这一问题的恰当思路。

（一）倾向值匹配法

本文根据“反事实”分析框架，首先采用倾向值匹配法（PSM）展开分析。下面重点介绍户口身份转变者的平均干预效应（average treatment effect of the treated，简记为 ATT），其表达式为：

$$ATT = E(Y_1 - Y_0 \mid D = 1) = E(Y_1 \mid D = 1) - E(Y_0 \mid D = 1) \quad (1)$$

其中，Y_1 和 Y_0 分别表示实现户口身份转变与未实现户口身份转变两种情况下的工资收入，D 为是否转变户口身份（接受干预）的二分变量。ATT 将分析样本限定为户口身份转变者（$D=1$），并估计户口身份转变与未转变时的工资收入差值，即户口身份对工资收入影响的净值。在（1）式中，只能观测到 $E(Y_1 \mid D = 1)$ 的结果，而 $E(Y_0 \mid D = 1)$ 是不可观测的⑤，这被称为“反事实缺失”。

倾向值匹配法解决这一问题的基本思想是，为干预组中的个体挑选或构造一个控制组样本中的个体，并保证两样本个体除户口身份不同外，其他样本特征均近似相同。但在个体特征 X 维数很大的情况下，很难在高维空间匹配到一个所有维度上的值都近似相同的个体，产生“维数灾难”问题。为此，罗森

---

① 宁光杰，段乐乐. 流动人口的创业选择与收入——户籍的作用及改革启示 [J]. 经济学，2017 (2)：771－792.

② GUO S，FRASER M W. Propensity score analysis：statistical methods and applications [M]. Sage，2010.

③ 魏万青. 户籍制度改革对流动人口收入的影响研究 [J]. 社会学研究，2012 (1)：152－173.

④ 郑冰岛，吴晓刚. 户口、“农转非”与中国城市居民中的收入不平等 [J]. 社会学研究，2013 (1)：160－181.

⑤ $E(Y_0 \mid D = 1)$ 的含义为，对于户口身份转变者，假设其未转变户口身份时的平均收入水平。

鲍姆和鲁宾（Rosenbaum and Rubin）[①] 提出了“倾向值定理”：如果给定解释变量 X 的条件下，干预结果独立于干预状态（条件独立假定），那么只需在给定倾向值 $PYXY$ 的情况下，干预结果就独立于干预状态。其中倾向值被定义为在给定样本特征 X 的情况下个体接受干预的条件概率，即 $PYXY = Pr(D = 1 \mid X)$，通常采用 Logit 概率模型进行估计。得到倾向值之后，就可据此把干预组和控制组样本匹配起来，在实践中通常采用多种匹配方法进行比较，以分析结果的稳健性。匹配完成后还需要检验两组样本之间协变量差异的统计显著性（平衡性检验），以确保满足使用倾向值匹配法的前提条件。

（二）干预效应模型

倾向值匹配法的准确估计依赖于条件独立假定，这又被称为“依可测变量选择假定”。但如果“农转非”是依赖于不可观测变量进行选择的，比如个体根据自身不可观测的比较优势选择是否转变户口身份，或者相关规定会对想要转变户口身份个体的能力进行筛选，由此产生的选择偏差既不能被忽略也不能假定是随机的，无法使用倾向值匹配法进行估计。[②] 马达拉（Maddala）认为可以在控制不可观测因素所引起的选择偏差的情况下，使用观测到的变量去估计回归系数，据此提出了以下“干预效应模型”。[③]

回归方程：$Y_i = X_i\beta + D_i\delta + \varepsilon_i$ （2）

选择方程 $D_i^* = Z_i\gamma + \mu_i$，如果 $D^* > 0$，则 $D_i = 1$，否则 $D_i = 0$ （3）

其中，D_i^* 为接受干预的倾向值；Z_i 为第 i 个人影响其转变户口的一些可观测变量，Z_i 可以与 X_i 有重叠的变量，但 Z_i 中至少有一个变量不在 X_i 中；还需假设 $\mathrm{Cov}(Z_i, \varepsilon_i) = 0$，残差项（$\varepsilon_i, \mu_i$）服从二维正态分布，且二者的相关系数 $\rho \neq 0$，这正是干预效应模型将要解决的内生性问题的来源。反之，如果 $\rho = 0$，则不存在内生性，可直接用 OLS 得到对回归方程的一致估计，若使用干预效应模型反而会导致估计偏差。所以对 $\rho = 0$ 的原假设进行检验是非常有必

---

① ROSENBAUM P R, RUBIN D B. Assessing Sensitivity to an Unobserved Binary Covariate in an Observational Study with Binary Outcome [J]. Journal of the Royal Statistical Society, 1983, 45 (2): 212−218.

② GUO S, FRASER M W. Propensity score analysis: statistical methods and applications [M]. London: Sage, 2010.

③ MADDALA G S. Limited-dependent and qualitative variables in econometrics [M]. Cambridge university press, 1986.

要的。为了提高估计效率，我们将采用最大似然估计法（MLE）同时估计所有模型参数。[①]

（三）变量与数据

本文采用2010—2013年的中国综合社会调查（CGSS）数据，将2011年、2012年和2013年的工资收入用标准化指数贴现至2010年。参照大多数文献的做法，选取18～64周岁、从事非农工作、户口身份获取途径明确的个体作为研究对象。按照前文所述，本文把通过征地或者取消“农业户口”等政策性途径获得“非农户口”的居民定义为就地“农转非”群体，把通过升学、参军、招工、转干等选择性途径获得“非农户口”的居民定义为异地“农转非”群体，二者的主要差异在于是否迁移户口。除了“户口身份”外，还把个体“农转非”年数、是否在外地工作和外地工作年数纳入回归方程。被解释变量则用个人全年的工资收入和每周工作小时数来推算小时工资收入，并对小时工资收入取对数得到。同时，本文选择了其他若干控制变量：①个体人口学特征变量，包括教育程度、性别、政治面貌、婚姻状况、民族状况；②工作变量，包括工作经验、工作经验的平方、是否参与工会、是否签订劳动合同、单位性质；③为降低个体能力偏差，加入了父母受教育程度作为个体能力代理变量；④为降低地区固定效应和时间固定效应，控制了受访者所处省份和获取最高学历的年份、样本调查年份；⑤在采用Logit模型构建“非农户口”获得倾向值时，加入了个体14岁时家庭所处社会等级和父母工作单位性质作为控制变量。

根据上述界定，共筛选出“农转非”样本2632个，其中就地“农转非”样本755个，异地“农转非”样本1879个，另有作为对照的农民工样本4510个。主要变量的描述性统计如表1所示，为衡量“农转非”样本和农民工样本在相关变量上的统计差异显著性，表中还汇报了P值。

表1　不同户口身份居民特征变量的描述性统计

变量名称	变量含义	农民工	所有“农转非”		就地“农转非”		异地“农转非”	
		平均值	平均值	P值	平均值	P值	平均值	P值
小时收入	单位：元/小时	10.900	18.300	0.000	13.300	0.224	19.700	0.000
小时收入对数	小时收入取对数	1.817	2.322	0.000	1.927	0.000	2.428	0.000

① 具体估计过程可参考GUO S，FRASER M W. Propensity score analysis：statistical methods and applications［M］. London：Sage，2010.

续表1

变量名称	变量含义	农民工	所有“农转非”		就地“农转非”		异地“农转非”	
		平均值	平均值	P值	平均值	P值	平均值	P值
教育程度				0.000		0.000		0.000
小学	小学=1．其他=0	20.400	6.700		19.100		3.400	
初中	初中=1，其他=0	50.400	22.600		43.500		16.900	
高中	高中同等学力=1，其他=0	21.800	25.900		25.200		26.200	
大学	大专及以上=1，其他=0	7.400	44.800		12.100		53.500	
工作经验	单位：年	23.400	22.600	0.003	26.000	0.000	21.600	0.000
农转非年数	单位：年	0	18.100	0.000	13.100	0.000	19.500	0.000
外地工作	区(县)以外工作=1，其他=0	23.300	10.200	0.000	6.200		11.800	0.000
外地工作年数	单位：年	2.300	0.970	0.000	0.600	0.000	1.170	0.000
性别	男性=1，女性=0	64.300	64.200	0.000	57.700	0.000	65.800	0.229
政治面貌	党员=1，其他=0	7.400	24.700	0.000	10.500	0.000	31.200	0.000
婚姻状况	已婚=1，其他=0	84.300	89.500	0.000	88.700	0.003	89.800	0.000
民族	少数民族=1，汉族=0	7.100	5.900	0.059	4.400	0.023	6.300	0.257
劳动合同	签订劳动合同=1，其他=0	22.500	50.600	0.000	34.800	0.000	54.800	0.000
工会	参与工会=1，其他=0	4.500	32.500	0.000	14.300	0.000	37.400	0.000
单位性质				0.000		0.000		0.000
国有部门	国有部门=1，其他=0	6.900	32.600		14.100		37.500	
集体部门	集体部门=1，其他=0	5.000	8.300		7.600		8.500	
私营部门	私营部门=1，其他=0	55.900	35.800		51.700		31.500	
父母受教育程度								
父亲教育程度	高中同等及以上=1，其他=0	9.500	16.800	0.000	10.000	0.000	18.700	0.000
母亲教育程度	高中同等及以上=1，其他=0	3.100	6.700	0.000	3.600	0.000	7.500	0.000
14岁时家庭所处社会等级				0.000		0.000		0.000
较低等级	较低等级=1．其他=0	64.500	58.200		61.000		57.700	
中等等级	中等等级=1．其他=0	31.100	36.400		33.200		37.200	
较高等级	较高等级=1．其他=0	4.500	5.400		5.800		5.100	
样本数量	单位：个	4510	2632		755		1879	

注：对分类变量汇报其各类别的百分比和样本双侧 t 检验的P值，而对连续变量则汇报其均值和双变量卡方（x^2）检验的P值。

从表1可以看出，“农转非”群体比农民工群体的小时收入高出67.9%。“农转非”群体内部的收入差别也较大：就地“农转非”群体的小时收入只比农民工群体高22.0%，且二者差异并不显著，而异地“农转非”群体的小时收入比农民工高出81%。农民工群体、就地“农转非”群体和异地“农转非”群体的受教育水平依次递增。异地“农转非”群体有更高比例的党员，最有可能进入国有部门工作，签订劳动合同和参与工会的比例也远高于就地“农转非”群体。农民工群体在绝大多数特征变量中都与“农转非”群体有显著差异。

四、实证结果与分析

（一）OLS估计结果与分析

首先使用OLS回归模型，以农民工群体为参照组，考察“非农户口”身份对工资收入的影响。首先，分析所有“农转非”群体与农民工群体构成的总样本的情况（以下称总样本），然后再分别考察就地“农转非”与农民工群体组成的样本（以下称“子样本1”）、异地“农转非”与农民工群体组成的样本（以下称“子样本2”）的情况。估计结果见表2。

表2　OLS与Logit模型估计结果

变量	总样本		子样本1		子样本2	
	OLS模型	Logit模型	OLS模型	Logit模型	OLS模型	Logit模型
“农转非”	0.115***	—	0.109	—	0.127***	—
初中	0.098**	0.386	0.094***	0.216	0.099***	1.040
高中	0.171***	1.168**	0.143***	0.889	0.175***	2.128**
大学	0.508***	1.613**	0.433***	1.385**	0.523***	3.049***
工作经验	0.025***	0.065	0.025***	0.010	0.024***	0.156
外地工作	0.158***	−0.182	0.187***	−1.440	0.126***	0.803**
外地工作年数	0.009**	−0.201***	0.011**	−0.050	0.009*	−0.226***
性别	0.389***	0.309	0.390***	−0.161	0.385***	0.403
政治面貌	0.094*	−0.373	0.032	−1.128	0.115**	−0.279
婚姻状况	0.118***	1.601***	0.172***	1.174*	0.115***	1.626***
民族状况	−0.078***	0.309	−0.088	0.286	−0.070	0.346
签订劳动合同	0.145***	0.664	0.170***	0.636*	0.091***	0.729
参与工会	0.077**	0.941***	0.100*	0.430	0.072***	1.021***

续表2

变量	总样本		子样本1		子样本2	
	OLS模型	Logit模型	OLS模型	Logit模型	OLS模型	Logit模型
常数项	1.007***	−4.542***	1.052***	−4.331***	1.118***	−9.022***
样本数量	7142	7142	5265	5265	6389	6389
R^2	0.326	0.224	0.262	0.193	0.359	0.352

注：上标*、**、***分别表示在10%、5%、1%水平上显著，括号内为标准误，并对省份进行聚类；部分变量的估计结果省略。

总体上看，如果不考虑“农转非”群体的异质性，“农转非”会对收入有正向影响。但就地“农转非”对收入的影响不显著，而异地“农转非”会由此提升12.7%的收入，前文的两个假设初步得到验证。大学的教育收益率远高于初中和高中，达到43%以上。工作经验每增加一年，收入就会增加2.5%左右。如果离开户口所在区（县）到外地去工作，则收入至少会因此而提高12.6%，且在外地工作时间越长收入提高得越多。男性、已婚身份、签订劳动合同和参与工会都有助于提高收入。

（二）倾向值匹配法估计结果与分析

按照前文思路，采用Logit模型估计“农转非”倾向值。估计结果（见表2）表明，教育程度对个体实现“农转非”有很大影响，而且教育程度对实现两类“农转非”的影响有差异：同等学力对个体实现异地“农转非”的帮助作用远高于就地“农转非”。已婚对实现两类“农转非”都有帮助，在外地工作和参与工会只有助于实现异地“农转非”。

为了保证使用匹配法的合理性和质量，需要说明倾向值的分布情况，以保证干预组和控制组的倾向值满足共同支撑域条件。子样本1的倾向值箱线图（见图1）显示，二者的倾向值高度重叠，有着非常好的共同支撑域。下文的实际匹配结果也表明，无论用哪种匹配方法，干预组与控制组样本的匹配度都达到了99%以上，样本损失比例极小。但是子样本2的箱线图（见图2）显示，二者的共同支撑域较狭窄，控制组的第75百分位数倾向值大小都没有超过干预组第25百分位数。如果仍采用匹配法估计，实际上是在比较不具有可比性的两类群体，匹配质量较差，很可能得出有偏的估计，需要考虑采用对隐藏偏差和选择过程建模的干预效应模型进行处理。

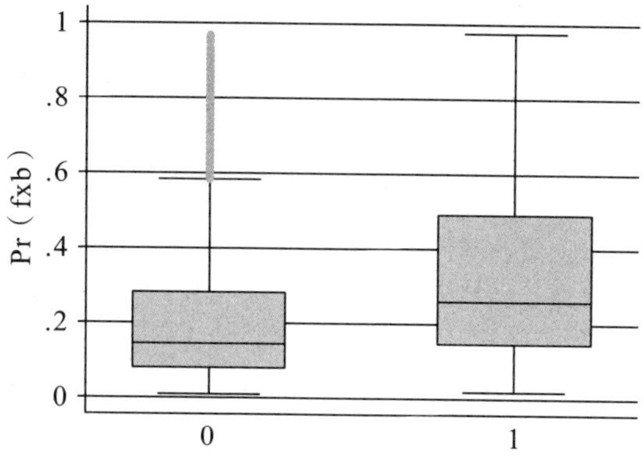

图 1　子样本 1 倾向值箱线图

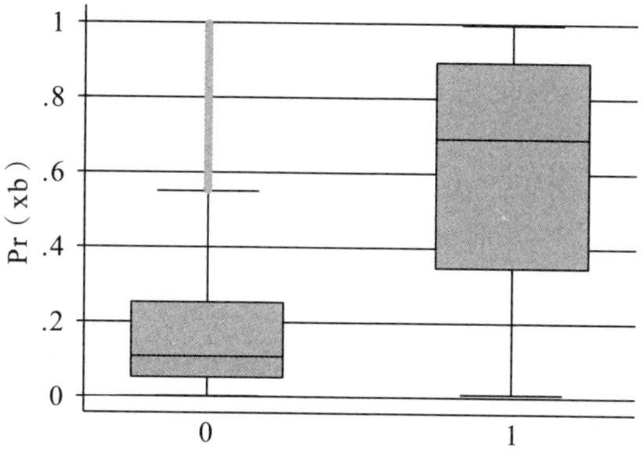

图 2　子样本 2 倾向值箱线图

注："0" 表示控制组，"1" 表示干预组。

得到倾向值之后，就可以采用多种匹配方法来计算"农转非"的平均干预效应（ATT）。本文采用两种匹配方法、两种核函数和两种窗宽的设定来分别估计子样本 1 和子样本 2 的平均干预效应，以得到稳健的估计结果。另外，倾向值估计的一个主要目的是平衡干预组和控制组的协变量分布，使得匹配后两组样本的协变量差异不显著。因此，在样本匹配完成后，需要进一步检验两组样本之间协变量差异的统计显著性。平衡性检验结果和估计系数在表 3 中给出。

表3　倾向值匹配法估计结果

<table>
<tr><td rowspan="3">匹配模型</td><td colspan="4">子样本1</td><td colspan="4">子样本2</td></tr>
<tr><td colspan="3">协变量平衡性检验参数</td><td>ATT</td><td colspan="3">协变量平衡性检验参数</td><td>ATT</td></tr>
<tr><td>Pseudo-R2</td><td>LR统计量（P值）</td><td>标准化偏差</td><td>系数（标准误）</td><td>Pseudo-R2</td><td>LR统计量（P值）</td><td>标准化偏差</td><td>系数（标准误）</td></tr>
<tr><td>匹配前</td><td>0.248</td><td>757.700
(0.000)</td><td>18.200</td><td>0.109***
(0.034)</td><td>0.382</td><td>2939.5
(0.000)</td><td>16.000</td><td>0.611***
(0.026)</td></tr>
<tr><td>最近邻匹配1
(1～5匹配)</td><td>0.079</td><td>13.900
(1.000)</td><td>3.700</td><td>0.057
(0.050)</td><td>0.020</td><td>105.600
(0.000)</td><td>4.000</td><td>0.129**
(0.051)</td></tr>
<tr><td>最近邻匹配2
(1～10匹配)</td><td>0.028</td><td>24.300
(1.000)</td><td>3.900</td><td>0.055
(0.051)</td><td>0.018</td><td>93.600
(0.000)</td><td>3.400</td><td>0.131**
(0.051)</td></tr>
<tr><td>高斯核匹配1
(窗宽=0.25δ)</td><td>0.015</td><td>17.100
(1.000)</td><td>3.400</td><td>0.029
(0.034)</td><td>0.020</td><td>101.300
(0.000)</td><td>3.800</td><td>0.153***
(0049)</td></tr>
<tr><td>高斯核匹配2
(窗宽=0.5δ)</td><td>0.044</td><td>42.800
(0.753)</td><td>5.400</td><td>0.038
(0.049)</td><td>0.035</td><td>183.1
(0.000)</td><td>6.200</td><td>0.237***
(0.041)</td></tr>
<tr><td>伊番核函数1
(窗宽=0.25δ)</td><td>0.012</td><td>12.500
(1.000)</td><td>2.100</td><td>−0.004
(0.045)</td><td>0.018</td><td>91.400
(0.000)</td><td>3.300</td><td>0.132***
(0.042)</td></tr>
<tr><td>伊番核函数2
(窗宽=0.5δ)</td><td>0.011</td><td>15.500
(1.000)</td><td>3.300</td><td>0.003
(0.041)</td><td>0.020</td><td>102.600
(0.000)</td><td>3.800</td><td>0.147***
(0.049)</td></tr>
</table>

注：①卡尺内最近邻匹配1、2分别采用1对5匹配、1对10匹配；②窗宽采用0.25倍和0.5倍倾向值标准差的方法设定，由此子样本1核匹配的窗宽设置为0.050和0.100，子样本2核匹配的窗宽设置为0.076、0.152；③ATT的显著性检验结果采用自助法(Bootstrap)估计得到，重复抽样次数为200次。

观察表3可以发现，虽然各种匹配算法的估计结果略有差异，但从定性的角度看，6种方法的测算结果是一致的。估计结果对核函数类型和窗宽不敏感。就平衡两组样本之间的协变量的分布而言，子样本1匹配后的Pseudo-R2值下降到了0.011～0.079，协变量标准化偏差降低到了2.1～5.4，联合显著性检验（LR统计量）也不显著，说明匹配后的干预组和控制组之间不存在系统性差异。但子样本2匹配后的协变量依然存在显著差异，不满足使用该方法的要求。从ATT系数来看，子样本1的ATT系数绝对值几乎为0，且都不显著，表明就地“农转非”对工资收入没有影响，假设1得到了验证。而子样本2的ATT系数在13%～24%之间，且都显著，但由于匹配后数据平衡失败，参考意义较低，还需采用样本选择模型进一步探讨。

（三）干预效应模型估计结果与分析

下面采用干预效应模型评估就地“农转非”和异地“农转非”对工资收入

的影响。“农转非”的回归方程采用OLS模型的设定，选择方程则与估计倾向值的Logit模型相同。

从表4可看出，就地“农转非”的干预效应值有28%，但系数并不显著。而异地“农转非”的干预效应值达到了43%，且在1%的水平上显著，假设2得到了验证。但从模型设定的合理性来看，在子样本1中，残差项相关系数 $\rho=-0.165$，Wald检验的系数太小，并不能拒绝 $\rho=0$ 的假设，说明对就地“农转非”群体采用干预效应模型进行分析是不合适的。而子样本2的 $\rho=-0.277$，且可以在1%的统计显著性水平上拒绝 $\rho=0$ 的假设，意味着对异地“农转非”群体采用干预效应模型是合适的。较大逆米尔斯比率（λ）也说明异地“农转非”有较高的选择效应水平，更适合采用选择效应模型。

表4　干预效应模型估计结果

	子样本1		子样本2	
	系数（标准误）	P值	系数（标准误）	P值
干预效应值	0.281（0.187）	0.231	0.430***（0.130）	0.000
残差相关系数（ρ）	−0.165（0.335）		−0.277***（0.070）	
逆米尔斯比率（λ）	−0.131（0.221）		−0.225***（0.061）	
$\rho=0$ 的Wald检验（χ^2）	1.260	0.322	14.061***	0.000
样本数量	5265		6389	

注：Rho（ρ）的显著性水平由Wald检验得到；* $p<0.1$，** $p<0.05$，*** $p<0.01$；括号内为标准误。

（四）稳健性检验

现有研究通常把所有“农转非”群体当作一个总体进行分析，本文也这样处理，以检验上述实证结果的稳健性，并与现有研究进行比较。

从表5可以看出，采用倾向值匹配法处理选择偏差后，ATT系数在7%～19%之间，且都显著，但是LR统计量偏大，匹配后的样本平衡性很差，意味着估计结果是有偏的，以往的研究对此可能关注不够。如果通过干预效应模型把影响选择偏差的不可观测变量考虑进来，“农转非”的干预效应值达到了24.1%，且 ρ 也在5%的水平内显著，说明使用该模型较为合理。

表 5　总样本估计结果

评估方法	系数（标准误）	LR 统计量（P 值）	残差相关系数 ρ（P 值）
最近邻匹配 1	0.070（0.042）	128.100（0.000）	
最近邻匹配 2	0.100**（0.046）	92.800（0.000）	
高斯核匹配 1	0.120**（0.038）	103.400（0.000）	
高斯核匹配 2	0.189***（0.032）	245.200（0.000）	
伊番核函数 1	0.101**（0.036）	98.700（0.000）	
伊番核函数 2	0.112**（0.038）	121.200（0.000）	
干预效应模型	0.241***（0.091）		−0.146**（0.035）

注：匹配法和干预效应模型的估计参数设置方法与前文一致。

五、结论与讨论

本文从就业稳定性的视角分析了户口身份对农民工工资收入的影响。研究认为，城市政府基于地方发展主义理念，把户籍制度异化成为竞争人才、资金等“核心资源”的机制，农民工被屏蔽于城市公共服务体制之外。这导致农民工在城市生产、生活和发展的直接需求难以得到满足，降低了他们的就业稳定性。为此，农民工会主动选择工作转换成本低的非正规就业部门就业，并且由于正规就业部门的人力资本专用性高而缺乏对自身进行人力资本投资的动力。正规企业也顾虑到农民工的流动性高，对其提供的职业培训不足。简言之，城市政府对农民工制度层面的“赋权”影响了农民工个体层面的“选择”和“增能”，形成劳动力市场分割和人力资本差异，并体现为工资收入不平等。

基于“反事实”的分析思路，把“农转非”群体纳入研究视野，并采用中国综合社会调查数据（CGSS2010－2013）和倾向值分析法的实证研究发现，就地“农转非”群体并没有因其户口身份转变而获得更高工资收入；协变量平衡性检验显示倾向值匹配法并不适用于研究异地“农转非”群体。采用干预效应模型的分析发现，异地“农转非”群体相比农民工的工资收入高出 43%，对残差相关系数（ρ）的显著性检验表明该方法不适用分析就地“农转非”群体。对所有“农转非”样本的分析发现，采用干预效应模型进行研究才是合适的，此时“农转非”的收入效应为 24%。因此，“非农户口”身份并不一定在劳动力市场上具有收入优势，可促进农民工跨区域、进城市稳定就业的户籍制度改革才能改善农民工的收入情况。

本文研究结论表明，当前我国户籍制度改革的滞后，主要在于跨行政区域的户口迁移和城乡转移的制度化通道建设，远落后于大量农民工跨省市和进入大城市稳定就业的实际需求。因而户籍制度改革的重点，应从非农制度身份的“赋予”，转变成为促使公共服务与户籍制度在全国范围内脱钩，给予农民工平等的城市公共服务获取权利，这样才能提升农民工跨区域、进城市就业的稳定性，形成稳定的劳动力供给。这不仅有利于农民工进入正规就业部门就业、提升其人力资本，从根本上解决我国城乡收入差距扩大的问题，也是满足我国产业结构升级对大量熟练技工需求的必然选择。目前，我国多个城市开展的“人才争夺战”，实行的是偏向于高学历人才的落户政策，提升了人力资本收益率，却对大量普通农民工形成了不公平的竞争，放大了由人力资本导致的收入不平等，破坏了外来人口贡献与回报、义务与权利的平衡，并会导致本就缺少人才的农村地区进一步衰落。这种“效率优先”的做法有失社会公平，应该引起决策部门的注意。

我国区域政策的空间选择逻辑*

邓睦军　龚勤林①

摘　要：区域政策是国家优化区域空间格局、强化区域空间治理的重要手段和工具，具有明显的空间属性。区域政策的空间属性包括"人的繁荣"的空间中性和"地区繁荣"的空间干预两种思路，然而长期以来，学术界关于对二者的权衡和取舍莫衷一是。为此，本文首先梳理两种思路的论争，进而考察我国不同阶段的区域政策实施思路，在此基础上分析新时期坚持两种思路并举的内在逻辑。本文的核心观点是：区域政策的两种思路可以和谐并存，在经济全球化和经济新常态背景下，区域政策只有兼顾空间中性和空间干预，才能更好地促进区域经济协调发展，提升区域空间治理能力。基于研究结论，本文认为未来我国区域政策的选择应是：提升一体化水平，提高要素空间配置效率；改善区域市场准入，促进区域协调协同发展；实施差异化区域政策，增强政策精准性和有效性。

关键词：区域政策；空间属性；空间治理；经济地理

一、引言

经济全球化是当今全球发展的重要趋势。20 世纪 80 年代以来，交通通信技术的快速发展降低了不同主体与空间联系的时间成本，拓展了可发生联系的空间距离②，大大推动了经济全球化的进程。经济全球化产生的"时空压缩"

---

* 基金项目：教育部人文社科研究项目"区域产业链培育与优化研究"（14JHQ021）；，四川省社科研究项目"四川省融入'一带一路'建设的开发性金融支持研究"（16JY214）。

① 作者简介：邓睦军，四川大学经济学院博士研究生，主要研究专业方向：为区域经济、金融经济。

龚勤林，四川大学经济学院教授、博士生导师，主要研究领域方向：为区域经济发展、区域与城乡规划、区域产业链分析。区域经济、区域政策、城市与区域规划。

② HARVEY D. Between Space and Time：Reflections on the Geographical Imagination [J]. Annals of the Association of American Geographers，1990，80 (3)：418－434.

效应，加速了生产要素的流动和生产组织方式的变化。伴随经济全球化的快速推进，区域化逐渐成为主导趋势[①]，区域成为国家积极参与全球竞争和融入全球价值链体系的重要生产空间。经济全球化促使国家和地方对经济地理关系进行重新思考。在此背景下，各国推动实施空间治理，健全空间治理体制机制，提高空间治理能力。这是提升国家综合竞争力和促进区域创新发展的新手段，反映了国家对地方空间进行主动调节、对区域和地方需求的积极回应。

经济全球化是一个经济活动的地理范围不断扩大和国际联系不断加深的过程，深刻影响了国家与地方以及地方之间的空间治理关系。改革开放以来，顺应全球化的客观发展趋势，我国不断优化国家空间治理，通过策略性的尺度重构和制度供给，促进特殊区域快速发展。我国在不同阶段实施的区域政策取得了诸多成效，已成为促进区域协调发展、优化区域空间结构、提高资源空间配置效率的重要工具。经济新常态下，区域空间失衡问题日益突出，迫切需要优化区域空间格局，寻找新的区域经济增长动能。党的十八届三中全会提出了全面深化改革的总目标，就是要推进国家治理体系和治理能力现代化。区域政策作为国家空间治理的重要手段，理应成为国家空间治理体系的重要组成部分。

关于区域政策的讨论，必须考虑经济全球化和区域一体化对经济地理空间塑造的重要影响，因而有必要对其所隐含的空间选择逻辑加以深入分析。适应全球化和一体化发展趋势，我国在东、中、西和东北四大板块的基础上，提出了“一带一路”、长江经济带和京津冀协同三大发展战略，形成了“4+3”区域总体发展战略，进一步重塑了我国经济地理格局。这是从全球发展背景审视我国的区域发展，对空间治理体系做出的新一轮战略性布局，为我国在新时期深入参与全球价值链分工指明了新的方向。[②] 目前，研究我国区域政策空间选择的文献比较鲜见，鉴于此，本文基于区域政策的空间属性视角，梳理学术界关于区域政策空间属性的理论研究，结合我国特殊案例，对区域政策的转换进行审视，探讨新时期坚持空间中性和空间干预政策并举的现实逻辑。

二、区域政策空间属性的理论论争

区域政策是中央政府对区域经济进行干预的重要工具，通过政策资源的集中安排，有目的地对某些类型的问题区域实行倾斜，以改变由市场机制作用形

① 全毅. 全球区域经济一体化发展趋势及中国的对策［J］. 经济学家，2015（1）：94－104.
② 黄先海，余骁. 以“一带一路”建设重塑全球价值链［J］. 经济学家，2017（3）：32－39.

成的空间结果，促使区域经济协调发展并保持区域分配合理。[①] 区域政策主要分为三类：国家总体发展战略重要组成部分的区域政策，改革开放先行区和试验田的区域政策，针对各类问题区域、特殊功能区域实行的区域政策。[②] 区域政策以控制区域差距、协调区际关系、优化资源空间配置为根本目标。经济全球化重构了国家与地方的关系，为回应国家空间治理据此应如何做出选择，学者们对区域政策实施思路展开了新一轮的研究，焦点在于区域政策实施思路应选择“人的繁荣”的空间中性政策，还是“地区繁荣”的空间干预政策。

空间中性政策的观点认为，不考虑特定地方背景的干预是解决发展应该关乎人员还是地方这一传统两难问题的最优方法。[③] 空间中性最重要的理论假设是空间均衡的存在性，即完全竞争的劳动力和土地市场，以及生产要素的完全流动性。[④] 因此，空间中性政策本质上是一种“人的繁荣”的政策，最有效地提高效率、保证享有平等发展机会以及改善个人生活水平。[⑤] 通过要素自由流动，破除制度障碍，提高市场化程度，以促进人口和经济集聚，最终实现人均收入的空间均匀分布和欠发达地区的趋同增长。2009 年世界银行《重塑世界经济地理》报告认为，经济增长是不平衡的，经济活动的空间均衡分配只会阻碍经济增长，实现经济一体化应当基于无空间的区别机制[⑥]，并提出了一个忽视地理空间因素的“3D−3I”政策分析框架。“3D”即密度、距离和分割，以描述地理空间的特征。[⑦] “3I”即制度、基础设施和空间干预，以解决“3D”产生的问题。首要的是通过制度和基础设施改善促进经济集聚和要素自由流动，以提高个人收入和总体福利水平，空间干预政策只是在此基础上的次优选择。

空间干预政策的观点认为，区域空间存在“失灵”情况，空间均衡在现实中几乎不存在，空间中性政策并不能有效改善特定地区的发展状况和整体福利

---

① 张可云．区域经济政策［M］．北京：商务印书馆，2005.

② 张军扩．中国的区域政策和区域发展：回顾与前瞻［J］．理论前沿，2008（14）：10−13.

③ BARCA F，MCCANN P，RODRIGUEZ − POSE A．The Case for Regional Development Intervention：Place−Based versus Place-Neutral Approaches［J］．Journal of Regional Science，2012，52（1）：134−152.

④ 周玉龙，孙久文．论区域发展政策的空间属性［J］．中国软科学，2016（2）：67−80.

⑤ 丁嵩，孙斌栋．区域政策重塑了经济地理吗？——空间中性与空间干预的视角［J］．经济社会体制比较，2015（6）：56−67.

⑥ 世界银行．2009 年世界发展报告　重塑世界经济地理［M］．北京：清华大学出版社，2009.

⑦ 密度指单位面积的经济总量，反映经济的集中程度。距离是商品、服务、劳务、信息等到达经济聚集中心的距离，指生产要素的集中速度、劳动力的流动程度和物流成本的高低程度。分割指国家之间、地区之间商品、资本、人员和知识流动的限制因素。

水平，只有实施针对特定地区的干预政策才能影响区域发展的路径。[①] 空间干预政策体现出“积极的区域倾斜”特征，差别对待不同类型区域，形成分工合理、优势互补和合作共赢的区域关系。[②] 实施空间干预政策基于以下假设：解释欠发达地区表现欠佳的经济状况，当地贫困的生活水平以及某种类型的市场失灵。[③] 地区异质性和地区间互动是空间干预政策必须考虑的基本要素，地区异质性包括地区特有的地理、文化、制度等内容。由于不考虑地区异质性的空间中性政策通常具有较强的空间效应，反而会降低区域政策实施的效果，因此空间干预政策首先应考虑地区异质性。地区间互动能够促进本地群体和外地人才交流，进而产生新思想和新知识，解决地区发展潜能受到抑制的难题。空间干预政策要将识别与利用本地优势作为促进区域发展的主要工具[④]，完善基本公共服务，增强区域创新能力，发掘落后地区的增长潜力。

区域政策的两种思路最早可以追溯到关于区域福利与国家福利的关系的讨论。温尼克（Winnick）在《地区繁荣与人民富裕：对经济活动地理再分配的福利方面的思考》中最先讨论了这一问题。博尔顿（Bolton）对此进行了系统分析，并指出这两种选择代表了干预思路的冲突，地区繁荣强调需要扶持的落后地区的发展，人民富裕则聚焦于个人的福利而不考虑其地区分布。[⑤] 那么，应该如何对二者进行权衡和取舍？事实上，将二者进行单纯割裂并加以相互替代的做法有失偏颇。正如加西拉佐（Garcilazo）等指出：“强调空间干预政策的作用并不意味着不承认集聚经济的潜在价值或认为经济活动可以均匀分布。”[⑥] 丁嵩和孙斌栋也认为应当超越基于人员抑或地方的争论，区域政策只有在考虑人员以及地方双重依赖时才有可能达到预期目的。[⑦] 可以看到，学者

① MARTIN R, SUNLEY P. The new Economic Geography and Policy Relevance [J]. Journal of Economic Geography. 2011, 11 (2): 357-369.

② 孙久文，原倩. 我国区域政策的“泛化”、困境摆脱及新方位找寻 [J]. 改革，2014 (4): 80-87.

③ NEUMARK D, SIMPSON H. Place-based policies [J]. National Bureau of Economic Research Working Paper, 2014.

④ OECD. Perspectives on Global Development 2014. Boosting Productivity to Meet the Middle-Income Challenge [M]. Paris: Organization for Economic Cooperation and Development, 2014.

⑤ BOLTON R. Place Prosperity versus People Prosperity Revisited: An old Issue with a New Angle [J]. Urban Studies, 1992, 29 (2): 185-203.

⑥ GARCILAZO J, MARTINS J, TOMPSON W. Why Policies May Need to be Place-Based in order to be People-Centered [D]. Unpublished Paper, 2010.

⑦ 丁嵩，孙斌栋. 区域政策重塑了经济地理吗？——空间中性与空间干预的视角 [J]. 经济社会体制比较，2015 (6): 56-67.

们对区域政策实施思路的争论取得了有较多启发性的成果，但从理论到实际总是困难的，仅仅认识二者的理论观点是远远不够的。我国大国特征突出，结合全球化背景下的区域发展实际，分析区域政策的实施思路，无疑具有重要的理论意义和现实意义。

三、我国区域政策的空间选择转换

新中国成立以来，我国在经济发展的不同阶段实施了相应的区域政策，区域政策的两种思路进行单一转换，表现为一种对立运动关系，这种对立运动内生于经济全球化和区域一体化发展的客观需要以及资源配置机制的调整，而区域政策的成功有赖于两种思路的综合协调。要理解这一点，有必要对我国区域政策转换中两种思路对立运动的表现形式进行梳理，剖析其适应于空间选择转换的逻辑。新中国成立以来，区域政策相继经历了“均衡发展—非均衡发展—非均衡协调发展—协调与融合发展”阶段，表现出不同的尺度特征和地域特征（见表1）。

表1　新中国成立以来区域政策空间选择的转换

发展阶段	尺度特征	地域特征	资源配置机制	空间属性
区域均衡发展（1949—1978）	单一尺度：全国“一盘棋”，两大地带，七大经济协作区	各大区域分别建立独立完整的工业体系	政府计划经济	空间干预
区域非均衡发展（1979—1998）	多尺度：梯度开发，沿海经济特区和开放城市	东部地区率先开放，优先发展	开始引入市场机制	空间中性
区域非均衡协调发展（1999—2006）	多尺度：四大板块，国家级新区，改革试验区	向东、中、西、东北的潜力区域集聚发展	进一步完善市场机制	空间干预
区域协调与融合发展（2007—2012）	多尺度：四大板块，主体功能区战略	区域经济优势互补、主体功能定位清晰、国土空间高效利用、人与自然和谐相处	市场基础性作用	空间中性

资料来源：作者整理。

1. 区域均衡发展政策（1949—1978）：空间干预

由于历史和地理因素，内陆地区经济发展严重滞后于沿海地区。为改善生产力布局严重失衡的局面，在考虑区域发展水平一致性和差异性基础上，国家划分了沿海和内地两大经济地带，实施区域均衡发展政策。均衡发展政策强调全国“一盘棋”的单一空间尺度，实现生产力的均衡布局、加强内陆落后地区建设的目标，其空间属性是一种低水平的“空间干预”政策。在两大地带基础上确立了七大经济协作区，各经济协作区根据自身资源禀赋，建立经济中心，形成独立完整的工业体系。随后，国家进一步划分出“三线”地区，投资重点向西南、西北等落后的内陆地区倾斜。均衡发展政策提升了内陆地区的生产力，内陆地区工业产值占全国比重从1949年的28%提升为1978年的36%。

2. 区域非均衡发展政策（1979—1998）：空间中性

由于区域均衡政策导致了经济效率下降，在承认区域经济发展不平衡的客观基础上，国家提出了“沿海和内地两个大局”的发展思路。非均衡发展政策鼓励人们流向能够获得更好生活水平和更多就业机会的东部地区，通过强化东部地区的集聚效应，并推动生产力的梯度转移发挥其扩散效应，实现区域共同发展，实质是一种空间中性政策。东部地区成为资源集聚的热点地区。东部地区的对外开放降低了与世界的分割，吸引了人才、资金和技术的流入，推动我国融入世界经济及参与国际分工的深度，降低了区域间分割和要素流动限制，推动形成“沿海经济特区—沿海开放城市—沿海开放区—内地”的空间梯度格局，一定程度上带动了中西部地区的发展，促进了国民经济的较快增长。

3. 区域非均衡协调发展政策（1999—2006）：空间干预

1990年之后，尽管全国各地区经济保持较快增长，但是区域差距却迅速拉大，东部优先发展的空间中性政策面临“失灵”。在考虑区域差距的基础上，国家进一步缩小区域政策的单元尺度，从东、中、西三大地带转为东、中、西、东北四大板块。2000年党中央、国务院做出了实施西部大开发的战略决策，2002年党的十六大明确提出支持东北地区等老工业基地加快调整和改造；2006年国务院发布了《中共中央国务院关于促进中部地区崛起的若干意见》（中发〔2006〕10号），标志着西部开发、东北振兴、中部崛起和东部率先发展的四大板块正式确立。同时，区域政策还聚焦于老少边穷地区的振兴发展，政策开始向西部地区、民族地区和革命老区倾斜。非均衡协调发展政策实际上是“两个大局”战略思想的继承，对于解决中西部落后问题、东北萧条问题发挥了重要作用。

4. 区域协调与融合发展政策（2007—2012）：空间中性

随着资源环境约束日益加大，人口、资源和环境出现了空间失衡。国家“十一五”规划根据资源环境承载力、现有开发密度和发展潜力，将国土空间划分为优化开发、重点开发、限制开发和禁止开发四类主体功能区。主体功能区把人口和经济对资源环境的承载力纳入国土空间开发中，注重人口、经济和资源环境的空间均衡，其基本思想是关注“人的繁荣”，鼓励限制和禁止开发区的人口向优化和重点开发区集聚，设想通过人口迁移，逐步缩小各地区人均收入水平。[①] 2010 年，国家进一步提出实施区域发展总体战略和主体功能区战略，构筑区域经济优势互补、主体功能定位清晰、国土空间高效利用、人与自然和谐相处的区域发展格局。意在规范空间开发秩序，形成合理的空间开发结构。

综合以上分析，我国在不同阶段实施了相应的区域政策，对经济地理格局产生了重要影响。但是，单一的区域政策思路仍面临以下难题。一是行政性分割、户籍政策导致区域市场分割。要素流动面临有形或无形的障碍，使得流动成本较高、基本公共服务缺失、社会保障不可转移等问题突出，空间中性政策出现“失灵”，难以实现资源优化配置和区域效率最大化的目标。二是忽视空间异质性降低了政策精准性。“地区繁荣”的干预政策是要将空间异质性纳入政策制定过程中，但区域政策的空间尺度过大，对制度、文化、社会等地区异质性考虑不足，缺乏差异化的政策，实现“地区繁荣”目标的效果大打折扣。三是区域平等与空间效率的两难选择。改革开放前的地区均衡政策忽视了经济效率的提升，只是一种“嵌入式”或者“大树单株植入式”的布局，人口和经济并没有出现明显的空间集聚。[②] 改革开放后东部优先发展的政策注重提升空间效率，对区域平等关注不足，空间不平衡较为突出。区域间差距仍然是区域总体差距的决定因素，实现区域平等与空间效率的协调任重道远。

四、坚持空间中性与空间干预并举

从全球空间范围看，经济全球化提高了资本及劳动力的可移动性，我国也在不断地嵌入全球化进程，充分利用全球化发展红利。改革开放以来，我国区域经济发展抓住全球工业革命浪潮和产业全球转移的机遇，大力推进生产要素全球配置。2008 年金融危机后，全球经济格局呈现一些新的变化：技术进步并没有带来更多的就业机会；资源在全球配置过程中产生的路径依赖，深刻影响了我国区域发展空间模式的变化，导致区域经济空间失衡；尤其是 2013 年

---

① 魏后凯．中国国家区域政策的调整与展望［J］．西南民族大学学报，2008（10）：62－65．

② 胡鞍钢，周绍杰，鲁钰锋，等．重塑中国经济地理：从 1.0 版到 4.0 版［J］．经济地理，2015（12）：1－10．

开始经济进入新常态，区域经济空间分化态势愈发明显。因此，应对全球经济空间格局的新变化，主动适应和引领经济新常态，必须科学制定和实施区域政策。

（一）空间中性：融入全球化提升空间配置效率

区域经济有客观的发展规律，从市场机制作用的空间结果来看，区域经济增长在地理空间上存在“极化”现象。空间集聚是全球经济活动最突出的地理特征，人口自由迁移是经济社会发展的客观要求，集聚和迁移则是重塑经济地理的主要动力。相关研究指出，人均 GDP 与经济活动集聚呈现出明显的正相关性，经济活动的空间集聚会提高整体经济效率。① 我国经济活动集聚也呈现出东部最高、中部次之、东北较低、西部最低的空间格局。2015 年，东部和中部以占全国 20％的土地面积聚集了 70％以上的生产总值和 60％以上的人口；十大城市群②以占全国 15％的土地面积，聚集了 62.3％的人口，创造了 79.9％的生产总值，长三角、珠三角和京津冀城市群的经济和人口密度从“中心一外围”由高到低逐渐扩散。因此，发挥市场机制的决定性作用，促进经济集聚和一体化发展，提高要素空间配置效率，实现人口、经济、资源环境的空间均衡。基于此，国家提出了“4＋3”区域总体发展战略，从经济地理的“3D”框架考察，其本质是一种空间中性政策（见表 2），核心是拓展我国经济发展空间，重塑我国经济地理格局，实现东部和中西部的协调发展和一体化发展，构建全球产业分工和产业转移新模式。密度方面，通过促进经济和人口集聚程度，提高人口的市场接近程度，改善总体经济增长。距离方面，随着交通通信基础设施的互联互通，缩短了中西部地区对外的时空距离，改善了中西部的经济区位和市场可达性。分割方面，实现区域间资源优势互补、基础设施共享和地区市场共建，降低区域间市场分割。因此，回应全球化发展新要求和区域经济发展客观规律，推动集聚和一体化，提升要素空间配置效率，实施空间中性政策成为必然的选择。

---

① 世界银行. 2009 年世界发展报告　重塑世界经济地理［M］. 北京：清华大学出版社，2009.

② 十大城市群分别是长三角城市群、珠三角城市群、京津冀城市群、山东半岛城市群、海峡西岸城市群、长江中游城市群、中原城市群、成渝城市群、哈长城市群、辽中南城市群。

表 2　“4+3”区域总体发展战略的空间属性

“3D”框架	具体目标	根本目标
密度	依托重点城市群和经济区，发挥各地区比较优势，优化产业结构，提升城镇化水平，提高人口密度和经济密度	推动区域可持续发展，塑造要素有序自由流动，主体功能约束有效，基本公共服务均等，资源环境可承载的区域协调发展新格局
距离	实现基础设施互联互通，缩短时空距离；实行贸易自由化，降低关税税率，通关便利化等，进一步缩短非物理距离	
分割	促进经济要素有序自由流动，资源高效配置和市场深度融合；实现更大范围、更高水平、更深层次的区域合作	

资料来源：作者整理。

（二）空间干预：地区意识增强促使关注区域繁荣

经济全球化重构了传统的“国家一地方”关系，区域在国家融入全球化进程中发挥越来越重要的作用，地区意识开始增强。地区意识是具有区位特点且能产生正外部性的无形资产①，使得该地区对目前已有的和打算迁移至该地的要素产生吸引力，其实质是认识经济发展效率的区域特征，是一种兼顾整体与局部利益的区域主义。由于市场的不完善，区域发展面临路径锁定、制度约束、流动成本较高等限制，单纯鼓励要素向发展机会更好的地区迁移的空间中性政策并不能完全达到预期效果，针对“地区繁荣”的空间干预政策理应受到重视。空间干预政策的目的是为问题区域创造经济发展的机会，保证区域能够共享经济发展成果，提高区域自我发展能力，从而增强区域的正外部性。由于地理区位、社会人文和历史基础等因素的影响，区域间存在较大差距，问题区域普遍面临基础设施滞后、贫困人口密度大、远离经济发展机会等难题，而空间干预政策内含破解问题区域中存在的各类问题的功能，是实施空间干预政策的基本依据。因此，在保证实现国家战略性全局性的同时，区域政策应充分考虑地理、文化、历史等区域因素，重视地方发展诉求，调动地方的积极性和主动性，最终实现各地区人民共同繁荣富裕的目标。2013 年以来，国家密集批复通过了诸多针对具体地区的空间干预政策（见表 3），政策目标从经济发展的单一维度转向兼顾经济、环境、社会和生态的多维度发展，反映了国家注重区域发展的包容性和协调性。在国家和地方两种动力作用下，地方根据自身发展需要寻找新的发展方向，并通过提升地方积极性促进国家和地方良性互动发展。

① 张可云. 区域经济政策［M］. 北京：商务印书馆，2005.

表 3 针对特定地区的空间干预政策

政策类型	政策名称
国家级新区	陕西西咸、贵州贵安、青岛西海岸、大连金普、四川天府、湖南湘江、南京江北、福建福州、云南滇中、黑龙江哈尔滨、吉林长春、江西赣江、河北雄安等新区
改革试验区	综合配套改革试验区：汕头市华侨经济文化合作试验区、黑龙江省“两大平原”现代农业综合配套改革试验区
	自由贸易试验区：上海、广东、天津、福建、辽宁、浙江、河南、湖北、重庆、四川、陕西等自贸区
	开发开放试验区：广西凭祥、广西东兴、云南瑞丽、内蒙古满洲里、内蒙古二连浩特
区域规划	东部：《苏南现代化建设示范区规划》《浙江舟山群岛新区发展规划》等
	中部：《中原经济区规划》《长江中游城市群发展规划》《大别山革命老区振兴发展规划》《洞庭湖生态经济区规划》《长株潭城市群区域规划》
	西部：《陕甘宁革命老区振兴规划》《天山北坡经济带发展规划》《成渝经济区成都城市群发展规划》《成渝经济区南部城市群发展规划》
	东北：《辽宁沿海经济带发展规划》《中国图们江区域合作开发规划纲要》《千岛湖及新安江上游流域水资源与生态环境保护综合规划》
	跨区域：《全国老工业基地调整改造规划》《左右江革命老区振兴规划》《赣闽粤原中央苏区振兴发展规划》《沿边地区开发开放规划》

资料来源：作者整理。

（三）空间中性+空间干预：兼顾平等与效率的普惠发展

实现区域协调发展是重塑我国经济地理的核心内容。我国大国特征和区域异质性突出，经济地理呈现明显的“中心–外围”结构，区域发展始终面临实现空间效率与区域平等两大目标的协调问题，这也考验着国家的区域空间治理能力。提升空间效率表明尊重要素向优势区位集聚发展的客观规律，从而促进国家整体的空间效率最大化；实现区域平等则是为了确保发展成果得到最大程度的共享，因此需要缩小区域内部以及区域之间的不均等。那么，区域平等与空间效率到底是并行不悖还是相互冲突，即在通过集聚提升空间效率的同时，是否必然会导致区域不平衡？实际上，仅仅依靠空间中性政策或空间干预政策均不能有效解决此问题，前者忽视了地区意识和特有的地理背景从而降低了政策的精准性，后者也存在资源空间配置效率和总体空间效率损失的风险。本质上看，空间中性政策提倡以制度的完善直接促进要素流动和经济集聚，而空间干预政策发挥效果的前提是要素流动不充分和市场不完善，考虑区域异质性以直接促进地区繁荣，从这一逻辑理解二者是相辅相成的关系，实现发展普惠性和社会公平性是共同目标。兼顾两种政策思路，不仅有利于发达地区实现创新发展，提升其竞争力，还有利于欠发达地区引入市场机制，加速市场化进程。因此，实施“空间中性+空间干预”的政策组合，完善要素自由流动的条件，科学实施空间干预政策，在集聚中实现协调发展，既提高了整体空间效率，又实现了地区间人均收入水平趋同。这也印证了世界银行《2009 年世界发展报告 重塑世界经济地理》的核心观点：不平衡的经济增长与和谐性发展可以并行不悖，相辅相成。

五、结论与政策含义

经济全球化深刻影响了区域空间发展模式。调整区域政策的实施思路，积极融入全球化进程，是我国区域经济发展取得较大成功的重要经验。针对区域政策实施思路的分析表明，有效的区域政策既要重视经济活动集聚带来的规模效益，还要考虑区域异质性因素，重视地区繁荣发展。顺应全球化和新常态大势，主动调整区域政策的空间选择，不仅是当务之急，更是明智之举。未来区域政策应兼顾空间中性和空间干预两种思路，建立开放、包容、均衡、普惠的政策架构，实现“人的繁荣”和“地区繁荣”两大目标的协同推进。

1. 提升一体化发展水平，促进要素有序自由流动

优化经济地理格局的核心是“以人为本”，使经济社会发展成果惠及全体人民。经济活动在空间上的集聚是区域经济发展的客观规律，人口流向发展条件较好的地区是要素空间配置的基本规律之一。缩短与经济集聚地区的距离可以改善人们的福利水平，人口流动则是强化集聚经济、促进生活水平趋同的最自然的机制。区域政策应破除劳动力、资本、技术等要素区域间自由流动的制度障碍，降低要素地区分割和流动成本。进一步推进户籍、土地和社会保障制度的改革，建立健全城乡一体化制度，为人口流动创造宽松的政策环境。取消户籍限制将优化劳动力的空间配置，缩小工资差距，降低收入不平等①，促使人们更接近经济机会较多的发达地区，逐步缩小地区间基本公共服务差距。

---

① WHALLEY J，ZHANG S. A Numerical Simulation Analysis of (Hukou) Labour Mobility Restrictions in China [J]. Journal of Development Economics，2007，83 (2)：392—410.

2. 改善区域市场准入，实现区域协调协同发展

着力加强交通基础设施建设，推动形成以沿海沿江沿边经济带为骨架，以各级增长极为节点的经济轴带网络体系，适度平衡人口与经济的空间距离和密度，真正实现区域经济地理格局的优化。通过基础设施互联互通，发挥经济集聚优势，增强核心区域的扩散效应。同时，扩大中西部欠发达地区对外联系，缩短与东部发达地区的经济距离，改善欠发达区域的市场准入进而提升经济活动密度，最终形成“经济距离缩短→资源要素集中→市场准入提高→区域协调协同发展”的良性循环。正如世界银行《中国推动公平的经济增长　中国国家经济备忘录》中提出的“建立一个有效的、灵活的国内统一市场……只有这样，才能让经济增长果实惠及中、西部地区，实现中国经济的可持续增长”①。

3. 实施差异化区域政策，提高政策精准性和有效性

区域经济空间分化包括两个方面：一是由劳动力、技术等经济因素产生的经济活动集聚差异；二是由制度、文化、历史背景等区域固有因素导致的区域发展差异。我国区域异质性特征突出，国家空间治理目的存在多样性，需要对不同区域的发展定位、资源禀赋、产业布局进行识别，注重区域协调发展，重视特定区域发展短板，避免区域政策的“一刀切”。可按照“分类指导”原则，明确区域政策作用的空间尺度，建立“战略区域—跨省区域—省内跨市区域—单一行政区域”的尺度体系，实施根植于区域资源禀赋、社会文化、历史背景的差异化政策。尤其是针对问题区域，重点增强其内生发展能力，真正提高政策的精准性和有效性。

---

① 世界银行. 中国推动公平的经济增长　中国国家经济备忘录［M］. 北京：清华大学出版社，2004：43－50.

长江经济带空间分异特征及协调发展策略研究*

黄　勤　林　鑫①

摘　要： 长江经济带建设是一个涉及流域综合开发、区域协调发展、产业布局、综合交通建设以及生态安全保障的系统工程，长江经济带空间分异具有多元、复杂的特征。本文运用主成分分析法和耦合协调度模型，对经济密集性、交通支撑性、对外开放性、创新驱动性和发展持续性进行综合评价和五个维度之间的耦合协调性评价，表明：长江经济带11个省（市）区域发展悬殊，"三个梯队""四大类型"空间分布与上、中、下游"三个流段"基本一致，但不完全重叠，整体上呈现"东高西低"，却并非按上、中、下游依次递增。推进长江经济带协调发展，既要顺应流域的自然规律，又要根据空间分异特征实施差异化策略，特别是要加强对"第三梯队"的政策扶持。

关键词： 长江经济带；流域开发；区域差异；耦合协调

一、问题的提出

依托长江黄金水道构建长江经济带，是我国拓展区域发展新空间的重大战略，2014年国家出台《国务院关于依托黄金水道推动长江经济带发展的指导意见》，党的十八届五中全会进一步明确，长江经济带建设与"一带一路"建设、京津冀协同发展，共同发挥引领作用，形成我国沿海沿江沿线经济带为主的纵向横向经济轴带。

---

* 基金项目：四川省社会科学重点研究基地——西部交通战略与区域发展研究中心资助项目"四川沿江开发与区域协调发展研究"（XJQ006）。

① 作者简介：黄勤，四川大学经济学院副教授，研究领域为区域经济、产业经济、资源环境经济。

林鑫，四川大学经济学院硕士研究生，专业方向为区域经济。

长江经济带横跨东、中、西三大地带，自然环境多变，发展水平悬殊，长江经济带建设，是一个涉及流域开发、区域协调、产业布局、交通建设和生态安全的系统工程，带内的区际关系及各子系统之间的协调耦合程度，决定着经济带建设的质量和水平。研究长江经济带区域之间的差异性和区域内部各维度间的协调性，既是新时期依托长江黄金水道推进长江经济带发展的重要内容，也是经济带建设的内在要求。

从学术研究来看，长江经济带最初的设想始于20世纪80年代，当时的研究主要是探讨经济带的重大意义、战略定位、形成机理以及发展思路等比较宏观的问题，如陆大道①、宋家泰等②。20世纪末，结合西部开发战略，学者们更关注西部地区如何借助长江水运实现开发和开放，如汪海③、邓玲④等。2014年长江经济带建设上升为国家战略后，对长江经济带的研究再掀高潮，研究内容涉及长江经济带的产业发展、空间结构、区域差异、城镇化、生态环境和综合交通等多个方面⑤，研究方法更加注重定量与定性分析相结合。但是，这些研究大多只是以长江经济带为对象，将区域一体化、新型工业化、新型城镇化、城市群等研究的一般框架和方法移植进来，并没有针对长江经济带的本质特征和内在属性来设计评价体系；同时，区域差异研究也主要是三大流段之间的区际差异，而对区域内部的协调性问题很少涉及。可见，长江经济带研究虽然时间比较长，成果较多，但对长江经济带的认识还比较“片面化”“碎片化”，迫切需要从理论上厘清长江经济带的本质特征、功能属性，还原其多元复杂性，在此基础上开展定量评估和定性分析。

二、长江经济带的多元复杂性

深刻认识长江经济带的多元复杂性，是客观评价长江经济带建设的基础。长江经济带，既具区域经济和流域经济的系统功能，又是一种带状空间组织和交通运输指向布局的空间结构。从系统功能来看，长江经济带是一个区域经济

---

① 陆大道. 我国区域开发的宏观战略［J］. 地理学报，1987（2）：97－105.

② 宋家泰，顾朝林，顾新华等. 长江大流域经济开发战略［J］. 地理学与国土研究，1987（4）：3－11.

③ 汪海. 构筑西部大开发的战略主通道——长江沿江铁路和综合交通走廊［J］. 社会科学研究，2000（6）：55－58.

④ 邓玲. 长江上游经济带建设与推进西部大开发［J］. 社会科学研究，2002（2）：40－44.

⑤ 邹辉，段学军. 长江经济带研究文献分析［J］. 长江流域资源与环境，2015（10）：1672－1682.

系统，具有地域性、整体性、综合性、自组织性等区域经济系统的一般特征，同时它又是依托大江大河发育生长的特殊区域经济——流域经济，具有区段差异性、网络层次性、天然开放性等流域经济的特点，而且，经济和产业活动必然与水息息相关，以水资源综合利用为基础的“涉水”经济系统是长江经济带建设的特色所在。从空间形态来看，长江经济带既是典型的带状空间组织，又是一种交通运输指向的经济布局，作为带状空间组织，长江经济带是具有一定宽度和长度且宽度远远小于长度的一种空间形状，具有不同于“块”“圈”“群”等空间形态的特征，经济活动在空间上呈“带状”集中分布；同时，内河经济带又是历史最悠久的一种交通运输指向的经济布局形态，以内河航运为基础的沿江综合交通体系是经济带建设的重要支撑。[①] 此外，从经济带的演进历程看，利用河流自然形成的优势，经济布局与江河主航道这一天然基础设施束结合，经济和社会设施的布局与交通、水、岸线等资源耦合而成的经济集聚体，本身就蕴含了人与自然和谐共生的生态文明思想。这个意义上讲，建设长江经济带，不仅是要建成一条与流域资源禀赋相适应的优势产业带，更是要展现一个经济活动顺应自然规律和河流演变规律的生态文明示范空间。生态文明建设也是经济带建设的题中之义（见图 1）。

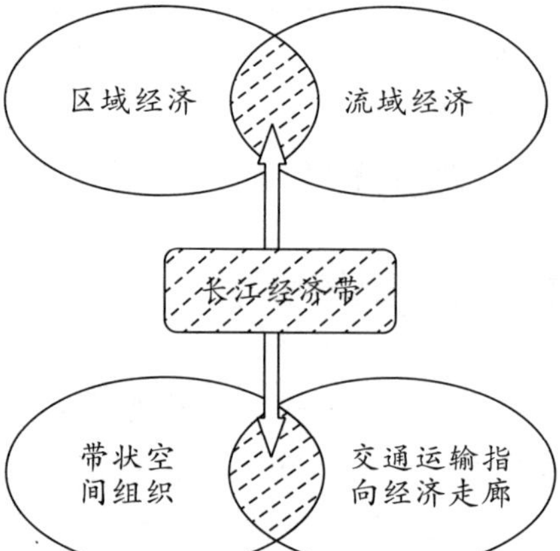

图 1　长江经济带的多元复杂性

① 黄勤. 论内河产业带的空间结构、空间演进及空间效应［J］. 四川大学学报（哲学社会科学版），2015（2）：132-139.

三、长江经济带建设评价体系

（一）评价体系构建

长江经济带的多元复杂性决定了长江经济带建设评价体系设计既要体现区域经济的共性，更要突出流域经济、带状空间等特有的表征，体现交通支撑、生态文明等特有的要求。

已有的研究也为我们提供了借鉴和启迪。20 世纪 80 年代“长江产业带建设的综合研究课题”提出了沿江产业集中度与规模、沿江人口与城市集聚度及相互联系紧密度、河道运输量、港口吞吐量、沿江快速陆路通道建设状况、沿江经济在国内外的地位及对周边地区的带动作用等指标，是最早构建的长江产业带建设评价框架。此后，虞孝感、王合生、崔大树[①]，魏后凯、蒋媛媛[②]提出了长江经济带建设的内容和任务，《长江经济带的战略要素：11 省（市）证据》[③] 认为，长江经济带建设的要素包括立体交通网络建设、产业布局、生态安全保障、区域联动发展。2014 年，国家出台了《国务院关于依托黄金水道推动长江经济带发展的指导意见》从长江黄金水道建设、综合立体交通走廊建设、产业转型、新型城镇化、对外开放、绿色生态廊道、区域协调体制机制等七个方面，明确了长江经济带建设的内容和任务，体现了长江经济带建设的科学内涵，并赋予长江经济带建设新的历史使命，为构建长江经济带建设评价体系提供了指导。(见表 1)

表 1　关于长江经济带建设内容及评价指标的研究

学术研究和国家文件	建设内容/任务/评价体系
长江产业带建设的综合研究课题（1988）	沿江产业集中度与规模、沿江人口与城市集聚度及相互联系紧密度、河道运输量、港口吞吐量、沿江快速陆路通道建设状况等

① 虞孝感，王合生，崔大树. 长江经济带发展的态势分析［J］. 长江流域资源与环境，1999（1）：1—8.

② 魏后凯，蒋媛媛. 长江流域地区开发规划：现状与展望［J］. 学习与实践，2009（11）：5—14.

③ 改革杂志社专题研究部. 长江经济带的战略要素：11 省（市）证据［J］. 重庆社会科学，2014（5）：5—14.

续表1

学术研究和国家文件	建设内容/任务/评价体系
虞孝感等（1999）	经济活力与竞争力、政府政策、产业结构、基础设施、对外开放、社会发展、资源环境
沈玉芳等（2000）①	综合经济实力、产业结构、空间结构、居民生活水平
魏后凯等（2009）	经济增长、产业结构、对外开放、地方财力
范建伟（2011）②	人口密度、经济密度、外向程度、投资强度
改革杂志社专题研究部（2014）	立体交通网络建设、产业布局、生态安全保障、区域联动发展
《国务院关于依托黄金水道推动长江经济带发展的指导意见》（2014）	长江黄金水道建设、综合立体交通走廊建设、产业转型、新型城镇化、对外开放、绿色生态廊道、区域协调体制机制

据此，本文从经济密集性、交通支撑性、对外开放性、创新驱动性和发展持续性等5个维度构建了长江经济带建设的评价体系（见表2）。

表2　长江经济带建设评价维度

子系统	作用和含义
经济密集性	经济要素的“带状”密集性以及产业活动的重要性和整体性等是经济带特有的标志，体现了经济带的整体规模和综合实力
交通支撑性	内河经济带发轫于交通运输指向，以内河航运为基础的沿江综合交通体系对经济带建设发挥着支撑和引领作用
对外开放性	水运天然开放，通江达海，联通国际国内两个市场，加强长江黄金水道在我国对外开放格局中的战略作用，是长江经济带建设的重要任务
创新驱动性	长江经济带产业转型升级、经济提质增效的根本动力在于创新，创新驱动是新时期长江经济带建设的重要内容
发展持续性	生态文明建设是长江经济带建设的题中之义

（二）指标选择

评价体系中每一个维度又包括若干具体的指标，遵循科学性、全面性、针

① 沈玉芳，罗余红. 长江经济带东中西部地区经济发展不平衡的现状、问题及对策研究［J］. 世界地理研究，2000（2）：23－30.

② 范建伟，李超. 长江经济带区域合作的经济学分析——基于空间经济联系与结构形态视角［J］. 中国外资，2011（20）：12－14.

对性和可得性等原则，本文选择的指标如下（见表 3）。

表 3　长江经济带建设的评价指标体系

维度	一级指标	二级指标	变量	属性	单位
经济密集性	经济密度	GDP 增长率	V1	正向	%
		地均生产总值	V2	正向	亿元/平方公里
		地均工业增加值	V3	正向	亿元/平方公里
		地均固定资产投资	V4	正向	亿元/平方公里
		人均社会商品零售总额	V5	正向	元/人
		人均城乡居民存款余额	V6	正向	元/人
		人均地方财政一般预算收入	V7	正向	元/人
	产业结构	第二产业增加值/国内生产总值	V8	正向	%
		第三产业增加值/国内生产总值	V9	正向	%
	城市密度	每万平方公里地级及以上城市数量	V10	正向	个
	人口密度	每平方公里人口数	V11	正向	人/平方公里
交通支撑性	水运支撑	高等级航道通行里程/内河航道通航里程*	V12	正向	%
		水路货运量/内河航道通航里程	V13	正向	万吨/公里
		港口货运吞吐量**	V14	正向	万吨
	综合交通	水路货运量/总货运量	V15	正向	%
		铁路货运量/总货运量	V16	正向	%
		公路货运量/总货运量	V17	正向	%
		铁路密度	V18	正向	公里/百平方公里
		公路密度	V19	正向	公里/百平方公里
对外开放性	外贸开放	进出口贸易额	V20	正向	亿美元
		进口依存度	V21	正向	%
		出口依存度	V22	正向	%
	投资开放	实际利用外资总额	V23	正向	亿美元
		外资投资占固投比重	V24	正向	%
		自贸区、保税区数量	V25	正向	个
	社会开放	接待国际游客	V26	正向	百万人次
		国际旅游外汇收入	V27	正向	百万美元

续表3

维度	一级指标	二级指标	变量	属性	单位
创新驱动性	技术创新	R&D经费支出占国内生产总值比重	V28	正向	%
		规模以上工业企业R&D开发新产品经费占主营业务收入比重	V29	正向	%
		万人发明专利授权量	V30	正向	项/万人
		技术市场成交额	V31	正向	亿元
		综合科技进步指数***	V32	正向	
		高新技术产业化指数****	V33	正向	
发展持续性	资源利用	开发强度	V34	正向	%
		万元国内生产总值能耗	V35	负向	吨标准煤/万元
		万元国内生产总值水耗	V36	负向	立方米/万元
		万元工业增加值能耗	V37	负向	吨标准煤/万元
		万元工业增加值水耗	V38	负向	立方米/万元
	环境保护	单位工业增加值二氧化硫排放量	V39	负向	吨/亿元
		单位工业增加值废水排放量	V40	负向	吨/亿元
		单位工业增加值工业固体废物产生量	V41	负向	吨/亿元
		生活垃圾无害化处理率	V42	正向	%
	生态建设	森林蓄积量	V43	正向	亿立方米
		自然保护区面积/总面积	V44	正向	%
		人均城市绿地面积	V45	正向	公顷/人
		建成区绿化覆盖率	V46	正向	%

注：表中标有上标*的二级指标表示：由于2013年高等级航道里程数据缺失，因此高等级航道通行里程/内河航道通航里程均采用2012年数据；标有上标**的二级指标表示：由于2013年港口货运吞吐量数据缺失，因此港口货运吞吐量均采用2012年数据；标有上标***的二级指标表示：综合科技进步指数来自科技部网站《全国及各地区科技进步统计监测结果》；标有上标****的二级指标表示：高新技术产业化指数来自科技部网站《全国及各地区科技进步统计监测结果》。

四、评价方法、数据来源和评价结果

根据以上体系和指标，本文以《国务院关于依托黄金水道推动长江经济带发展的指导意见》（国发〔2014〕39号）划定的九省二市为评价对象，即上海、江苏、浙江、湖北、湖南、安徽、江西、四川、重庆、云南、贵州。评价方法和结果如下。

（一）评价方法

评价分为两步：第一步，运用主成分分析法对 11 个省（市）推进经济带建设进行综合评价并排序；第二步，通过构建“耦合协调模型”，对 11 个省（市）内部 5 个维度的协调性进行评价、分级。

第一步：运用主成分分析法对 11 个省（市）进行综合评价并排序。

首先，用统计分析软件 SPSS 20.0 对原始数据进行标准化处理，以消除指标之间的量纲影响。其次，对 5 个维度标准化后的数据分别进行主成分分析，求出协方差矩阵和特征值，根据累计方差贡献率求得主成分个数和初始因子载荷矩阵，进而得到确定权重，最终计算出经济密集性得分、交通支撑性得分、对外开放性得分、创新驱动性得分、发展持续性得分。第三，将这 5 个维度的主成分得分，作为原始变量再进行一次主成分分析，得到综合得分并进行排序。

第二步：对 11 个省（市）内部 5 个维度的协调性进行评价、分级。

耦合协调度是指对系统或运动形式间在相互作用、彼此影响过程中协调状况质量水平的定量测度，是用来描述系统从无序到有序的趋势。[①] 本文在廖重斌[②]研究基础上，参考刘定惠、杨永春，李国敏、匡耀求、黄宁生等[③]的方法，构建了长江经济带建设 5 个维度之间的耦合度模型。

$$C = \frac{5\left(\prod_{i=1}^{5} F_i\right)^{\frac{1}{5}}}{\sum_{i=1}^{5} F_i}$$

耦合度 C 实质上是经济密集性、交通支撑性、对外开放性、创新驱动性、持续发展性等 5 个维度之间，几何平均值与算数平均值之比。但耦合度模型只能说明相互作用的强弱，无法反映整个系统的协调发展水平。因此，为了更好

---

① 刘定惠，杨永春．区域经济－旅游－生态环境耦合协调度研究——以安徽省为例［J］．长江流域资源与环境，1999（19）：171－177.

② 廖重斌．环境与经济协调发展的定量评判及其分类体系［J］．热带地理，1999（2）：171－177.

③ 李国敏，匡耀求，黄宁生，等．基于耦含协调度的城镇化质量评价：以珠三角城市群为例［J］．现代城市研究，2015（6）：93－100.

地评价长江经济带区域发展的耦合协调程度，本文引入耦合度协调模型。

$$D = \sqrt{C \cdot T}$$

$$T = a \cdot F_1 + b \cdot F_2 + c \cdot F_3 + d \cdot F_4 + e \cdot F_5$$

其中，C 为耦合度，D∈［0，1］为耦合协调度，T 为区域综合评价指数，F_i（i=1，2，……5）为各维度的得分，a、b、c、d、e 分别为各维度的权重值，由于上文通过主成分分析法已计算出各省（市）综合得分 F，将其化为 F′∈［0，1］即为 T。

（二）数据来源和处理

本文采用的数据全部来自中国统计年鉴、各省（市）统计年鉴、中国交通统计年鉴、中国能源统计年鉴。鉴于可得性，除特别说明外，所有数据均为 2013 年数据。并对万元 GDP 能耗、水耗、万元工业增加值能耗、水耗、单位工业增加值的二氧化硫排放量、废水排放量、工业固体废物产生量等 7 个逆向指标，采用加负号进行正向化处理。

（三）评价结果

运用主成分分析法，长江经济带 11 个省（市）综合评价结果见表 4。①

表 4　长江经济带 11 省（市）综合评价得分

省（市）	经济密集性		交通支撑性		对外开放性		创新驱动性		发展持续性		综合	
	得分（F_1）	排名	得分（F_2）	排名	得分（F_3）	排名	得分（F_4）	排名	得分（F_5）	排名	得分（F）	排名
上海	100.0	1	89.8	1	78.9	1	97.0	1	55.4	1	98.8	1
江苏	51.4	3	36.8	6	78.7	2	72.2	2	53.4	2	65.7	2
浙江	51.6	2	49.5	2	56.7	3	47.9	3	52.2	3	57.2	3
重庆	24.9	9	47.0	3	33.6	4	36.2	5	46.2	5	38.7	4
湖北	31.7	4	40.3	5	23.4	7	43.1	4	32.7	6	32.9	5
安徽	31.1	5	45.8	4	25.1	6	28.8	7	31.0	8	30.7	6
四川	26.1	8	13.2	10	26.6	5	32.1	6	49.2	4	28.5	7

① 由于最后得分都是标准化系数，有正、负，为了更直观地表达，本文将最后得分转换为百分制形式。转换后得分=（原始得分+B）×A，其中 A=99/（最大值−最小值），B=（1/A）−最小值。

续表4

省(市)	经济密集性		交通支撑性		对外开放性		创新驱动性		发展持续性		综合	
	得分(F_1)	排名	得分(F_2)	排名	得分(F_3)	排名	得分(F_4)	排名	得分(F_5)	排名	得分(F)	排名
湖南	28.2	6	30.0	7	23.2	8	22.7	8	32.0	7	34.2	8
江西	26.6	7	23.5	8	20.1	10	9.8	9	27.1	9	16.6	9
云南	16.2	11	19.2	9	22.7	9	7.7	10	18.1	10	9.8	10
贵州	16.4	10	9.1	11	15.1	11	6.7	11	6.8	11	1.0	11

将数据带入耦合协调模型，得出长江经济带11省（市）耦合协调度，并进行评价值分级，结果见表5。

表5 长江经济带11省（市）内部5个维度耦合协调度

省（市）	耦合协调度	评价值分级
上海	0.98	协调耦合（可接受区间）
江苏	0.80	
浙江	0.76	
重庆	0.61	相对协调（勉强接受区间）
湖北	0.57	
安徽	0.55	
四川	0.51	
湖南	0.49	失调衰退（不可接受区间）
江西	0.39	
云南	0.30	
贵州	0.10	

五、长江经济带空间分异的特征

对上述评价结果进行聚类，并与流段的自然划分相比较，我们发现从经济带建设的整体性、系统性来看，长江经济带11个省（市）的空间分异明显，但并非简单地呈现“东高西低”“下（游）强上（游）弱”，而出现了较为明显的“逆袭”和“掉队”。长江经济带空间分异具有复杂性。

（一）“三个梯队”发展悬殊，第三梯队发展滞后

根据表 4，长江经济带综合评分从高到低分别为上海、江苏、浙江、重庆、湖北、安徽、四川、湖南、江西、云南、贵州，其排序见图 2。

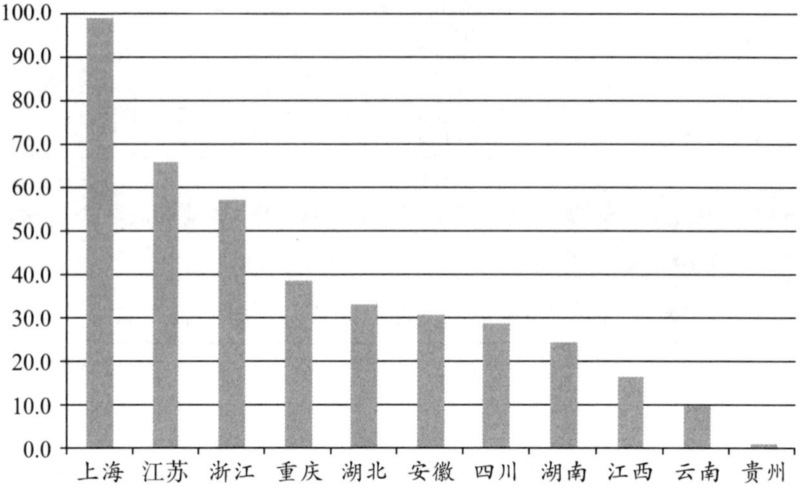

图 2　长江经济带 11 个省（市）综合评分排序

运用 SPSS20.0 对上述结果进行聚类，聚类方法采用离差平方和法（Ward 法），得到聚类树状图（见图 3）。

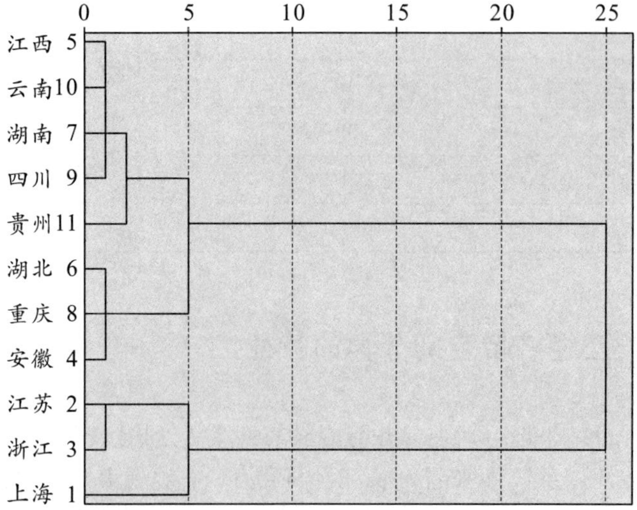

图 3　长江经济带 11 省（市）聚类树状图

结果表明，11 个省（市）可分为“三个梯队”（见表 6，图 3)：上海、江苏、浙江为“第一梯队”，重庆、湖北、安徽属于“第二梯队”，四川、湖南、江西、云南、贵州位列“第三梯队”。“三个梯队”之间发展差距较大，“第一梯队”之首的上海综合得分是“第三梯队”排名最后的贵州的近 100 倍，巨大的悬殊远远大于二者经济发展水平的差距（上海人均 GDP 是贵州的 3.7 倍)。“三个梯队”人均 GDP 从高到低分别为81038.60元、41961.80元、33775.70元，其中，“第一梯队”是“第三梯队”的 2.4 倍，而且，长三角在长江经济带的龙头地位十分突出，“第一梯队”两省一市以面积和人口分别占长江经济带 11 个省（市）的 10.27%和 27.20%，创造了 45.25%的地区生产总值，而“第三梯队”的面积、人口占长江经济带的比重分别高达 69.87%、47.31%，地区生产总值贡献仅为 32.80%。

表 6　基于综合评价的长江经济带空间分异

	“第一梯队”	“第二梯队”	“第三梯队”
省（市）	上海、江苏、浙江	重庆、湖北、安徽	四川、湖南、江西、云南、贵州
区位	全部位于长江下游	大部分位于长江中游	主要位于长江上游
人均 GDP	75276.4	34331.3	33253.9
区域面积占比	10.27%	19.86%	69.87%
区域人口占比	27.26%	25.45%	47.30%

（二）“三个梯队”和“三个流段”基本一致，但不完全重叠

基于综合评分聚类的“三个梯队”与按照上、中、下游的“三个流段”相比①，我们发现：一方面，“三个梯队”与“三个流段”基本一致，“第一梯队”——上海、江苏、浙江，全部位于长江下游的长三角地区，“第二梯队”——重庆、湖北、安徽，主要是长江中游省区，“第三梯队”——四川、湖南、江西、云南、贵州，主要是长江上游省区。整体上看，长江经济带综合评价空间分异呈现“自上而下”递增、“东高西低”的特点。

另一方面，“三个梯队”与“三个流段”又不完全重叠。“第二、三梯队”的区域与中、上游地区并不是一一对应，地处上游的重庆位居“第二梯队”之首，而湖南、江西等中游省区在综合评分中只属于“第三梯队”，安徽在《国

① 本文对长江流段的划分是：下游地区包括上海、江苏、浙江，中游地区包括安徽、江西、湖北、湖南，上游地区包括重庆、四川、云南、贵州。

务院关于依托黄金水道推动长江经济带发展的指导意见》中被划为下游地区，实际上，从其综合评分结果只属于“第二梯队”。可见，从经济带建设的整体性来看，11个省（市）的区域差异并非按长江流向由上到下梯度增加，而出现了较为明显的“逆袭”和“掉队”。事实上，即使按照“人均GDP”单项指标计算，长江经济带的经济势差也不完全是上、中、下游依次递增（见图4），上游的重庆仅次于长三角地区，而江西、安徽等中游省区则远远落后于川渝地区。无论是从单项经济指标还是综合评价结果，长江经济带的空间分异都不是简单地按上、中、下游依次递增。因此，推进长江经济带建设，不能完全按传统的上、中、下游制定差异化政策。

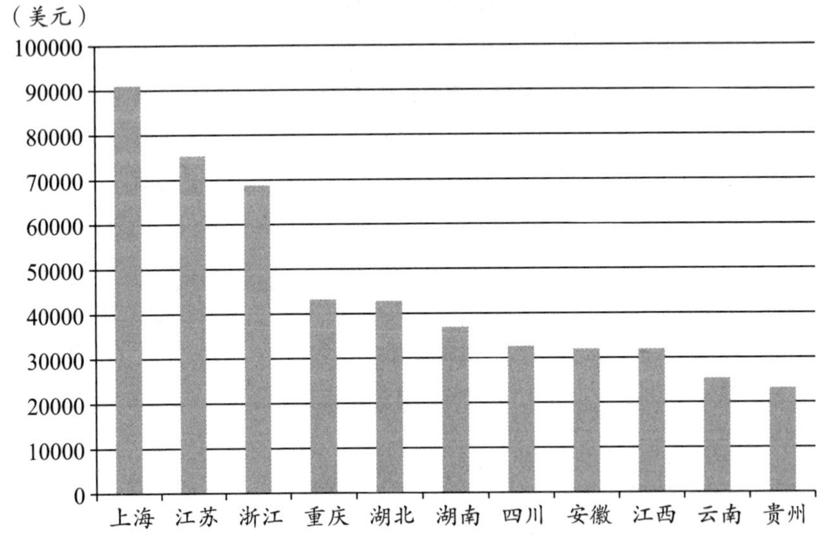

图4　长江经济带11个省（市）人均GDP排序

（三）“双低”与“双高”并存

根据表5，11个省（市）可分为三类：耦合协调度在0.7～1.0为协调耦合型，耦合协调度在0.5～0.6区间的为相对协调型，耦合协调度小于0.5的为失调衰退型。将基于协调耦合度的“三种类型”与基于综合评价的“三个梯队”相组合，可得到长江经济带11个省（市）差异性评价矩阵（见表7）。

表 7 长江经济带 11 个省（市）空间分异评价矩阵

	“第一梯队”	“第二梯队”	“第三梯队”
协调耦合（0.7～1.0）	上海、浙江、江苏		
相对协调（0.5～0.6）		重庆、湖北、安徽	四川
失调衰退（<0.5）			湖南、江西、云南、贵州

可见，“三种类型”呈现的空间分异与“三个梯队”基本一致，即内部协调程度的区域差异与综合评分的区域差异基本吻合，5 个维度整体性评价高的区域，5 个维度之间的协调耦合度也高，整体性评价低的区域，内部协调耦合度也较低，发展整体性与内部协调性评价“双高”与“双低”并存，由于最初的优势（劣势）引发的累积正（负）效应十分明显。

（四）耦合协调视角下空间分异表现为“四大类型”区

因为“相对协调类”既有“第二梯队”区域，也有“第三梯队”的四川，所以，根据空间分异评价矩阵，长江经济带 11 个省（市）应分为 4 种类型——协调发展型、相对协调型、低水平相对协调型和低水平失调型。“协调耦合+第一梯队”为协调发展型，包括上海、江苏、浙江；“相对协调+第二梯队”为相对协调型，指重庆、湖北、安徽；“相对协调+第三梯队”，只有四川，为低水平相对协调型；湖南、江西、云南、贵州 4 省，整体性评价和内部耦合度“双低”，为低水平失调型。

1. 协调发展型

上海、江苏、浙江两省一市，位于长江下游的长三角地区，得益于改革开放的政策先行优势，充分发挥通江达海、扼守门户、集黄金水道与黄金海岸于一身的区位优势，不仅成为引领长江经济带发展的“龙头”，也是全国最大的经济增长极核、我国对外开放的前沿阵地。“长三角”人均 GDP 已超过 10000 美元，迈入了创新驱动的发展阶段（见图 5）。

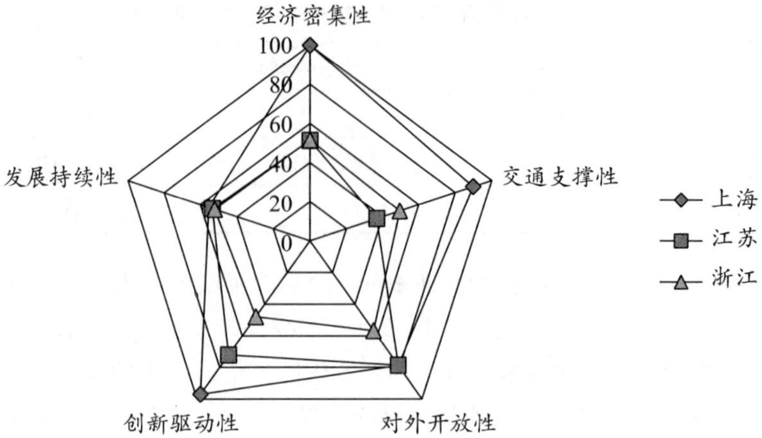

图 5　协调发展型：上海、江苏、浙江

2. 相对协调型

重庆、湖北、安徽 2 省 1 市内部 5 个维度得分差距不是很大，各维度耦合性较好，整体评分处于长江经济带“第二梯队”（见图 6）。重庆地处长江经济带和“一带一路”的交汇点，身兼成渝城市群中心城市和上游航运中心双重身份，是西部综合交通运输条件最好的地区，铁路、公路、水运、航空运输方式齐备，依托长江航运优势与“渝新欧”国际物流大通道、沪汉蓉大通道等，构筑多向开放格局，“交通”与“开放”对重庆的支撑、引领作用明显。湖北位于长江中游，是我国承东启西、连南接北的重要交通枢纽，科研实力雄厚，高等教育优势明显，但恰因其深处内陆、开放程度不高，造成对外开放性与其他几个维度不相匹配，成为湖北发展的薄弱环节。安徽地处于我国水陆空立体交通网有利位置，交通优势也更为明显，其中，水运条件最为优越，坐拥长江、淮河，水运货流密度最高，其他几个维度得分也较为接近，发展整体性较好。

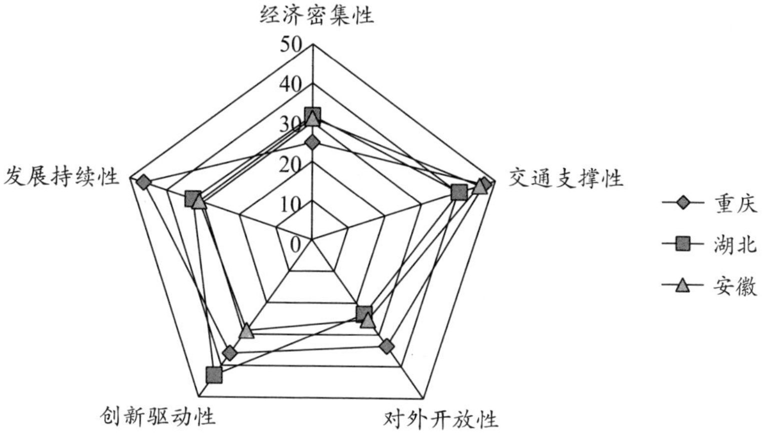

图 6　相对协调型：重庆、湖北、安徽

3. 低水平相对协调型

四川是长江上游的第一经济大省，长江干流在境内虽然只有 258 公里，但干流与岷江、嘉陵江、渠江、金沙江等多条支流相通，全省 96.5%的辖区面积位于长江流域，干支流流经的地区人口众多，资源富集，产业发达，交通便利，城镇密集，近年来，长江航运对经济社会发展的支撑作用日益彰显。但是，跟长江下游地区和同处上游的重庆相比，四川航道等级低，港口功能单一，综合交通运输体系不健全，交通建设仍然是四川建设长江经济带的瓶颈制约（见图 7）。

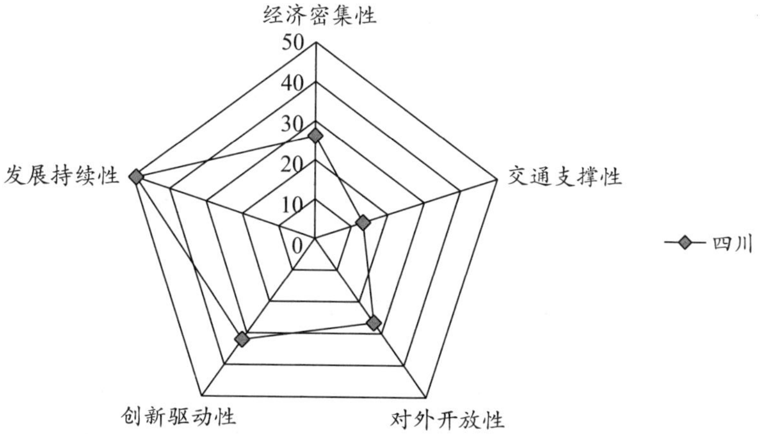

图 7　低水平相对协调型：四川

4. 低水平失调型

湖南、江西、云南、贵州4省内部5个维度得分差距大，发展失调，综合评分值全部为“第三梯队”，2014年4省人均GDP仅为32181元，远低于长江经济带人均GDP45742元的水平。云南、贵州地处西部内陆，由于交通通达性较差，特别是长江航运条件有限，工业化程度较低，最初的劣势由于“循环累积”的正反馈，造成低水平失调（见图8）。湖南虽然相对于其他三省来说5个维度的分差较小，但产业结构失衡，创新能力和竞争能力不强，与发达地区还有很大差距。江西目前还处于工业化初级阶段后期，产业结构层次低，在创新能力方面更是存在诸多问题：自主知识产权的技术成果少，高层次科技创新人才缺乏，科技创新体制不完善，科技投入规模小。此外，4省“低水平失调”都明显受制于创新不足，“创新驱动”维度得分与“第一梯队”的差距最大，云南和贵州人均GDP5000美元以下，还处于要素驱动的初级阶段，摆脱低水平失调，必须实施创新驱动战略。

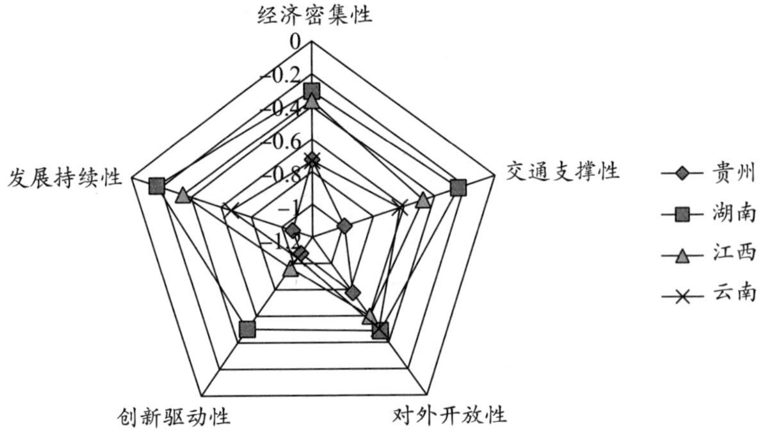

图8　低水平失调型：贵州、云南、湖南、江西

六、促进长江经济带协调发展的策略

长江经济带11个省（市）呈现的“三个梯队”、“四大类型”与上、中、下游“三个流段”基本一致，但不完全重叠，整体上“东高西低”，但并非简单地按上游—中游—下游依次递增。因此，促进长江经济带协调发展，既要顺应流域发展的自然规律，又要根据空间分异的复杂性实施差异化策略。

（一）加大国家政策支持，为“第三梯队”注入新动力

国内外流域开发实践表明，政府特别是中央政府是流域开发的重要主体。解决长江经济带空间非均衡问题，中央政府的支持必不可少。改革开放以来，我国的开放政策和改革试点始终是东部优先的非均衡制度安排，长江下游地区沿江、临海，交通便利，加之长期以来得到国家“先行先试改革试点”的制度优惠，先天区位优势和后天制度优惠的叠加使下游地区率先发展，显然，这种非均衡的制度安排不利于长江经济带的整体发展。近年来，国家在新区建设、内陆开放等方面加大了在西部的布局，新一轮区域政策和改革试点还应继续向西部倾斜，特别是向“低水平失调”的上游和中游省份倾斜。比如，在自由贸易区审批、横向生态补偿机制的试点等方面，应让这些地区承担更多先行先试的改革。同时，国家在布局战略性新兴产业集聚区、国家高技术产业基地和国家新型工业化产业示范基地、国家电子商务示范城市建设等方面，应优先考虑这些区域。[①]“第三梯队”区域自身要主动作为，加强沟通协调，共同谋划，联手争取国家的支持。目前，川渝地区具备较好的基础条件，两地应积极合作，共同向国家争取惠及川渝两地的重大项目和政策支持。

（二）实施交通先行，消除发展瓶颈制约

围绕长江黄金水道建设一条贯通东中西的快捷高效的综合立体交通运输体系，是长江经济带建设的首要条件。为此，不仅要交通先行，更要以水运为核心建设综合立体交通，特别是对“低水平相对协调”和“低水平失调”的区而言，更应首先消除交通瓶颈。一是提升长江中上游干线航道等级，改善岷江、嘉陵江、渠江、金沙江、雅砻江、沱江、乌江、汉江、湘江等重点支流的通航条件，形成干支流网络化的高等级航道系统，打造长江全流域“黄金水道”。二是加快长江中上游港口建设，着力推进金沙江沿江港口及水富港、开阳港建设，以无缝对接长江港口为导向，完善公路、铁路综合交通运输网络。三是大力发展江海联运、干支线直达以及铁路水运、航空铁路、公路水运等多式联运。四是建设多层次的物流中心，发挥重庆上游航运中心的辐射集聚效应，同时，加强宜昌、泸州、九江等区域性物流中心的建设。

---

① 陈耀. 长江经济带发展的若干重大问题思考［J］. 西部论坛，2015（1）：25－26.

（三）强化创新驱动，加快产业转型升级

充分发挥创新对产业转型升级的支撑作用，强化企业的技术创新主体地位，以沿江国家级、省级高新技术开发区为载体，发挥上海张江、武汉东湖、苏南、长株潭、杭州、成都高新等一批自主创新示范区引领示范作用，加快推进攀西战略资源创新开发试验区，建设一批产业技术创新战略联盟和产业技术创新服务平台，着力突破核心关键技术，促进科技成果就地转化，不断提升自主创新能力，增强长江经济带产业竞争力。依托黄金水道天然优势，把产业布局与江河两岸的交通基础设施、岸线资源等结合起来，通过发挥各自比较优势错位发展，推动重点产业的链式协作，实现上、中、下游产业有序转移，形成产业沿江分工协作体系，促进长江经济带产业空间合理布局，打造电子信息、高端装备、汽车、家电、纺织服装等世界级产业集群。深入推进“互联网+”行动，把互联网的创新成果与产业深度融合，推动沿江产业由要素驱动向创新驱动转变，把长江经济带建成创新型沿江产业密集带。

（四）坚持开放引领，提高外向型经济发展水平

发挥上海“龙头”引领作用，以中国（上海）自由贸易试验区为发射点，推动沿长江流域由东向西开放，推广上海自贸区可复制改革试点经验，并设立若干内陆自贸区，带动中上游地区开放发展。依托云南沿边区位优势地位，深度融入中国-东盟自贸区、孟中印缅次区域、大湄公河次区域合作，打造面向南亚、东南亚的开放平台，构筑面向西南开放桥头堡。增强重庆、成都、武汉的区域中心枢纽和战略支点作用，整合“渝新欧”“蓉欧”“汉新欧”国际货运班列资源，加强建设国际物流大通道，完善长江流域大通关体制，增强我国对欧洲进出口货物的吸引力，打造向西开放的内陆高地。加强长江经济带与“一带一路”衔接互动，为“一带一路”提供支撑的同时，也能全面提升自身的对外开放水平，实现国内区域与国际区域有效衔接，更好地利用国际国内两个市场、两种资源，构建开放型经济新系统，形成全方位开放新格局。

（五）全面深化改革，建立多层次的一体化发展机制

发挥市场配置资源的决定性作用，深化改革，打破行政区隔离和部门分割，加强区域合作和部门协作，建立长江经济带多层次的一体化发展机制。第一，探索区域合作新机制，建立和完善区域合作的组织机构、合作决策落实的考评机制以及高级别决策咨询机构等，在合作的层次上，不仅加强沿江城市之

间的合作，而且要加强“长三角”、成渝、长江中游三大城市群之间的互动合作；第二，强化部门协作，建立推动长江经济带发展的部际联席会议制度，发挥水利部长江水利委员会、交通运输部长江航务管理局、农业部长江流域渔政监督管理办公室，以及环境保护部华东、华南、西南环境保护督查中心等机构的作用，在基础设施建设、产业分工协作、统一市场、生态建设和环境保护等方面形成合力，协同推进长江防洪、航运、发电、生态环境保护等工作。第三，建立长江流域的大通关体制，实现长江航运与铁路、公路运输和远洋运输的无缝衔接，以共建信息平台及技术交流和资金支持平台为突破，开展港口合作与整合，为发展多式联运、江海联运提供机制保障。

附录一

中国特色社会主义政治经济学骨干教师培训班暨四川大学中国特色社会主义政治经济学研究中心成立

为了深入贯彻党的十九大精神和习近平新时代中国特色社会主义思想进教材、进课堂、进头脑，2017 年 11 月 11 日上午，受教育部高等教育司委托，由教育部高等学校经济学类专业教学指导委员会、高等教育出版社协办，四川大学教务处、经济学院承办的“中国特色社会主义政治经济学”骨干教师培训班第三期暨四川大学中国特色社会主义政治经济学研究中心成立大会在四川大学望江校区文华活动中心二楼音乐厅举行。

教育部社会科学委员会副主任顾海良教授，四川大学党委书记王建国，福建师范大学原校长、马克思主义研究院院长李建平教授，高等教育出版社文科

出版事业部副主任刘清田，中国人民大学经济学院邱海平教授，辽宁大学经济学院院长谢地教授，以及来自全国17个省、50余所高校的160余名学员参加了本次培训。四川大学党委副书记曹萍教授主持了本次大会。

大会开幕式上，举行了四川大学中国特色社会主义政治经济学研究中心的成立仪式，四川大学党委书记王建国为研究中心授牌。福建师范大学原校长、马克思主义研究院院长李建平教授代表兄弟院校对研究中心的成立表示热烈的祝贺，并表示今后将加强两校之间的合作，不断开辟21世纪马克思主义发展新境界，让当代中国马克思主义放射出更加灿烂的真理光芒。

中国特色社会主义
政治经济学研究中心

“中国特色社会主义政治经济学”
骨干教师培训班
SICHUAN UNIVERSITY
1896

教育部社会科学委员会副主任顾海良教授，福建师范大学原校长、马克思主义研究院院长李建平教授，中国《资本论》研究会副秘书长、中国人民大学经济学院邱海平教授，辽宁大学经济学院院长谢地教授，四川大学经济学院院长蒋永穆教授，成都市社科联主席杨继瑞教授，四川大学经济学院张衔教授，西北大学经济管理学院院长任保平教授围绕中国特色社会主义政治经济学的重要理论和现实问题进行授课。

附录二

四川大学中国特色社会主义政治经济学研究中心主要活动介绍

四川大学经济学院在多年的办学历程中，始终坚持以马克思主义经济学为指导，致力中国特色社会主义政治经济学的发展与创新，2006 年政治经济学被批准为国家重点学科，2016 年被中宣部列入第一批全国中国特色社会主义政治经济学研究中心候选单位，被中国社科院等多家单位联合评选为“具有代表性的 20 家中国特色社会主义政治经济学教学研究机构”，2 名教授入选“中国特色社会主义政治经济学具有较大影响力的 40 名经济学家”。

四川大学历来高度重视马克思主义政治经济学的学科传承与创新，在“985”工程建设、一流学科培育方面给予了大力支持，在四川大学第八次党代会上，将“建设中国特色社会主义政治经济学研究中心”作为学校未来一项重点工程来抓。在党的十九大胜利闭幕之际，四川大学经济学院承办了由教育部高等教育司委托，教育部高等学校经济学类专业教学指导委员会、高等教育出版社协办的“中国特色社会主义政治经济学”骨干教师培训班，同时，四川大学中国特色社会主义政治经济学研究中心正式成立。四川大学党委书记王建国到会祝贺并为研究中心授牌。

四川大学中国特色社会主义政治经济学研究中心自成立以来，主要开展了以下学术活动。

1. “学习十九大精神 推动中国特色社会主义政治经济学发展”高端论坛

为了深入学习贯彻党的十九大精神，认真领会习近平新时代中国特色社会主义思想，2017 年 11 月 11 日下午，由四川大学主办，四川大学党委宣传部、四川大学经济学院、四川大学马克思主义学院、四川大学中国特色社会主义政治经济学研究中心承办的“学习党的十九大精神 推动中国特色社会主义政治经济学发展”高端论坛在四川大学经济学院西202报告厅成功举办。10位全国哲学社会科学知名专家参加了本次论坛，论坛由四川大学经济学院副院长邓翔教授主持，四川大学近200名师生代表参加了本次论坛。

四川大学经济学院党委书记熊兰教授在致辞中谈道，本次论坛聚焦十九大报告提出的中国特色社会主义经济建设的重要理论和实践命题，研讨新时代中国特色社会主义政治经济学的发展创新，将极大地推动我院对十九大精神的深入学习和宣传。熊兰教授向与会专家汇报了经济学院学习贯彻十九大精神推进“四大工程”的情况，学院下一步从人才培养、学科建设、社会服务、党的建设四个方面确保十九大精神落到实处，走出一条具有四川大学经济学院特色的学习宣传贯彻十九大精神之路。

教育部社会科学委员会副主任顾海良教授以“新时代高校哲学社会科学发展的新要求”为题做了专题发言。他系统地阐述了十九大报告的深刻内涵、逻辑与方法论，对经济学的发展与教学提出了新的要求，并指出需把教材建设和十九大精神结合起来，做好“三进”工程，因时而化，因时而进，因时而新。

中国人民大学邱海平教授以“迎接中国经济学发展创新的新时代”为题做了专题发言。他认为，“新时代”是十九大报告的核心范畴，并从当代资本主义危机与世界格局变化、中国发展道路与中国经济学发展史等方面进行了论证，并由此指出开创中国经济学发展新时代所需的创新方向。

四川师范大学党委书记丁任重教授发表了题为“深刻领会和把握新时代我国社会主要矛盾的变化与完善发展模式”的专题发言，从坚定发展方向、明确发展目的、贯彻落实新发展理念、转换发展方式对解决当前社会主要矛盾的方向进行了深入解读。

四川大学党委副书记曹萍教授以“中国特色社会主义进入新时代的三维解读”为题，进行了详细解读，引导大家从发展成绩、发展诉求、发展任务三个方面结合社会主义初级阶段理论、社会主要矛盾理论、社会主义本质理论，加强对新时代的研究和认识。

辽宁大学经济学院院长谢地教授做了题为“深化供给侧结构性改革是我国经济强起来的关键步骤”的专题发言。他指出，供给侧结构性改革是中国特色社会主义政治经济学特有的理论范畴，是实现两个一百年目标不可或缺的经济发展战略思维，是国家实现从富到强转换的关键环节。

四川大学经济学院朱方明教授做了题为“中国特色社会主义政治经济学之‘中国特色’”的专题发言。他提出，中国特色社会主义政治经济学是当代中国自己的政治经济学，它的特征是由中国特殊国情决定的，我们要立足现实，面向未来，面向世界，要主动迎接经济全球化，积极参与全球治理，实现世界人民的共商、共创、共享。

西南财经大学马克思主义经济学研究院院长刘灿教授做了“缩小收入差距，实现共同富裕——新时代中国特色社会主义的重大理论和实践问题”主题发言。她认为，实现共同富裕是动态的过程、高质量的生活状态与和谐发展的人际关系。并对我国在实现共同富裕过程中，产生的主要矛盾，主要收入差距拉大的原因，以及怎样缩小收入差距，进行了阐述。

西南科技大学党委书记庄天慧教授以“实施乡村振兴战略　推动农业强省建设”为切入点，深度剖析了实施乡村振兴战略的丰富内涵。她提出，十九大报告中“必须始终把解决好‘三农’问题作为全党工作重中之重”的论断，为新时代农业农村改革发展指明了方向，提供了基本遵循依据。

四川大学经济学院蒋和胜教授做了题为“我国当前社会主要矛盾的变化与新时代中国特色社会主义基本经济规律探析”的精彩发言。他指出，新时代中国特色社会主义基本经济规律揭示了新时代中国特色社会主义发展过程中供给和需求的本质联系，是新时代中国特色社会主义发展过程中首要的、占主导地位的规律。

福建师范大学马克思主义研究院院长李建平教授做了题为“习近平新时代中国特色社会主义思想的重大经济理论创新研究”的专题发言。他指出，中国特色社会主义经济学是马克思主义经济学的继承和发展，具有强大的生命活力，中国特色社会主义经济学不仅是属于中国的，也是属于世界的。

本次论坛汇聚了全国重点高校马克思主义政治经济学领域的数位知名专家学者，对十九大提出的新时代中国特色社会主义建设的新思想、新要求进行了深刻解读与阐释，形成了新时代中国特色社会主义政治经济学研究的一些最新成果。本次高端论坛的成功举办，对新时代中国特色社会主义政治经济学创新，对决战全面建成小康、建设现代化经济体系，产生重要的积极影响。四川大学将继续高举马克思主义政治经济学的学科旗帜，建好中国特色社会主义政治经济学研究中心，推动中国特色社会主义政治经济学发展成为在全国具有重大影响力的一流学科。

2. 马克思主义理论研究和建设工程重点教材《马克思主义政治经济学概论》修订研讨会

2018 年 3 月 9 日—13 日，马克思主义理论研究和建设工程重点教材《马克思主义政治经济学概论》第四次修订研讨会在成都召开。本次会议由马克思主义理论研究和建设工程重点教材《马克思主义政治经济学概论》修订课题组主办，四川大学经济学院承办，人民出版社协办。

福建师范大学原校长李建平、四川师范大学党委书记丁任重、西南财经大学原副校长刘灿、成都市社科联名誉主席杨继瑞、福建师范大学经济学院黄瑾教授和四川大学中国特色社会主义政治经济学研究中心主任张衔等作为特邀专家对教材的结构和内容提出了具体的指导意见，有效地提高了课题组成员对一些重大理论判断和争议性问题的认识与理解。会议期间，课题组成员围绕教材修订过程中的争议问题、疑难问题、特邀专家意见和篇幅问题等，对教材修订二稿进行了广泛而深入的讨论，并提出进一步修改的方案以及下一阶段修订工作的具体安排。

3 月 9 日晚，课题组成员参加了四川大学经济学院、四川大学中国特色社会主义政治经济学研究中心主办的“中国特色社会主义政治经济学高端论坛”，做了有关中国特色社会主义政治经济学的重大理论和实践问题的学术报告。

3. 习近平新时代中国特色社会主义经济思想研讨会暨中国经济规律研究会第28届年会

2018年4月21日—22日，习近平新时代中国特色社会主义经济思想研讨会暨中国经济规律研究会第28届年会在四川大学顺利召开。

大会第一阶段的主题发言由四川大学中国特色社会主义政治经济学研究中心主任张衔教授主持。来自吉林大学纪玉山教授、南开大学张俊山教授、四川大学经济学院蒋和胜教授、广东省委党校郑志国教授、西南大学经管学院党委书记祝志勇、国防大学政治学院曹雷、复旦大学马克思主义学院高建昆副教授、贵州财经大学刘明国教授、江西财经大学许光伟教授分别做了题为"东北老工业基地重化工业转型升级战略思考与路径选择——基于综合竞争优势理论的视角""论推动经济高质量发展""新时代中国特色社会主义基本经济规律探析""我国社会主要矛盾变化的政治经济学分析""中国与世界链接中的马克思主义政治经济学中国化历史流变""新时代中国金融风险防控——基于马克思主义'货币职能危机论'视角的分析""建设现代化经济体系的指导方针""中国社会主义实践的第三次飞跃——中国特色社会主义新时代的历史内涵""马克思'抽象力'理论规定本根与溯源——纪念马克思诞辰200周年"的主题发言。

大会还就中国经济规律研究会第六届理事会关于增补副会长、常务理事和理事的提名进行了表决，提名获大会一致通过。

4. 四川大学纪念马克思诞辰200周年暨第八届青年政治经济学学者年会

为了纪念马克思诞辰200周年，深入学习习近平总书记《在纪念马克思诞辰200周年大会上的讲话》的重要精神，进一步整合相关资源，共同谋划马克思主义学科的科学发展，2018年5月19日上午，四川大学纪念马克思诞辰200周年学术研讨会在江安校区水上报告厅开幕。研讨会以“纪念马克思诞辰200周年，坚持和发展新时代中国特色社会主义”为主题，由马克思主义学院、经济学院、公共管理学院、文学与新闻学院共同承办。

中共党史学会常务副会长李忠杰，中央新疆工作协调小组办公室副主任鲁昕，南开大学原副校长逄锦聚，中国人民大学荣誉一级教授陈力丹，四川省委宣传部、四川省委党史研究室、四川省社科联、四川省社科院有关领导，以及来自清华大学、中国人民大学、复旦大学、浙江大学、中央党校、中国社科院等国内高校和科研机构的200余名专家学者参加了研讨会及相关活动。四川大学党委书记王建国出席了开幕式并讲话，四川大学党委副书记曹萍主持了开幕式。

李忠杰、鲁昕、逄锦聚、陈力丹分别以“像马克思一样对待马克思主义”“马克思主义经济理论始终绽放思想光芒”“开辟21世纪马克思主义政治经济学新境界”“继承和发展马克思的新闻传播思想”为题，做了精彩的主题报告。研讨会召开期间，四川大学聘请四川大学经济学院特邀嘉宾、南开大学原副校长、讲席教授逄锦聚和李忠杰、鲁昕、陈力丹等在国内具有广泛影响力的马克思主义学科专家和具有丰富实践经验的党政部门领导为四川大学名誉教授，并举行了聘任仪式。

5月19日下午，与会嘉宾参加了在我院举行的中国特色社会主义政治经济学研究暨第八届青年政治经济学学者年会。大家分别围绕构建现代化经济体系、中国现实问题的数理马克思主义政治经济学分析和新时代与改革开放四十周年等主题，进行了多维度、宽领域、深层次的学术探讨与交流。

闭幕式上，逄锦聚教授鼓励青年学者，一定要坚定马克思主义信念，要有中国特色社会主义的理论自信，既要立足中国国情中国实践，又要立足时代立足世界实践，在不断研究探索中实现创新，为开辟 21 世纪马克思主义政治经济学新境界做出贡献。四川大学经济学院院长蒋永穆，本次青年学者年会轮值主席、清华大学刘震副教授及下次会议承办方曲阜师范大学经济学院院长刘刚分别做了发言。

5.《资本论》与中国特色社会主义政治经济学研讨会

为纪念马克思诞辰 200 周年及中国改革开放 40 周年，进一步深入学习贯彻党的十九大精神，深入学习研究习近平新时代中国特色社会主义思想，准确把握马克思主义中国化的最新成果，促进中国特色社会主义政治经济学的发展，四川大学经济学院和四川大学中国特色社会主义政治经济学研究中心于2018年6月30日在四川大学成功举办了“《资本论》与中国特色社会主义政治经济学研讨会暨四川大学中国特色社会主义政治经济学研究中心第四次高峰论坛”。

吉林财经大学副校长丁堡骏、安徽大学经济学院荣兆梓教授、复旦大学经济学院孟捷教授、中国人民大学马克思主义学院副院长张旭、西南财经大学《财经科学》编辑部常务副主编赵磊，以及四川大学中国特色社会主义政治经济学研究中心张衔、贺立龙、骆桢、李亚伟，经济学院部分研究生参加了本次研讨会。

6月30日上午，与会专家围绕历史唯物论与中国特色社会主义、马克思经济学的宏观调控理论、利润率下降理论及其经验研究、供给侧结构性改革与高质量发展、中国特色社会主义政治经济学的话语体系构建等议题展开了激烈而深入的讨论。

在下午的四川大学中国特色社会主义政治经济学研究中心第四次高峰论坛上，吉林财经大学副校长丁堡骏、复旦大学经济学院孟捷教授、中国人民大学马克思主义学院副院长张旭、安徽大学经济学院荣兆梓教授、西南财经大学《财经科学》编辑部常务副主编赵磊，分别做了题为“马克思主义的与时俱进和中国化”“《资本论》与现代市场经济”“《资本论》与中国特色社会主义政治经济学话语体系构建”“马克思主义经济学与实证分析方法”的学术报告。论坛气氛活跃，经济学院100余名研究生及研究生夏令营的同学参加了本次论坛。

6.“推进新时代改革开放”高端论坛

为了深入学习贯彻习近平新时代中国特色社会主义思想和习近平总书记在庆祝改革开放40周年大会上的重要讲话精神，2019年2月24日上午，由四川大学经济学院、四川大学中国特色社会主义政治经济学研究中心主办的“‘推进新时代改革开放’高端论坛”在四川大学经济学院西202学术报告厅举行。本次论坛是四川大学中国特色社会主义政治经济学研究中心举办的第五期系列高端论坛，也是经济学院党委中心组学习的重要辅导报告。经济学院党委中心组学习全体成员、院领导、各系教师代表、支部委员、学生代表近200人参加了本次论坛。论坛由四川大学中国特色社会主义政治经济学研究中心主任张衔教授主持。

四川大学经济学院党委书记熊兰教授代表学院致辞，她指出，习近平总书记在庆祝改革开放40周年大会上深刻总结了40年来改革开放的宝贵经验，这对深入学习贯彻习近平新时代中国特色社会主义思想有着重要的指导意义。她希望与会专家畅所欲言，为四川大学政治经济学的发展建言献策。

重庆工商大学经济学院院长李敬做了题为“挖掘内陆开放新优势，构建对外开放新格局”的报告。李敬院长基于世界经济开放历史与变局，提出内陆开放是强国之路，国家要强大，必须要开放。同时，他指出海洋经济及内陆经济在当前具有同等重要的地位；并强调挖掘内陆开放新优势要把握“铁路成主角、市场内陆化、产业高科技、配套本地化、区域要合作”五个关键词。

武汉大学经济发展研究中心副主任简新华做了题为“中国经济改革是搞资本主义吗——纪念中国经济改革40周年”的报告。他指出，中国经济改革不是搞资本主义，而是要建设中国特色社会主义经济。新时代深化经济改革要真正坚持社会主义方向，改革必须实行三大战略转变：在坚持两个“毫不动摇”的前提下，更重视壮大公有制经济，提升公有制经济比重；更加重视公平，强调兼顾效率，合理缩小贫富差距，逐步走向共同富裕，在农业改革和发展上实现“第二个飞跃”的新战略。

四川大学经济学院蒋和胜教授在“中国价格改革四十年回顾与前瞻”的主题报告中谈道，中国40年价格改革呈现出“五个一”总体特征。他对中国40年价格改革重大问题进行了评价，并从改革目标、改革重点、改革战略三个方面介绍了新时代中国价格改革的方向。

7. 新中国70年与中国特色社会主义政治经济学主题论坛

为了进一步深入学习研究习近平新时代中国特色社会主义思想，准确把握马克思主义中国化的最新成果，促进中国特色社会主义政治经济学的发展，由四川大学经济学院和四川大学中国特色社会主义政治经济学研究中心联合主办的“新中国70年与中国特色社会主义政治经济学主题论坛”在四川大学经济学院举行。本次论坛邀请到了中国人民大学张旭教授、复旦大学孟捷教授、福建师范大学黄瑾教授、西北大学吴振磊教授等国内政治经济学界知名专家学者。论坛由四川大学中国特色社会主义政治经济学研究中心主任张衔教授主持。

四川大学经济学院党委书记熊兰教授详细介绍了四川大学马克思主义政治经济学的发展历程和现状，汇报了四川大学中国特色社会主义政治经济学学科自建立以来开展的工作和取得的成绩。她谈道，2019年是新中国成立70周年，也是全面建成小康社会、实现第一个百年奋斗目标的关键之年，我们要按照习近平总书记在江西考察时强调的，高举革命的旗帜，继往开来，重整行装再出发。她希望各位专家开放交流，打造一个贡献智慧的高品质论坛，共同促进中国特色社会主义政治经济学学科的繁荣发展。

孟捷教授、黄瑾教授、张旭教授、吴振磊教授以及四川大学姚树荣教授先后做了“地方政府竞争的政治经济学解释”“推动构建人类命运共同体的政治经济学分析”“以马克思经济学方法推动中国特色社会主义政治经济学研究”“学科、学术、学养、学人：构建中国特色社会主义政治经济学的四个维面”“土地制度与城乡关系的变迁：基于成都近20年的经验观察”的报告。

孟捷教授指出，政府只要承担了生产关系职能，就嵌入了经济基础，是经济基础的一部分。他引用马克思的相对剩余价值生产理论，认为技术进步会带来超额利润提高增长速度。企业之间的竞争迫使企业将剩余价值用于生产性投资和技术创新是相对剩余价值生产的条件之一。而我国的实践证明，国有企业是可以充分参与到市场竞争的，再加上竞争性的地方政府，使得剩余价值转化为生产性投资的速度远高于其他国家，这也是我国保持经济高速增长的重要机制。

黄瑾教授认为，构建人类命运共同体顺应了全球生产网络的形成与国际经济高度融合的态势，顺应了市场经济全球化的趋势，顺应了世界格局尤其中国与世界关系的历史性变化，顺应了一定的共同价值基础。人类命运共同体本质上是从“以物的依赖性”向“个人全面发展”过渡的“广泛的利益共同体”。推动构建人类命运共同体要遵循以下原则：要兼顾国家利益的普遍本质与特殊本质；要关注人类整体利益和国家利益；要结合马克思主义与中华优秀传统文化。

张旭教授从马克思方法论的发现和创立谈起，再次强调马克思的整个世界观不是教义，而是方法；不是现成的教条，而是进一步研究的出发点和供这种研究使用的方法。他介绍了马克思主义历史观的基本原理，并从对象的方法、范畴的方法和结构的方法等方面详细分析了辩证法在研究中的运用。他认为，不同时期的国情决定了理论选择和历史走向，不能一概否定，不同时期形成的经验和教训需要认真总结，将“实事求是、群众路线、独立自主”运用到理论是实践创新的全过程，要增强学术自信。

吴振磊教授结合相关数据统计对当前政治经济学学科建设的现状进行了分析和判断。他认为在学科定位上，政治经济学是一门科学，而不是政治思想教育，研究的重点是市场经济发展的规律与矛盾，是用马克思主义经济学范式讲中国故事、解释中国现象中的理论创新；政治经济学发展需要融合，在与其他学科互补融合的基础上推陈出新，不断发展。在学术研究上，其核心是政治经济学中国化、中国改革开放实践政治经济学化。在学养方面，政治经济学需要认识社会主义市场经济、适应社会主义市场经济、服务社会主义市场经济，为自己的发展开拓广阔的市场。在学人方面，强化一支队伍、一个阵地、一个课堂、一条出路建设。

姚树荣教授选取成都这个全国土地制度改革持续时间最长、实践最为系统的国家统筹城乡综合配套改革试验区作为样本，通过对其土地制度与城乡关系变迁的分析，提出了土地制度对城乡共生的助推作用，一方面为城市发展提供了空间保障，另一方面为乡村建设提供了资金保障，显著改善了农民住房条件，增加了农村公共设施供给，土地整治、流转与就地开发集体建设用地，对农民就业和增收有积极的影响。他还从推进农村土地整治的市场化改革、深化农村宅基地制度改革两个方面提出了自己的思路和想法。

8.《资本论》与新中国 70 年暨四川大学中国特色社会主义政治经济学研究中心第七次高端论坛

为了进一步深入学习研究习近平新时代中国特色社会主义思想，准确把握马克思主义中国化的最新成果，四川大学经济学院和四川大学中国特色社会主义政治经济学研究中心于 2019 年 6 月 16 日举办了“《资本论》与新中国 70 年暨四川大学中国特色社会主义政治经济学研究中心第七次高端论坛”。论坛邀请到了中国人民大学原副校长林岗教授、西南财经大学原副校长刘灿教授、武汉大学颜鹏飞教授、中国社会科学院《经济学动态》常务副主编胡家勇研究员等国内政治经济学界著名专家莅临。四川大学中国特色社会主义政治经济学研究中心主任张衔教授主持了本次论坛。

四川大学经济学院党委书记熊兰教授详细介绍了四川大学经济学院马克思主义政治经济学的发展历程，特别强调了在人才培养过程中突出马克思主义政治经济学的指导与主导地位。她谈道，《资本论》第一次科学地确立了政治经济学的对象和方法，实现了政治经济学的根本革命，为政治经济学的发展做出了划时代的贡献，是马克思主义政治经济学的奠基之作，也是我们学习、研究和运用马克思主义的必修课。

林岗教授、刘灿教授、颜鹏飞教授、胡家勇研究员，以及四川大学李天德教授、中国社会科学院武鹏研究员围绕“《资本论》与新中国 70 年”的主题，从《资本论》的学习和研究入手，结合国内外经济发展现状、高质量发展、政府与市场的关系、经济结构转轨、当代中国马克思主义政治经济学的发展、《资本论》的内在逻辑等问题，分别做了题为“高质量发展与经济增长”“关于发展当代中国马克思主义政治经济学的几个问题”“《资本论》大写的逻辑在研究：研究对象、逻辑起点和调节经济”“从国际经验看政府与市场关系”“基于经济全球化视角的习近平新时代中国特色社会主义开放型经济思想研究”“经济转轨的国际比较”的主题报告。

专家们从不同角度阐释了《资本论》与当前从事经济学研究的内在联系，围绕习近平新时代中国特色社会主义经济思想，研究了中国与世界经济问题，受到广大师生的热烈欢迎。

9.“新冠肺炎疫情影响下的中国经济”研讨会暨四川大学中国特色社会主义政治经济学研究中心第八次论坛

2020年6月4日，由四川大经济学院和四川大学中国特色社会主义政治经济学研究中心联合举办的“新冠肺炎疫情影响下的中国经济”研讨会暨四川大学中国特色社会主义政治经济学研究中心第八次论坛在四川大学经济学院召开。

会议邀请到了四川省具有理论经济学博士学位授权点的相关单位的专家、负责人就理论经济学学科建设，加强中国特色社会主义政治经济学教学研究与实践问题展开了深入研讨，并分别围绕“新冠肺炎疫情影响下的中国经济”做了主题演讲。四川大学中国特色社会主义政治经济学研究中心主任张衔主持了会议。

西南财经大学盖凯程教授从新冠肺炎疫情发生以来中央出台了一系列文件精神的内涵联系出发，分析了中国经济发展的内外环境变化以及我们目前面临的挑战，重点就《中共中央　国务院关于新时代加快完善社会主义市场经济体制的意见》发表了自己的见解。他认为，只有毫不动摇巩固和发展公有制经济，毫不动摇鼓励、支持、引导非公有制经济发展，探索公有制多种实现形式，支持民营企业改革发展，培育更多充满活力的市场主体，积极稳妥推进国有企业混合所有制改革才是应对我国现阶段经济问题的关键所在。

四川省委党校许彦教授认为，新冠肺炎疫情对我国经济的影响是长期的，需要着重考虑三个问题，即如何让政府和市场“有效”、发挥政府的约束激励机制，如何实现经济与社会协同发展尤其是提升国有企业动力和活力问题，如何化解全球化所带来的产业安全问题，解决个人社会分配问题。

四川师范大学肖明辉教授从启动相应的应急扶持机制、联动机制、减降政策和监督机制 4 个方面分析了中小企业应对突发公共卫生事件的机制。西南财经大学韩文龙副教授从新基建、新经济、新产业、农村“四新”建设和新科技 5 个方面分析了疫情影响下面对国内外经济形势变化，如何扩大内需。四川大学贺立龙副教授谈道，疫情对经济的冲击是整体性的，他从供给和需求两个方面进行了分析，随着疫情防控的常态化，基本矛盾也发生了变化，从非此即彼、由尖锐到缓和，需要进一步强化精准防控、分区分级防控。

研讨会上，四川大学经济学院党委书记熊兰教授、院长蒋永穆教授分别就疫情发生后经济学院在教学、科研、管理工作上的具体举措，以及一手抓疫情防控、一手抓教学科研的实践经验进行了总结。蒋永穆院长从举办此次研讨会的初衷谈到，构建学科命运共同体，强化理论经济学教学科研、人才培养等方面的深入交流合作，需要多方面的支持和努力，特别是要以习近平新时代中国特色社会主义思想为引领，加快发展中国特色社会主义政治经济学，为世界经济学的繁荣发展贡献中国智慧。他从政治经济学的角度解读了新冠肺炎疫情对中国经济的影响及应对策略。

10. 学习贯彻习近平总书记在经济社会领域专家座谈会上重要讲话精神专题研讨会

2020 年 9 月 19 日，四川大学经济学院、四川大学中国特色社会主义政治经济学研究中心举行学习贯彻习近平总书记在经济社会领域专家座谈会上重要讲话精神暨四川大学中国特色社会主义政治经济学研究中心第九次高端论坛。中国社会科学院胡乐明教授、南开大学何自力教授、中国人民大学邱海平教授、南京大学葛扬教授、北京大学方敏教授、南开大学王生升教授，以及成都市社科联名誉主席杨继瑞，四川省委党校许彦教授，四川师范大学肖明辉教授，四川大学经济学院蒋永穆教授、张衔教授、蒋和胜教授等出席了会议。同时，60 余名师生在线参加了会议。

四川大学经济学院党委书记熊兰教授谈道，习近平总书记的讲话为我们在复杂的环境中找准前行道路指明了方向，川大经济学院迅速行动起来，把怎样将重要讲话精神贯彻到具体工作中作为现阶段思考的重心和工作的重点，部署了开辟网络专栏、在教师中设立专项阐释项目、在学生中开展征文活动以及召开专题研讨会等 4 项举措。

各与会专家分别从理论学理、现实意义等方面对习近平总书记的重要讲话精神展开深入阐释和研讨。中国社会科学院胡乐明教授认为，以生产需要为逻辑起点，融通马克思主义经济学与西方经济学的科学成分，沿着生活需要生产过程的逻辑线索，全面剖析人们的各类生活需要与各类生产组织和生产活动及其调节机制，可以构建出超越既有学术范式的“系统化的经济学说”；成都市社科联名誉主席杨继瑞从“以畅通国民经济循环为主构建新发展格局，更好地实现社会主义生产”出发，提出要以中国双循环的伟大实践，以人民日益增长的美好生活需要得到满足的事实为建设人类命运共同体提供中国方案、中国经验；南开大学何自力教授从阶段性发展特征、两个方面新格局发展的要点以及五大举措对习近平总书记提出的双循环理论进行了阐释和深度解读；四川大学经济学院蒋和胜教授分析了畅通国内经济大循环的背景和主要内容，提出我国应构建起国内价值链、周边友邻价值链、亚洲区域化价值链、“一带一路”价值链、新型全球价值链等有机组成的“五位一体”价值链命运共同体；中国人民大学邱海平教授对经济全球化不可逆转的大势进行了详细论证，并结合习近平总书记重要讲话精神对政治经济学的学科建设进行了独到分析；四川省委党校许彦教授从全球化过程中三个转化的思路、内外循环这个动力源的需求问题、政府与市场关系的主体冲击的问题三个方面畅谈自己对总书记讲话精神的领悟。

南京大学葛扬教授从政府和市场的关系角度出发，对在中国特色社会主义市场经济体制下“如何让市场在资源配置中发挥决定性的作用，又更好地发挥政府的作用”进行了深入解读；四川师范大学肖明辉教授从工业化发展阶段的角度出发，对习近平总书记以共建共治共享拓展社会发展新局面重要论述进行了探讨；北京大学方敏教授回顾了 2015 年以来中国特色社会主义政治经济学研究的理论与实践发展历程，认为我们参与国际的大循环根本目的就是为了服务国内的经济发展和国内大循环；四川大学经济学院张衔教授就经济全球化的意义、双循环应以内循环为主、创新的真正含义三方面问题进行了深度阐释；南开大学王生升教授认为青年学者应当从重大现实问题出发去凸现政治经济学，分析中国经济的实践，必须要立足于马克思主义的基本理论做出创新和发展。

11. 第四届政治经济学专业博士生论文选题研讨会

2021 年 4 月 24 日—25 日，第四届政治经济学专业博士生论文选题研讨会在四川大学经济学院成功举办。来自中国人民大学、中国社科院、北京大学、清华大学、南京大学、南开大学、复旦大学、辽宁大学、西北大学、四川大学、云南大学、福建师范大学、上海财经大学等国内高校的 80 多位政治经济学专业博士生导师和博士生齐聚四川大学经济学院，围绕提升学术论文质量、扩展论文选题视角、提高论文写作规范展开研讨。

4 月 24 日上午的开幕仪式由四川大学经济学院副院长邓翔教授主持。四川大学经济学院党委书记熊兰教授向各位专家学者的莅临表示衷心感谢，并详细介绍了四川大学马克思主义政治经济学的传承与创新发展历程，她期望各位与会专家继续关心、支持川大政治经济学科的发展，共同为中国特色社会主义政治经济学的发展献言献策，同时也希望到场博士生能汲取精华，把握未来。

研讨会的发起人、中国人民大学邱海平教授对政治经济学专业博士研究生论文选题研讨会的由来、发展和对政治经济学专业博士生的重要意义进行了介绍，对本次大会议程进行了说明。他强调了三点认识：一是要充分认识到写好论文对于政治经济学专业博士研究生培养的重要性；二是强调论文选题的重要性，对于社会学科来说，面对复杂开放的社会系统，一定要带着问题意识、创新意识，筛选出最有价值的问题深入研究；三是要非常清晰地牢固树立政治经济学专业意识，要注重系统研读马克思主义经典著作，打牢政治经济学基础。他希望通过本次研讨会，让同学们和各位专家学者满载而归，切实提高政治经济学专业人才培养质量，积极推进政治经济学学科高质量发展。

南京大学原党委书记洪银兴做了题为“进入新发展阶段经济学理论的重大转变”的主旨报告。他从经济学学科建设所处的新发展阶段出发，对目前所处阶段的历史方位、基本矛盾和发展任务进行了阐释。他谈道，自从习近平总书记提出要建设中国特色社会主义政治经济学的号召后，政治经济学进入了舞台的中央，成为中国的主流经济学。中国特色社会主义政治经济学应该是一个研究解放生产、发展生产、保护生产的一个系统化的经济学术，要成为一个学以致用的经济学。他强调了进入新发展阶段经济学理论转变的意义，指出转向新阶段的理论更新直接影响学科建设和学科研究的方向，并从由小康到现代化发展内容的改变、由高速增长转向高质量发展、发展战略基点由外需转向内需、内需由投资拉动转向消费拉动、由效率性增长转向包容性增长、调控经济转向供给侧和需求侧双向发力、由依靠物质资源投入转向创新驱动、由不平衡战略转向平衡战略、由非农带动“三农”转向直面“三农”、由以比较优势融入全球化转到以竞争优势主导全球化等十个方面回应了新发展阶段重大发展问题。

西南财经大学刘灿教授就政治经济学博士生论文的选题问题展开了阐述；南开大学何自力教授就如何在博士论文写作中运用马克思主义政治经济学理论和方法做出了讲解；中国社会科学院胡乐明教授阐释了在百年未有之大变局中如何去思考，如何从长时段出发把握研究选题；成都市社科联名誉主席杨继瑞以研究探讨中国特色社会主义制度的建立和发展阶段为例给出了选题参考；西安财经大学任保平教授对政治经济学博士生论文选题的标准进行了详细说明；辽宁大学谢地教授用政治经济学框架分析了逆全球化的问题。

武汉大学李楠教授以政治经济学专业博士学位论文选题的“变”与“不变”为题进行了发言；中国社会科学院杨虎涛教授阐述了用马克思主义基本原

理来研究“数字经济的重要性与构建新发展格局的必要性”的方法与过程；吉林大学李政教授就新发展格局与政治经济学、国有经济前沿问题进行了阐述；福建师范大学黄瑾教授从“对‘逻辑与历史相一致’的批判的批判”出发，对马克思经济学理论体系构建方法进行了探析；南开大学王生升教授对资本主义国家的本质及其弹性结构进行了剖析与讲解；上海财经大学丁晓钦教授围绕“社会主义生态文明经济政治经济学分析－劳动、资本、生态三重修复论”进行了分享。

4 月 24 日下午和 25 日上午的分组选题研讨会上，来自中国人民大学、中国社科院、北京大学、南开大学、清华大学、南京大学、复旦大学、四川大学等高校的 52 位博士生介绍了论文选题，与会专家从不同视角对选题进行了详细点评，并提出指导意见。

至此，第四届政治经济学专业博士生论文选题研讨会圆满闭幕。

12. 中国政治经济学 40 人论坛·2021

2021 年 7 月 10 日—11 日，由四川大学和复旦大学共同主办、四川大学经济学院和四川大学中国特色社会主义政治经济学研究中心承办的“中国政治经济学 40 人论坛·2021”在四川大学经济学院成功举办。来自国务院发展研究中心、中国人民大学、北京大学、复旦大学、南开大学、北京师范大学、四川大学、山东大学、辽宁大学、安徽大学、西北大学、上海财经大学、西南财经大学、云南财经大学、天津师范大学、成都市社联、重庆出版集团、《经济学动态》杂志社等国内重点院校、期刊的政治经济学领域著名专家学者和广大师生 150 余人线下参加会议，同时有近万人在线参会。

开幕式上，四川大学经济学院党委书记熊兰教授致辞，她详细介绍了四川大学经济学科的传承与创新发展历程，并表示四川大学经济学院将牢记习近平总书记在庆祝中国共产党成立100周年大会上对中国特色社会主义政治经济学建设和发展提出的新要求和新挑战，始终与党和国家的发展同向同行。熊兰书记向各位专家学者表示衷心感谢，期望与会专家继续关心、支持川大经济学科的发展，共同为中国特色社会主义政治经济学的发展献言献策，做出更多更大贡献。开幕式由四川大学经济学院副院长邓翔教授主持。

开幕式后，论坛分6个单元的演讲环节，分别由复旦大学严法善教授、重庆出版集团别必亮副总编辑、《经济学动态》杂志社杨新铭主任、西南财经大学赵磊教授、西南财经大学李萍教授、四川大学张衔教授主持。23位专家学者围绕中国特色社会主义政治经济学的理论与现实热点、难点问题进行了研讨。

在第一单元演讲环节，西北大学白永秀教授、北京大学李玲教授、山东大学臧旭恒教授先后做了题为“中国共产党百年经济思想理论体系的逻辑结构”“社会主义政治经济学的新时代”“世界百年未有之大变局与中国经济发展新格局”的演讲。第二单元演讲中，国务院发展研究中心江宇研究员、四川大学蒋永穆教授、中国人民大学邱海平教授、复旦大学张晖明教授分别以“从政治经济学看中国乡村振兴道路”“中国农业竞争力提升视域下的小农户发展”“中国革命、建设与改革发展实践逻辑的理论思考”“马克思主义‘问题导向’的理论特质与中国共产党‘与时俱进’的品格”为题发表了演讲。在第三单元演讲环节，西南财经大学丁任重教授、上海财经大学马艳教授、复旦大学石磊教授、成都市社联名誉主席杨继瑞分别做了题为“中国特色社会主义政治经济学若干问题分析”“数字经济若干理论问题探索”“以新经济基础支撑国家整体粮食安全”“中国共产党‘三农’思想的产生与发展”的演讲。

第四单元主题演讲环节，四川大学蒋和胜教授、南开大学刘刚教授、中国人民大学刘瑞教授、北京师范大学沈越教授先后发表了题目为“全球变暖与碳抵消对策机制”“网络空间产业生态和中国农村继续工业化”“我国五年中期规划的绩效评价”“从计划到规划的变与不变——十四个五年规划的政治经济学分析”的演讲。

第五单元演讲环节，云南财经大学龚刚教授、安徽大学荣兆梓教授、中国人民大学温铁军教授、北京大学姚洋教授分别以“新时代下中国对外开放的新格局”“中国特色社会主义最本质特征的政治经济学”“百年红色经济研究述要”“中国共产党与第二次文化冲击”为题，发表演讲。

第六单元主题演讲环节，天津师范大学丁为民教授、南开大学何自力教授、复旦大学孟捷教授、辽宁大学谢地教授先后做了题为“发展利益、党的领导与中国发展经济学”“集中力量办大事制度优势的政治经济学分析”“使命型政党与中国特色社会主义道路”“从中国实际出发探索适宜的社会主义所有制结构——建党百年所有制理论演进与实践轨迹”的演讲。

四川大学张衔教授闭幕式致辞，向与会专家学者的精彩发言表示衷心感谢，并对会议取得的主要成果进行了全面总结。至此，“中国政治经济学 40 人论坛 · 2021”圆满闭幕。